★本书受上海市属高校应用型本科试点专
专业（金融科技方向）、上海金融科技研究中心

基于校企合作的
金融科技人才培养模式与专业建设研究

殷林森　杨　超 ◎ 主编

中国经济出版社
CHINA ECONOMIC PUBLISHING HOUSE
北　京

图书在版编目（CIP）数据

基于校企合作的金融科技人才培养模式与专业建设研究／殷林森，杨超主编．--北京：中国经济出版社，2023.2（2023.4重印）

ISBN 978-7-5136-7214-6

Ⅰ.①基… Ⅱ.①殷… ②杨… Ⅲ.①高等学校-金融-科学技术-人才培养-研究-中国 Ⅳ.①F832

中国版本图书馆CIP数据核字（2023）第014240号

责任编辑　孙晓霞
责任印制　马小宾
封面设计　盈丰飞雪

出版发行　中国经济出版社
印 刷 者　北京建宏印刷有限公司
经 销 者　各地新华书店
开　　本　710mm×1000mm　1/16
印　　张　16.25
字　　数　260千字
版　　次　2023年2月第1版
印　　次　2023年4月第2次
定　　价　88.00元
广告经营许可证　京西工商广字第8179号

中国经济出版社 **网址** www.economyph.com **社址** 北京市东城区安定门外大街58号 **邮编** 100011
本版图书如存在印装质量问题，请与本社销售中心联系调换（联系电话：010-57512564）

前言

中国人民银行行长易纲指出，全球金融增长点在于金融科技，国际金融中心竞争的焦点也在于金融科技。扑面而来的改革浪潮将重塑金融的未来。上海作为全球排名前十的金融中心，承担着长三角区域一体化发展的国家战略使命，处于推动长三角高质量一体化发展的核心地位，应积极探索金融科技在金融领域应用的正确方法和路径，抢占金融科技制高点，促进金融与科技深度融合。

毕马威（KPMG）发布的《金融科技脉搏——2018 年下半年》报告显示，2018 年全球金融科技融资额上升至 1118 亿美元，较 2017 年 508 亿美元激增近 120%；2018 年金融科技领域并购和收购交易达成 2196 宗，较 2017 年 2165 宗、2016 年 1893 宗都有所增加。

2017—2018 年，无论从市场规模、融资金额，还是从企业发展、技术专利来看，我国金融科技发展势头都很好。中关村互联网金融研究院发布的《中国金融科技与数字普惠金融发展报告（2018）》显示，2016 年美国金融科技领域专利申请数量高居榜首，达到 4523 件，同年中国位居第二，但数量仅为美国的一半。到了 2017 年，我国在大数据、云计算、人工智能、生物识别、区块链五大技术领域的专利数量绝对值均已超过美国，并且大幅领先英国、法国等国家。另外，毕马威（KPMG）也发布《2018 年全球金融科技 100 强》报告，在登榜企业数量上，中国排在第三位，仅次于美国和英国；而在排名前五的企业中，中国企业就有三家。

随着大数据、人工智能、区块链技术及其应用的普及，我国金融科技产业蓬勃发展，培养适应行业发展需要的金融科技人才迫在眉睫。关于金融科技人才需求的分析，国内外金融科技人才培养的情况及规律，金融科技人才的素质结构要求、行业标准及认证体系的设计，金融科技人才培养的路径等方面的研究与探索，金融科技应用型人才的持续培养，都对保障我国金融科技继续占据全球金融科技领先位置，甚至引领全球金融科技的发展具有战略意义。

金融科技是新事物，本书仅做一些初浅探讨，金融科技人才培养体系建设和人才培养模式的深层次研究，尚待各位专家学者的真知灼见和慧语箴言。

殷林森　杨超

上海立信会计金融学院

2020 年 6 月

目录

第1章

国内外培养金融科技人才的成功做法及经验启示

1.1 绪论

习近平总书记在党的十九大报告中提出,“创新是引领发展的第一动力,是建设现代化经济体系的战略支撑”。① “科技”和“创新”更是党的十九大报告中的高频词汇，这足以表明，在中国特色社会主义新时代，科技创新是推动中国由“富”转“强”的重要动力。

“科技是国家强盛之基，创新是民族进步之魂。”进入21世纪以来，新一轮科技革命和产业变革兴起，极有可能重塑全球经济，使产业和经济竞争的赛场发生转换。金融作为经济体系运行的核心，其与科技的融合发展就像一场深刻的“化学反应”，正不断推动金融业在组织结构、服务能力、客户体验等方面的深刻变革。同时，金融科技的快速发展，使金融服务在时间、空间和范围上不断拓展，并对金融市场产生重大影响，在一定程度上也将影响金融稳定。紧抓历史性机遇，以科技创新推动现代金融发展，是实现中国特色社会主义金融强国的重要途径。

党的十九大报告强调，加强应用基础研究，拓展实施国家重大科技项目，突出关键共性技术、前沿引领技术、现代工程技术、颠覆性技术创新，为建设科技强国、质量强国、航天强国、网络强国、交通强国、数字中国、智慧

① http://cpc.people.com.cn/19th/n1/2017/1023/c414305-29602954.html.

社会提供有力支撑。这为我国金融科技创新指明了方向。培养创新型人才队伍，夯实金融创新的人才基础，完善人才培养、引进、使用等机制；在创新实践中发现人才、在创新活动中培育人才、在创新事业中凝聚人才；不断优化人才结构，加强创新型人才队伍梯队建设，注重培养一线创新人才和青年金融科技人才，成为我国金融科技创新成败的关键。

1.2 金融科技市场的历史起源与发展

1.2.1 全球金融科技市场的历史起源、现状和趋势

对金融与科技的研究在西方国家起步较早，可以追溯到20世纪中叶。美国斯坦福大学经济学教授 Gurley 和 Shaw（1960）认为，以银行为代表的金融系统有助于科技创新与经济发展①。英国经济学家 Hicks（1969）指出，工业革命不是技术创新直接作用的结果，而是金融革命的结果②。英国社会经济学家 Perez（2002）描述了技术创新与金融资本的基本范式：风险投资家投资新技术领域以获取高额利润，继而出现了金融资本与技术创新的高度耦合，导致技术创新的繁荣和金融资产的几何级增长③。

从金融与科技逐步融合的角度来看，金融科技的发展可以划分为三个阶段。第一个阶段可以界定为金融 IT 阶段，或者金融科技 1.0 阶段。在这个阶段，金融行业通过传统 IT 软硬件的应用来实现办公和业务的电子化、自动化，从而提高业务效率。IT 公司通常不直接参与金融公司的业务环节，IT 系统在金融体系内部属于一个典型的成本部门，现在银行等机构还经常会讨论的核心系统、信贷系统、清算系统等就是这个阶段的代表。第二个阶段可以界定为互联网金融阶段，或者金融科技 2.0 阶段。在这个阶段，主要是搭建在线业务平台，利用互联网或者移动终端的渠道汇集海量的用户和信息，实现金融业务中的资产端、交易端、支付端、资金端的互联互通，

① Gurley J G，Shaw E S，1960. Money in a theory of finance[M]. Washington：Brookings Institution .

② Hicks J，1969. The Theory of Wages[M]. London：Macmillan.

③ Perez C，2002. Technological Revolutions and Financial Capital[M]. London：Edward Elgar Pub.

本质上是对传统金融渠道的变革，以实现信息共享和业务融合。其中最具代表性的有互联网的基金销售、互联网保险。第三个阶段是金融科技 3.0 阶段。在这个阶段，金融业通过大数据、云计算、人工智能、区块链这些新技术来改变传统的金融信息采集方式、风险定价模型、投资决策过程和信用中介角色，以大幅提升金融效率，解决传统金融的痛点，其代表就是大数据征信、智能投顾、供应链金融。我国目前基本上处于金融科技 1.0 阶段的后期。一旦虚拟现实技术成熟，就意味着金融科技 1.0 时代结束，进入金融科技的 2.0 阶段①。

如今，金融科技在国外被称为 FinTech，就是 Financial Technology 两个英文单词的合并缩写，在 20 世纪中期起源于美国，主要是指那些驱动金融创新、改进金融体系、提升金融服务效率、降低运行成本的新兴技术和企业。美国银行家和 IDC（Internet Data Center，互联网数据中心）一直以来就有对金融科技公司（为金融行业提供技术服务的金融 IT 企业）进行排名的 FinTech100。目前，业界对金融科技的定义不尽相同。金融科技通常被界定在产业融合范畴内，即把科技应用到金融领域，通过技术工具的变革来推动金融体系的创新。金融科技是指企业运用科技手段使金融服务变得更有效率，从而形成的一种经济产业。②

金融稳定理事会于 2016 年 3 月首次对金融科技进行了定义，即技术带来的金融创新。随着信息技术在金融领域的深入应用，政府与监管部门对创新的支持，以及传统金融机构以外的互联网科技公司的蜂拥而至，逐渐形成了金融科技这一新兴行业。金融科技创新具有低利润率、轻资产、高创新、增长快等典型互联网科技行业的特征。③

未来五年内，金融业是最有可能被金融科技颠覆的领域，如图 1.1 所示。

近年来，科技创新对金融业务的发展和变革发挥了越来越重要的作用，金融科技作为一个重要的课题被科技界和金融界重视（巴曙松，2017）。

---

① World Fintech Report 2018.

② FinTech Weekly. https://www.fintechweekly.com/fintech-definition, 2010.

③ 金融稳定理事会金融科技课题工作组．科融科技对金融稳定的影响及各国应关注的金融科技监管问题[J]. Financial Regulation Research,2017(9):1-20.

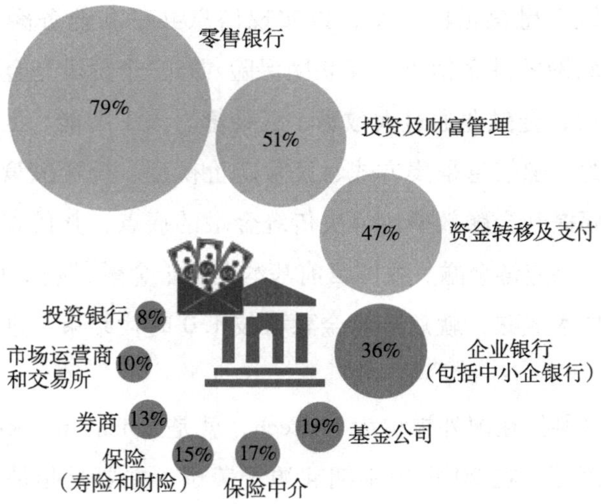

图 1.1　最有可能被金融科技颠覆的金融业领域

资料来源：http：//www.iyiou.com/intelligence/insight57585。

CB insights的最新报告指出，亚马逊银行、虚拟房地产大亨、实时抵押、机器人运营的银行网点、数字身份、智能监管、大规模多维模拟交易、精密保险、替代性数据统计调查和个人 IPOS 十大金融科技将颠覆金融业，包括零售银行、投资及财富管理业务、资金转移与支付，以及其他传统的券商、银行和基金公司①。科技将以前所未有的深度和速度与金融业融合，实现资本更高效和更精准地对产业进行配置。

1.2.2　中国金融科技发展现状和趋势

在我国，“金融科技”一词最早出现在 1993 年，虽然在《中华人民共和国科学技术进步法》发布后，成立了中国金融科技促进会，但一直没有对金融科技做出严谨的定义。金融科技的概念首次真正被提出，是在 1994 年广西南宁中国金融科技促进会首届理事会上，即“我国金融科技事业是根据科技进步与经济建设结合的需要，适应社会经济的发展，在科技和金融体制改革的形势推动下成长发展起来的”（赵鹞，2016）。后来，赵昌文等（2009）给金融科技做了一个非常宽泛的定义：金融科技是促进科技开

① PWC：Global fintech report 2017.

发、成果转化和高新技术产业发展的一系列金融工具、金融制度、金融政策与金融服务的系统性、创新型的安排，是由科学和技术创新活动提供金融资源的政府、企业、市场、社会中介机构等各种主体及其在科技创新融资过程中的行为活动共同组成的一个体系，是国家科技创新体系和金融体系的重要组成部分。严圣阳（2016）将金融科技的本质概括为四个方面：一是创新活动，即科学知识和技术发明被企业家转化为商业活动的融资行为总和；二是技术—经济范畴，即技术革命是新经济模式的引擎，金融是新经济模式的燃料，二者合起来就是新经济模式的动力所在；三是科学技术资本化过程，即科学技术被金融资本孵化为一种财富创造工具的过程；四是金融资本有机构成提高的过程，即同质化的金融资本通过科学技术异质化的配置，获取高附加回报的过程。李思（2017）认为，金融科技是基于科技创新发展需要，促进科技开发与科技成果产业化发展，贯穿科技创新企业与高新技术产业发展的各个生命周期，为其提供投融资服务的金融机构、金融工具与金融政策的组合。

1.3 金融科技人才市场需求和人才特点分析

1.3.1 金融科技人才市场需求分析

首先，金融科技的市场需求在于新的客户群体、新的市场。从金融服务产品 ATM 机到 POS 机，从家庭银行到通过互联网实现部分传统银行业务，从众筹到余额宝，这些新产品、新服务的背后都有信息技术的支持。可以说新技术推动产生了新的产品、新的业态、新的服务，即新技术推动了新金融的产生。随着“一带一路”的深入，金融科技将给沿线国家和地区带来前所未有的影响。金融科技将在这些国家和地区不断发展，人才市场的需求也日益多样化。

其次，金融科技的市场还体现在新的力量上。以中国、印度等为代表的新兴国家和地区的金融科技发展迅猛且潜力巨大。新兴力量的金融科技平均采纳率（应用率）遥遥领先，根据相关数据显示，中国（不含港澳台）为 69%，印度为 52%，用户接受度普遍也很高（沈双生和赵丽娜，2015）。相反，在传统金融比较成熟的国家，如日本、加拿大，消费者相对保守的消费习惯难以改变，现有的金融秩序难以被打破，金融科技的平均采纳率不到20%。以电子信息技术为基础的金融科技，拥有覆盖广、追赶易、见效快的显著优点，将在这些新兴市场产生巨大的影响。

最后，金融科技的人才市场需求与传统业务机构的区别在于结构化的差异。例如，中国工商银行的信息科技人才占比只有3.2%，管理层占比达6.7%，从事个人银行业务的客户经理类职员占比更高。与之相比，微众银行从事R&D研发的人员占比为57%，后台管理及业务支持人员中也有相当比例是与科技岗位相关的，这很鲜明地反映了未来人才需求的新趋势（董泽芳和王晓辉，2014）。从图1.2可以看出，目前，传统金融行业和互联网金融行业人才都是负流入的状况，互联网金融行业对人才的吸引力较强。

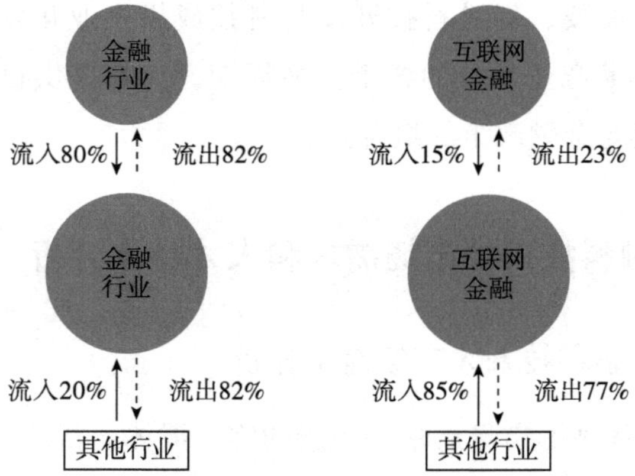

图1.2　传统金融行业和互联网金融行业人才流动比较

1.3.2　金融科技人才特点和知识能力素质分析

新金融将会为整个产业带来新机遇，同时产生新模式。新模式意味着对人才的新需求。随着金融业的快速发展与转型，以及与科技的快速融合，市场对金融科技人才的需求日益高涨，未来的金融科技人才需求将表现为专业化、复合型和综合化。

（1）专业化

调查发现，目前最热门的金融科技职位分别为大数据岗位、人工智能岗位和风险管理岗位，占比分别为40%、32%、12%。大数据分析、区块链、电子钱包、机器人投资顾问等金融科技技术已不再是流行术语，而是成为金融科技岗位所要求的基础技术。不同部门、不同领域对技术、金融的理念不同，如在风控部门，雇主更多偏向具有较夯实的金融基础的人才；而在产品经理等涉及产品设计的岗位，则要求人才具有更扎实的技术功底。

（2）复合型

据前程招聘网站统计，互联网行业比较青睐计算机科学、企业经营管理等专业人才，传统金融行业喜欢企业经营管理、经济学等专业的人才，而金融科技行业对金融学、信息工程与计算机等专业更加偏好（周睿敏和张文秀，2017）。金融科技行业更重视人员的金融分析、软件测试与开发等操作技能，以及风险管理、Linux、Java 等操作技能。可见，金融科技企业对专业、对技能的人才需求是很不一样的，更加强调复合学科背景。

（3）综合化

如今，金融科技的发展一日千里，产业应用前景非常光明。但是提供金融科技服务的公司品质参差不齐，特别需要从业人员具有综合化的业务分析能力，甚至有对行业秩序整合的信念。调查显示，我国 38% 的金融科技行业的雇主和从业人员认为，人才供应是确保金融科技持续成功的关键因素，政府支持性政策因素占比 31%（中国人民银行广州分行课题组，2017）。另一个值得注意的问题是，金融科技延展了金融业风险管理的内涵，使风险更具隐蔽性，给金融安全和稳定带来前所未有的挑战。从业人员为此应当未雨绸缪，加以防范。因此，金融科技人才不但需要具有过硬的专业技术技能、跨专业的复合型技能，更需要在政策解读、产业动态、风险洞见方面具有综合能力。

1.4 国外金融科技人才培养模式概述和分析

1.4.1 国外金融科技人才培养概述

目前，美国、英国等国家的高校金融科技项目的官方统计资料较少，项目详细信息较难获取，课题组成员在 Techfoliance Europe① 网站中查到了有关全球金融科技人才培养项目的基本信息。该网站与全球金融相关领域的专家和企业家合作，在银行、支付、保险技术、区块链和人工智能等方面提供最新全球金融科技洞见和分析。根据该网站提供的信息，为更好地适应金融行业发生的巨大变化和金融科技新的发展动向，多所英美国家的高校开始提供与金融科技相关的短期课程、讲座和学位项目。该网站罗列了美国麻省理工学院、沃顿商学院、加州大学伯克利分校，以及英国牛津大学、斯克莱德大学、伦敦大学学院等提供的金融科技短期课程、讲座或学位项目。为深入了解各大学金融科技人才培养方面的具体信息和特色，课题组成员查询了上述几所名校的官方网站，同时由于上述大学主要提供硕士项目和部分短期课程项目，课题组成员还查询了英美其他几所大学在本科层次金融科技专业或金融科技方向上的情况信息。鉴于金融科技专业较新，各大学能够提供金融科技学位项目的数量并不多。此外，斯坦福大学、卡耐基梅隆大学、佐治亚理工学院和牛津大学等一些名校虽然没有开设金融科技专业，但是为了应对金融界新的发展趋势，已经尝试在原来开设的计量和计算金融方面增加人工智能、区块链等与金融科技密切相关的课程。由于四所大学开设的计量和计算金融硕士项目均在所在国家相关领域中排名前列，具有一定的代表性，本书拟将这四所大学开设的计量和计算金融硕士项目作为研究对象，归纳其在金融科技人才培养方面的做法和特点。

目前英美国家的金融科技类人才培养项目主要分为短期项目、本科学位和硕士学位项目，不同类别的项目呈现不同的特点，主要介绍如下。

1.4.2 金融科技短期项目概述及特点分析

随着大数据、云计算、区块链、人工智能等新技术在金融行业的深度应用，金融科技成为金融界的新业态。为了使业界人士更好地了解大数据、区块链等新事物，不少大学充分发挥自身优势，综合计算机、数学、金融等学科方面的师资，以各种形式推出不同类型的短期项目或培训讲座。例如美国

① http://techfoliance.com/fintech-education/mapping-the-top-fintech-course-across-the-world/.

麻省理工学院、明尼苏达大学，以及英国牛津大学和中国香港大学等大学，均设置了短期项目，以线上或线下形式进行授课，为有意了解金融科技领域发展动向的人士提供行业前沿动态和专业的理论知识，并授予短期项目证书（表 1.1）。

不同大学推出的金融科技短期项目大体有如下特点。

1）金融科技短期项目时间较短，从几天到几周不等；相较学历项目，短期项目费用较少。

2）课程安排较为集中，课程实用性和专业性特征显著，开设的讲座和课程与金融科技业界出现的新动向紧密联系，课程主要分为人工智能、金融科技、区块链、金融创新、计算机语言和算法等内容。

3）短期项目一般要求申请者有工作经验，主要面向传统金融机构和金融科技初创公司的在职人员，比较适合那些有意向在金融科技领域有所发展，或者希望能够在短期内了解金融科技、大数据和区块链等方面的专业知识的职场人士。

4）短期项目授课形式灵活，大部分采用在线授课/MOOC 等形式，部分采用线下授课或者线上和线下相结合的方式，能够更加灵活地适应在职人员的时间安排。

5）短期项目一般跨学院联合设计课程，学科交叉特征明显。授课教师充分引进外部市场资源，一般为“双师型”，即由商学院、信息学院/计算机学院在相关领域有较强理论学术背景的教授和来自金融机构、政府金融监管机构与 IT 行业、投资界、金融科技初创公司等方面的行业专家和行业高级管理人员共同授课。师资配备合理。

表 1.1　海外高校金融科技短期证书课程开设情况一览

学校名称	项目名称/类型	费用	项目时长	项目课程	授课形式	师资情况
美国麻省理工学院，斯隆管理学院	未来商业项目 区块链技术：商业创新与应用	3000 美元	6 周，每周5～8 小时自主学习	区块链技术入门； 比特币和重复付费之祸根； 零成本验证：区块链技术和最终难题； 通过区块链技术和加密经济实现的自展网络效应； 用代币设计新型数字化平台； 区块链技术、人工智能和数字隐私的未来	在线授课	麻省理工学院经济学、技术创新、数字货币、工程学等方面的教授和学者
美国明尼苏达大学，卡尔森管理学院	金融科技创新改变了一个行业	4500 美元	5 天	第一天：金融科技与科技金融创新；寻找智能阿尔法； 第二天：算法交易与高频交易；机器学习在贸易中的应用； 第三天：人工智能与财务分析深入学习；众筹与众投；社交交易； 第四天：区块链、智能合约与供应链金融；新兴金融科技（监管科技、保险科技、小额付款、智能投顾）； 补充课程： 主营业务分析；主要转型变革	现场授课	得克萨斯大学达拉斯分校和明尼苏达大学金融和信息系统教授等

续表

学校名称	项目名称/类型	费用	项目时长	项目课程	授课形式	师资情况
美国牛津大学，赛德商学院	牛津金融科技项目	2500 英镑	10 周，每周 12 ~ 15 小时	金融科技简介； 金融服务结构和失调； 干扰者工具——利用合适的工具进行金融服务创新以及为金融科技创新起草商业计划书（小组项目）； 货币的未来； 市场的未来——研究金融科技创新给市场带来的影响； 市场形势的未来——为你的创新规划财务蓝图； 基础设施与监管科技； 房产科技与不动产创新； 金融创新的尖端科学； 促进金融科技尖端科学与下一步发展	在线视频授课、真实案例学习、小组讨论、信息图表、真实信息调查	由赛德商学院的教授、金融监管机构管理者、金融科技企业高管担任项目教师，以及邀请金融、银行等行业的专业人士担任客座教授，传授前沿经验
新加坡管理大学	金融科技与创新证书项目	3210 新币	3 天，每天 9 点 ~ 17 点	设计思维导论——如何在金融服务领域创造新价值； 如何严格评估新技术和金融科技商业模型； 在受管制的金融服务机构里如何有效建立和管理创新措施； 设计思维基础，如何形成创造性的问题解决方案； 案例分析； 邀请行业专家分享前沿信息	现场授课（讨论、小组作业、案例学习、课题、成果演示、结业考试）	新加坡管理大学专业相关教师，以及金融科技行业专家

续表

学校名称	项目名称/类型	费用	项目时长	项目课程	授课形式	师资情况
ESCP 欧洲高等商学院	ESCP 欧洲高等商学院金融科技证书课程	—	2 天研讨班	资本、投资与企业创投； 金融科技加速器与趋势； 数字化创新与颠覆； 新兴市场与社会影响	现场授课，行业专家演讲	ESCP 欧洲高等商学院相关教师，以及金融科技行业专家
中国香港大学	香港大学金融科技项目	免费	6 周，每周1～3 小时	什么是金融科技； 支付、加密货币和区块链； 数字金融和替代性金融； 金融科技监管与监管科技； 数据与科技金融； 数据推动金融的未来	在线视频授课、案例分析、结业考试	授课教师包括金融科技学术界专家、行业、初创企业高管、监管者

除上述金融科技短期项目以外，美国沃顿商学院、纽约哥伦比亚大学商学院等名校建立以学生为主导的金融科技俱乐部（表 1.2），为不同院系教师、学生和行业人士构建交流联系平台，提供行业前沿的金融科技课程培训和讲座研讨。

表 1.2　美国两所高校组织以学生为主导的金融科技俱乐部

学校名称	项目名称	项目内容和特点
哥伦比亚大学	哥伦比亚大学金融科技	哥伦比亚大学金融科技（Columbia FinTech）成立于 2015 年，哥伦比亚大学商学院学生出于对金融科技的兴趣，利用哥伦比亚大学的资源和位于纽约金融创新中心的天然优势组建。该组织致力于搭建不同院系之间的社区，成为哥大和哥大社区的金融科技中心。Columbia FinTech 通过将不同学科和院系的学生、教师和业界人士联系起来，提供学习金融科技行业发展动向的机会
宾夕法尼亚大学	沃顿金融科技	首个以学生为主的金融科技创新组织，通过俱乐部研讨会、信息传递会、聚会、会议和大事件等形式介绍金融科技最新动态，与 Wealthfront、Apple Pay、Personal Capital、MasterCard 等知名企业和 Fintech Collective、Citi Venures、Barclays 等创新公司建立联系，搭建平台为学生创设实习和就业机会

1.4.3　国外金融科技本科学位项目概况及特点分析

除了短期项目，国外不少名校为顺应信息技术与金融深度融合的发展，在课程体系设置中推出金融科技、区块链等方面的课程。例如，美国斯坦福大学、普林斯顿大学、麻省理工学院，以及英国伦敦帝国理工大学等名校都开设了“数字货币”课程①。除了在现有课程设置中增加相关课程外，部分大学还推出了金融科技本科和硕士学位项目。根据课题组的调查，目前国外高校在本科层次设置金融科技专业或方向的较少，在硕士研究生层次推出金融科技项目的较多。本科教育较为强调通识教育和宽泛的专业基础教育，硕士研究生教育强调专业教育和实践应用。因此，本科层次和硕士层次的金融科技人才模式呈现不同特点。

---

① 趋势不可阻挡！数字货币课程走进世界多所知名高校[EB/OL]. http://www.sohu.com/a/114247397_286863.

（1）国外金融科技本科学位项目

目前课题组能搜集到的几所在本科层次开设金融科技专业或金融科技方向的国外大学有美国伍斯特理工学院、美国新泽西理工学院和英国威尔士格林多大学等（表1.3）。美国伍斯特理工学院是一所位于美国马萨诸塞州伍斯特市的世界知名私立研究型大学，该校获得了工程领域、化学领域、计算机科学领域以及全球精英商学院AACSB等方面的权威认证，其学生受欢迎程度仅次于美国麻省理工学院。美国新泽西理工学院是一所教育、科研、服务和经济发展并重的公立综合性大学，位列美国综合性、研究性大学第一梯队。两所理工学院均在其商学院商学专业内开设了金融科技方向，并利用学校计算机、数学等方面的优势学科，在商科课程模块中增加大数据、计算机语言方面的内容。选择金融科技方向的大学生在其本科学习期间需选择大数据、统计学、计算机语言和管理信息系统等方面的课程。例如，美国新泽西理工学院开设金融建模、金融数据分析、金融数据挖掘与机器学习、R/Python语言编程、金融领域创新，包括区块链、比特币、P2P借贷等金融科技类课程。英国威尔士格林多大学是英国第一所推出金融科技本科学位课程的大学①，该大学是英国威尔士地区最年轻的大学，于2008年被正式命名为大学。该大学提供多种与现代产业相关的课程，设置的金融科技本科项目紧密契合市场需求，开设商业理念、商业市场沟通技能、经济学、商业和金融实践、营销学核心、数据分析和理解、大数据、创新商业化、领导力、广告学和品牌学、金融里面的技术和商业机会、战略思考、破坏力创新和金融技术、商业可持续发展等课程，学生还可以获得金融科技相关企业的实习实践机会。

除了开设金融科技专业或金融科技方向课程，国外还有一些大学在已有的商业分析、计量金融等本科专业中嵌入部分金融科技相关课程，使学生能够接触金融新业态领域最新发展动态。例如，美国佩斯大学的计量商业分析本科专业（Quantitative Business Analysis Bachelor of Business Administration），该本科项目开设微积分、统计学、财务会计、管理会计、商务分析、数据分析在商业中的应用、仿真技术、金融数据分析、编程等金融科技相关课程。

① 英国大学推出首个FinTech本科课程[EB/OL]. http://www.benlaikeji.com/page/1133.html.

新加坡国立大学提供计量金融理学学士本科项目，该项目由理学院、商学院和计算机学院等多学院联合开设，有编程方法论、决策会计、线性代数、微积分、金融、数值分析、概率论、数学分析、投资工具、数学金融、回归分析等数学、金融、编程等方面的课程，培养计量、计算金融方面的人才。

表 1.3　国外 5 所大学本科层次金融科技或计量金融项目设置

学校名称	学位名称	归属学院	人才培养目标	学制（年）	学分（分）	项目特色	项目必修课程
美国伍斯特理工学院	商学理学学士（金融科技方向）	商学院	由于该校是理工类学校，商学院的人才培养目标具有理工学校的显著特征：技术与商业结合，在技术领域创新驱动，培养以技术为主的企业管理人员，通过灵活、宽泛的商业课程，提升以技术为主的环境中成功人士必备的书面沟通能力、口头演示能力、决策力和领导力，培养职业发展必要的能力，包括理论结合实践的能力；将技术创新融入现有企业中，能够批判地思考问题、分析问题、定义和解决商业问题，能够团队协作、具有国际化视野，能够根据不断变化的职业要求，具备学习新技术的能力	4	90	该校注重国际化，致力于培养国际化人才，该校为学生提供参与全球项目（Global Projects Program）的机会，学生可到全球40多个地方参加实践。该校本科项目注重理论与实践的结合，培养应用型人才，实施项目行动计划（Project - based initiatives known as the WPI Plan）教会学生团队合作精神和实践应用能力	学生需要完成数学、微积分、统计学、科学和计算机科学的基础课程。此外，还需要完成商科核心课程和从专业方向课程列表中修满 6 门课，其余由 project work、自由选修课、体育等总共 15 个学分组成。 商学基础课由领导力实践、商业决策全球环境，商业决策法律环境，决策力风险分析，决策数据分析，创新价值，有效运营，如何实现战略有效性，微观经济学，宏观经济学，数学，基础科学课程组成；数学包括 2/3 的微积分和 2/3 的统计学。 金融科技方向需要修满 6 门课程，其中 2 门金融学方面的课程，3 门计算机科学和管理信息系统的课程；另外 1 门可以是会计、经济学、金融学，或者管理信息系统、运营与产业工程方面的课程

续表

学校名称	学位名称	归属学院	人才培养目标	学制（年）	学分（分）	项目特色	项目必修课程
美国新泽西理工学院	商学理学学士（金融科技方向）	Martin Tuchman管理学院	充分利用学校理工类的大学优势，发挥学校工程类、计算机、建筑和社会科学等学科跨学科优势，将商业原则与技术知识和批判性思考能力充分结合起来，培养能够在如今日益变化、技术驱动的商界中获得成功的职业经理、公司领导和学者	4	120	项目实践教学特色明显，管理学院拥有两个实验室和一个研究中心：Raymond Cassetta 金融分析实验室、商务分析实验室和李尔金融泡沫研究中心；管理学院的教师还同时担任学校大数据中心的共同主任。 本项目学生除了可以利用这些实验室学习相关课程，还能够利用昂贵的Bloomberg 终端（24000 美元/年）学习获得“彭博市场概念证书”；参加“IBM 专业认证计划”，获得一个或多个 IBM 证书（如 IBM – 沃森物联网、IBM 认知解决方案、IBM 分析、IBM 安全、IBM 云、IBM SPSS MODELER 等证书）	金融科技方向专注于金融科技、创新和应用，致力于提供金融服务。除了公司金融、金融市场等传统金融课程，该项目还包含数据驱动的金融模型、金融数据挖掘和机器学习、R/Python 语言编程金融数据分析，金融领域的创新，包括区块链、比特币、P2P 借贷等。学生能够胜任金融数据分析，可在新兴公司和传统金融服务公司就职。 课程包括金融市场证券、期权和期货市场、金融风险测量和管理、融资新企业、数据驱动的金融模型、以 R 语言编程的金融数据分析、金融机器学习、Coop 工作经历
英国威尔士格林多大学	金融科技管理学士	商学院	该项目致力于提升学生的商业意识、金融素养、创造力和技术管理能力，培养银行和金融行业人才。该项目以工作为导向，通过模拟、真实案例教学，项目毕业生具备适应当前和今后市场、随时工作的能力	3	—	该项目是金融、技术管理和创新管理跨学科项目，顺应商界最新发展趋势，项目领导团队成员由学术界和商界合作伙伴组成，商界合作伙伴包括全球投资公司的副总、欧洲最大银行之一的首席经济学家，以及国际招聘公司的合伙人等。 该大学文凭由英国管理学会认证，该项目学生除获得文凭，还能获得英国管理学会级别 5 的领导力和管理证书	课程包括商业理念、商业市场沟通技能、经济学、商业和金融实践、营销学核心、数据分析和理解“大数据”、创新商业化、领导力、广告学和品牌学、金融技术和商业机会、战略思考、破坏力创新和金融技术、商业可持续发展，选修国际人力资源管理、战略营销学课程

续表

学校名称	学位名称	归属学院	人才培养目标	学制（年）	学分（分）	项目特色	项目必修课程
美国佩斯大学	商业分析工商管理学士	Lubin商学院	项目面向数学基础较好的大学生，加强大学生在分析工具和商业决策模型等能力方面的训练，培养在金融工程、风险管理、精算科学、市场分析和管理咨询方面的人才	4	128	该专业跨学科特征明显，Lubin 商学院注重理论与实践的结合，通过美国知名也是纽约市最大的实习项目，为学生提供实际商业经验。学院两个校区地理位置优越，一个校区位于全球金融中心曼哈顿，另一个临近许多知名跨国公司总部，为学生提供丰富的商业实战体验	课程由数据分析、信息技术、计量模型和数学方面的课程组成。学生需要额外完成微积分、统计学的 8 个数学学分。基础课程包括宏观经济学、微观经济学、微积分和统计学基础；商业核心课程包括财务会计、管理会计、商业法律、商业分析、管理和组织概念、数据分析的商业应用、商业决策数据分析、高级应用研究模型、数据管理、编程概论等。此外，学生可以根据自己的职业兴趣和专业要求选择两门高进阶职业方向课程（6 个学分）
新加坡国立大学	计量金融理学学士	项目由理学院、商学院和计算机学院联合提供	培养的学生主要在银行、证券公司、保险公司、投资公司、支持金融机构和跨国公司的 IT 公司就职，培养从事金融产品开发和定价、风险管理、衍生品定价、对冲和交易、计量模型方面工作的人才；培养衍生品交易和风险管理、投资决策支持、计量组合管理、资金管理和财富管理方面的 IT 支持的人才	4	120	项目紧密契合市场需求，是新加坡第一个也是最成熟的计量金融项目。项目充分利用新加坡国立大学作为综合研究型大学的优势，提供跨学科项目	课程主要涵盖数学理论与工具、统计工具、计算理论与技术、金融理论与原则，核心金融产品知识：编程方法论、决策会计、线性代数，微积分、金融、数值分析、关键数据分析、概率论、数学分析、投资工具、数学金融、回归分析

（2）国外金融科技本科学位项目特点分析

国外很多大学认同本科阶段的教学是“专业基础教育”这一观点（张文颖，2006），在本科教育阶段重视通识教育和不同学科的交叉，注重学生综合素质的培养和综合能力的建设，通过提供丰富的多学科课程来培养学生打下基础扎实、知识面广博的学科理论基础，注重培养学生人文、社会、历史和自然科学素养，注重培养学生的主动学习能力、创新思维和社会责任意识，提高学生自我认识和终生学习能力。课题组在查阅国外各大学金融科技专业设置情况时，发现这个特点不同程度地反映在大学的总体本科人才培养目标上。例如，美国普林斯顿大学在本科层次通过“人文、艺术、社会科学、自然科学和工程的通识教育项目来培养学生学习能力、创新和合作精神”（Our curriculum emphasizes learning, creativity, innovation and collaboration with a program of liberal arts in the humanities, arts, social sciences, natural sciences and engineering. You will explore many disciplines and also develop a deep understanding in one area of concentration）①。美国佩斯大学的本科人才培养突出“专业理论教育与实践经验的有力结合”，提供“丰富多样的通识课程，培养学生发挥自身最大潜能的技能和思考习惯”（Pace University provides to its undergraduates a powerful combination of knowledge in the professions, real – world experience, and a rigorous liberal arts curriculum, giving them the skills and habits of mind to realize their full potential）②。美国伍斯特理工学院本科人才培养目标是“引领学生熟练掌握专业领域的基本知识，为终生学习能力打下基础，提高自我认识能力。最重要的是能够深刻认识基础知识、技术进步和人类需求之间的紧密联系”，强调培养学生的“思考能力、沟通能力和逻辑思辨能力”③。

在金融科技相关专业人才培养目标定位方面，通过对表 1.3 五所大学的

---

① Princeton University[EB/OL]. https://www.princeton.edu/academics/studying – princeton.

② Pace University[EB/OL]. https://www.pace.edu/about – us/vision – and – mission.

③ Worcester Polytechnic Institute, undergraduate catalog[EB/OL]. https://www.wpi.edu/academics/study/business – bs#curriculum .

分析发现，这些专业基本设在商学院，有的课程由商学院与其他学院联合提供，主要强化学生的商科知识教育，同时加强金融科技领域的知识和能力培训。本科金融科技项目着重培养学生的技术应用能力、解决问题的能力和商业意识，培养的人才主要面向以技术驱动的商业界（银行、证券、保险公司等传统金融机构和新兴金融科技公司）。

在课程设置方面，金融科技专业或计量金融等金融科技相关专业都具有很明显的交叉学科特点，突出金融学、管理学、计算机学科、数学（主要为统计学和微积分）、经济学（微观经济学和宏观经济学）等不同学科的交叉知识体系，突出人才培养的复合型和系统性。例如，新加坡国立大学的计量金融是理学院、商学院、计算机等学院跨学院联合设计的，突出数学、计算机等知识和工具在金融的深度应用，培养计量金融、金融科技复合型人才。

上述提到的两所理工类院校商学院设置的金融科技方向专业十分注重学科交叉，具有更加明显的理工特点，强调技术在金融的实际应用。两所理工类院校充分利用学校计算机、工程类等理工类学科优势，重视金融学和数学、工程学和计算机信息系统等多方面的交叉，数理、计算机等方面的课程比重较大，同时对数学的要求也更高，更加强调统计学、微积分和计量分析的学习。

法律意识的培养也体现在这几所大学金融科技相关专业的人才培养方案中。几所大学都在课程设置中开设商业法律、金融法等法律类课程供学生选择。同时，金融科技相关专业的设置紧密契合市场需求。由于金融科技行业的快速发展，新事物新现象不断出现，几所大学的课程设置中，均根据金融科技市场的新发展和市场对人才的新需求来调整教授内容，确保学生学到最新和最实用的金融科技知识和大数据的运用。例如，英国威尔士格林多大学以就业为导向，聘请市值数十亿美元的美国投资公司富兰克林邓普顿和 State Street 的高级副总裁等业界精英作为项目指导委员会成员，指导课程教材内容紧密契合市场需求和国际动向。①

① 英国大学推出首个 FinTech 本科课程[EB/OL]. http://www.benlaikeji.com/page/1133.html.

此外，课程教学中，重视实践教学和案例教学方法的使用，注重专业相关实验室的建设，如美国新泽西理工学院 Martin Tuchman 管理学院拥有两个实验室和一个研究中心：Raymond Cassetta 金融分析实验室、商务分析实验室和李尔金融泡沫研究中心，管理学院的教师同时担任学校大数据中心的联合主任；美国佩斯大学 Lubin 商学院为加强专业教学，建设会计实验室、全球投资组合分析中心（Global Portfolio Analysis Center）、市场和消费者行为实验室等；英国威尔士格林多大学金融科技专业采用模拟和真实案例教学法，教授学生商业、金融方面的知识。

几所大学都非常重视学生实践能力的培养，通过实习、Coop 等形式不断提高学生理论与实践结合的能力。例如，美国新泽西理工学院 Martin Tuchman 管理学院拥有良好的金融科技企业关系和优质的实习资源，管理学院与华尔街等的许多金融企业和科技企业有着深度合作，不少金融和科技企业的高管是学院顾问委员会委员，这为金融科技专业学生接触、了解金融科技企业提供了便利。美国伍斯特理工学院注重理论与实践的结合，培养应用型人才，实施项目行动计划（Project - based initiatives known as the WPI Plan），教会学生团队合作精神和实践应用能力。学生在第一年可以选择"主要问题研讨会"（Great Problems Seminar），最后大四阶段需要完成"顶点项目"（Capstone Project），这些项目（Project Work）帮助学生将在教室和实验室所学到的知识创新性地应用到解决实际问题中去。

几所大学在金融科技项目中都不同程度地强调国际化，注重国际化人才的培养。例如，美国伍斯特理工学院开展海外学习项目（Study Abroad Project）、全球项目（Global Projects Program）；美国佩斯大学为学生提供有学分的短期国际学习课程（Short - Term International Field Study Courses for Credit），学生可以赴美国佩斯大学 Lubin 商学院在海外的合作伙伴开展最长为期一年的海外学习，学生可以选择去法国、德国、西班牙、中国、澳大利亚、日本等国的 20 所高校进行交流学习。

1.4.4　国外金融科技硕士学位项目概况及特点分析

（1）国外金融科技硕士学位项目

英美大学多在硕士层面开设金融专业项目，如金融工程专业、计量金融专业等。随着金融科技的发展，美国纽约大学、加州大学伯克利分校、布兰迪斯大学，以及英国斯克莱德大学等都推出了金融科技硕士项目。例如，美国纽约大学斯特恩商学院（The Leonard N. Stern School of Business）在其 MBA 项目中开设金融科技方向；Stern 商学院毗邻华尔街，地理位置优越，其在 2019 U. S. News and Report 最佳商学院中排名第 13 名，金融学（Finance）和信息系统（Information System）分别位列第 3 名和第 7 名①，其必修课程包括由数据驱动的信用建模、数字货币、区块链，以及金融服务业、金融信息系统、智能投顾和系统化交易、创业金融领域的应用、金融科技、金融科技风险管理、金融科技个人理财与支付、数据处理、投资银行学、国际金融学、公益创业等；英国斯克莱德大学（University of Strathclyde）于 2017 年推出英国第一个金融科技硕士项目，该硕士项目由会计学、金融与管理学等专业共同组建，是一个跨学科金融科技硕士学位项目，开设量化商业信息系统、证券分析、大数据基础、商业分析等核心课程。如表 1. 4 所示为国外 6 所知名大学金融科技硕士项目课程。

除了直接设置金融科技硕士专业或开设金融科技方向，美国斯坦福大学、卡耐基梅隆大学、佐治亚理工学院和英国牛津大学（表 1. 5）根据金融业界的新发展，在原有的数学和计算金融硕士项目中增加了金融科技相关的课程来培养金融复合型人才，以应对金融界新发展对金融科技人才的需求。

---

① https://www. usnews. com/best - graduate - schools/top - business - schools/new - york - university - 01152.

表 1.4　国外 6 所知名大学金融科技硕士项目课程设置一览

学校名称	学位名称	归属学院	人才培养目标	项目时长	学费	项目必修课程
爱尔兰国家学院	金融科技理学硕士	信息技术学院	计算资源和电子资源的高度普及,数据分析形式的多样化以及比特币、微信支付和众筹网站等颠覆性技术的出现在金融领域掀起了一股创业浪潮。项目由信息技术学院的专任教师和 Finaus 网络峰会的金融科技行业专家联合培养,传授金融科技领域最前沿的知识与专业技能	全日制 1 ~ 2 年, 非全日制 2 ~ 4 年	全日制共计 6500 欧元, 非全日制共 8950 欧元, 留学生学费共 14500 欧元	项目必修课程: 金融市场入门、信息保障和网络安全、数据分析、数据管理与合规、当代话题、区块链技术、金融科技的创新创业
美国加州大学伯克利分校	工程硕士金融科技方向	工业工程与运筹学系	工业工程与运筹学工程硕士项目是一个商科相关课程和工业工程与运筹学应用型课程相结合的硕士项目,旨在培养学生的专业实践能力。该项目的金融科技方向侧重机器学习和数据分析,尤其是金融时间序列分析。本项目旨在为金融和技术企业培养合格的人才,如银行、咨询公司、金融科技公司和投资公司	1 ~ 2 年	—	部分核心课程: 优化分析、风险建模、模拟、数据分析、 研发技术管理、工程师会计和财务、组织行为学
美国布兰迪斯大学	金融科技的数字化创新理学硕士	研究生专业学院	本项目为在线在职硕士项目,是美国首个金融科技硕士项目,总共 30 个学分。旨在培养学生应用新兴科技设计前沿的解决方案;评估金融科技解决方案的投资回报率并且与股东进行有效沟通;应用金融理论来解决投资者的问题并且设计科技解决方案	1 ~ 1.5 年	每学分 1179 美元, 共 35370 美元, 申请费 75 美元, 毕业申请费 100 美元	7 门必修课: 新经济:全球性颠覆与金融科技的兴起,金融科技:技术支持金融服务的进化、金融科技专业人员的分析能力、启动金融科技风险投资、Python 编程、金融科技毕业设计的数字化创新、创新与以用户为中心的设计

续表

学校名称	学位名称	归属学院	人才培养目标	项目时长	学费	项目必修课程
美国纽约大学	工商管理硕士金融科技方向	斯特恩商学院	本项目金融科技方向将系统授课，使学生具备加密数字货币、区块链、数字咨询和交易系统、人工智能与机器学习、P2P 借贷、股权众筹和移动支付等方面的前沿知识和专业技能	—	—	金融科技：由数据驱动的信用建模、数字货币、区块链和金融服务业、金融信息系统、智能投顾和系统化交易、创业金融领域的应用：金融科技、金融科技风险管理、金融科技个人理财与支付、数据处理、投资银行学、国际金融学、公益创业、销售与贸易、信息技术、产品管理
英国斯克莱德大学	金融科技理学硕士	会计、金融与管理科学系	金融科技是利用科学技术提高金融交易的效率。本项目由斯克莱德大学会计、金融与管理学系的专任教师与研究员共同授课。理论学习、集中式实践和行业实习旨在培养学生对金融、会计、商业信息系统和分析方法等领域的深刻理解	全日制 1 年，12 个月	英国地区 12500 英镑，国际学生 20300 英镑	规程与技术、金融学概论、量化业务分析、大数据基础、商业分析、商业信息系统、证券分析、银行风险管理
伦敦大学学院	创业学理学硕士金融科技方向	管理学院	本项目通过培养学生学习快速原型设计、利用工具学习创业学、如何定位新点子以及整合伦敦大学学院的社会资源，使毕业生具备开创创新型、高影响力企业的专业技能和工具	全日制：12 个月；非全日制：24 个月	英国与欧盟国家 12380 英镑；其他国家 26670 英镑	创业金融、建立高影响力风险投资、客户开发与精益创业、原型设计、企业创投战略管理、成长期企业的管理、金融科技创业学

表 1.5　英美 4 所名校计量金融/计算金融硕士项目一览

学校名称	学位名称	归属学院	人才培养目标	项目时长	师资情况	项目必修课程
美国斯坦福大学	数学和计算金融理学硕士	工程学院计算与数学工程所	项目教授学生应用和计算数学、统计学及上述学科在金融领域的应用。根据市场新的发展情况，项目更加围绕计算和数据。项目培养金融行业数据和信息科学家、计量战略师、风险管理人员、监管人员、金融技术人员，以及在数学、统计学、金融和其他学科方面继续深造的人才	2 年	项目是美国金融工程/数学一流项目。项目跨学科特点明显，学术界和业界的工程师和科学家联系紧密，项目同时充分利用斯坦福大学工程学科在物理、生物、数学和信息科学方面的应用优势。成立监管委员会（Steering Committee）	课程包括数学、计算机、统计学和金融、工程学等方面的课程，具体包括金融科技的人工智能（Artificial Intelligence in Financial Technology）、机器学习概论（Introduction to Machine Learning）、最优化（Optimization）等
美国卡耐基梅隆大学	计算金融理学硕士学位	由统计和数字科学系、Heinz 信息系统和公共政策学院、数学科学系、和 Tepper 商学院联合提供	项目为适应金融市场的需求，培养学生在日益变化的金融行业获得成功的技能，学生能深入学习金融和经济模型、计量金融的数学基础、投资决策、机器学习和大数据科学，以及金融计算和算法	三学期制，加上 5 ~ 8 月的暑期实习	计算金融理学硕士项目成立项目管理委员会，委员会由 5 人组成，4 人分别来自 4 个学院，另外一位是执行主任。根据雇主、校友和 MSCF 咨询委员会的反馈，项目管理委员会对项目和课程进行修改。项目咨询委员会成员由花旗银行、摩根大通、高盛、巴克莱等金融机构的高管组成，定期会面对项目进行评估	课程包括高级衍生品模型、资产管理、交流基础、德意志银行交易竞争、金融计算 1 - 4、金融数据科学、金融时间序列分析、金融市场、金融优化、固定收入、线性代数、计算金融有关的微观经济学、微观结构 & 算法交易、MSCF 商务沟通 1 - 2，MSCF 投资学、MSCF 数学和市场基础、MSCF 期权、MSCF 概率论基础、MSCF 编程基础、MSCF 金融工程学、MSCF 暑期实习、多期资产定价、计算方法、公司金融、风险管理、期权定价模拟方法、统计机器学习、统计套利、金融随机分析。 该项目的学生可以参加德意志银行组织的交易大赛，获胜者可以得到德意志银行实习的机会

续表

学校名称	学位名称	归属学院	人才培养目标	项目时长	师资情况	项目必修课程
美国佐治亚理工学院	计量和计算金融理学硕士	由佐治亚理工学院 Scheller 商学院、H. Milton Stewart 工业和系统工程学院及数学学院3所学院联合提供	项目旨在教授学生计算金融相关课程和数学模型，以便在金融市场获得成功的职业生涯，学生将学习构建交易、管理风险、构建投资策略及分析数据领域内的技能。 主要就业方向包括衍生品定价和交易、风险管理、结构型产品、投资组合管理、研究、量化分析、战略分析 & 模型、技术咨询、信用报告 & 分析	全日制：三学期制	—	主要有5类核心课程：金融和投资、金融中的随机过程、计算金融的设计与实施体系、固定收益证券、金融数值方法。 学生可以在核心课的基础上在金融机构管理、金融优化、金融数据分析中选修两门课。此外，学生可以在该校中任意选修感兴趣或者与未来职业最相关的课程，如机器学习、大数据分析、时间序列、回归分析、企业重组等
英国牛津大学	计量与计算金融理学硕士	数学研究所	该硕士项目旨在为学生提供强大的数学背景及将专业知识应用于解决实际金融问题的技能，学生将能够从金融语言的描述中提炼出适当的问题，进行相关数学分析，开发和实施合理的数值方案。该项目为学生进一步学术研究及金融或其他机构的定量分析师职业奠定基础	10个月	—	课程包括工具、模型和数据方面的课程，以及计量风险管理方面的课程，C++编程，随机分析、随机控制、数值方法、数学模型、偏微分方程、统计学、机器学习和上述知识在金融中的运用。 核心课程包括：随机微积分、金融衍生品、数值方法1－蒙特卡罗方法，数值方法1－有限差分法、统计与财务数据分析、C++1 金融编程。 建模方向：外来衍生工具、随机波动与跳跃扩散、商品、固定收入。 数据驱动方向：资产定价与市场效率低下、市场微观机构与交易、算法交易、高级财务数据分析、机器学习、Python。 工具方向：数值方法2－蒙特卡罗方法、数值方法2－有限差分法、最优化、随机控制概论等

（2）国外金融科技硕士学位项目特点分析

相比本科层次开设的金融科技项目注重学生整体素质的培养和基础理论知识的传授，硕士层次金融科技相关专业的人才培养项目更加注重金融科技专业知识在专业领域的应用及金融统计编程工具的掌握和实际运用。

在先修课程方面，上述几所大学金融科技项目或数学和计算金融硕士项目都比较强调统计学、微积分和经济学的学习。比如，英国斯克莱德大学金融科技硕士项目主要招收会计、经济学、商科或者具有比较强计量背景学士学位的学生。部分大学对先修计算机语言也做了具体要求。例如，美国加州大学伯克利分校金融科技对申请者的条件是要求学生具备统计学等基本知识，同时要求学生擅长编程和语言，学生需要修读过编程课程，具备 Python 等方面的知识。

相比本科层次的金融科技项目大部分由商学院提供，硕士层次的金融科技项目有的归属于工程学院，如加州大学伯克利分校、斯坦福大学信息技术学院、爱尔兰国家学院数学研究所、牛津大学。但总体来说，大部分还是归属于商学院，由商学院主导，联合学校其他学院合作提供，因此硕士层次的金融科技或金融科技相关专业跨学科特征明显。上述几所学校提供的金融会计或计算金融硕士项目都突出了商科、计算机、统计学、工程学等不同学科的交叉融合，很多项目由不同学院联合设计提供，充分体现出硕士层次金融科技人才更加明显的复合型特点。

上述几所大学的金融科技硕士项目的课程设置均不同程度地开设区块链、数据分析或处理、Python 编程等内容，以及一些金融学课程。计算金融硕士项目除金融经济类课程以外，还涉及较多的数学课程如数值分析、随机分析、时间序列分析和 C ++ 等计算机语言类课程，充分显示出数理类和计算机知识与能力在金融科技硕士或计算金融硕士人才培养中的重要性。

上述几所大学提供的金融科技或计算金融硕士项目具有明显的产学合作特征，项目课程根据市场需求和导向来设置，并根据市场变化和发展对课程内容进行调整。例如，卡耐基梅隆大学计算金融硕士项目的一大特点就是及时根据学生、校友、招聘官员和咨询委员会成员的反馈来调整课程设置①。不少大学的金融科技或计算金融硕士项目成立了项目指导委员会，由金融界高管担任委员会成员，定期开展会议，对项目进行评估。例如，卡耐基梅隆大学计算金融硕士项目管理委员会不少成员是来自花旗银行、摩根大通、高盛、巴克莱等金融机构的高管，他们定期对项目进行评估，确保项目符合市场需求。有的教授来自产业界，具有丰富的金融行业创业和管理经验。例如，布兰迪斯大学金融科技理学硕士项目的师资包括对冲基金、大数据技术、数字银行等业界很活跃的技术专家和高级管理人员。斯克莱德大学的金融科技硕士项目邀请金融科技行业专家来介绍商业问题，这些行业专家给学生讲述实际项目和案例，要求学生进行团队合作，并以分析员/咨询员的身份解决金融界实际问题。这些都彰显出国外在金融科技人才培养中高度重视实践性，也充分说明实践应用性能力培养在金融科技人才培养中的重要性。曾多次被《金融时报》等权威媒体机构评为世界第一的巴黎高等商学院金融硕士项目，有 50% 课程的授课者是顶尖的行业从业人员，这些授课老师是银行家、交易员或资产管理者，具有丰富的实践经验。这种实践与理论的高度融合，使项目具有坚实的学术基础，也使学生能够在新金融世界中更具优势（马子悦和张力玮，2017）。

另外，英美名校提供的金融科技硕士项目普遍重视学生与业界的联系，项目定期邀请业界人士来校讲座，为学生讲授金融科技界的实际案例和最新动态。同时，重视学生实习的安排，从学生入学到毕业，项目为学生提供不同类型的实习机会和就业指导服务。项目特别重视校友网的构建，邀请校友回校分享经历，这些校友不乏在业界担任高管的人士，这些都为学生学习与就业搭建了良好的平台。例如，卡耐基梅隆大学计算金融硕士项目开设了计算金融硕士演讲嘉宾系列（MSCF Speaker Series）讲座，邀请众多业界高管每周五来校讲座，这些专业人士不仅分享自身在业界的经历和工作情况，同时也借机招聘人才，成为学生寻找就业机会的好平台。

① https://www.cmu.edu/mscf/academics/index.html.

1.5 国内金融科技人才培养模式概况和分析

随着金融科技创新的快速崛起和迅猛发展，培养既懂金融又懂技术的金融科技复合型人才成为迫切需求。为更好地培养金融科技人才，国内高校也纷纷在不同层次探索金融科技人才培养模式，从互联网金融专业到金融科技专业，根据金融科技的不同发展阶段来培养金融科技人才。可以说，互联网金融是金融科技的初始阶段和形态，互联网金融人才也是金融科技人才的重要部分。

2014 年 5 月，清华大学五道口金融学院利用多年积累的互联网金融研究基础和优势，根据金融市场发展动向，在金融专业硕士课程中开设互联网金融方向课程。① 同年 6 月，北京航空航天大学软件学院互联网金融硕士专业方向面向社会全面招生。② 在硕士层面，北京大学、中央财经大学、北京理工大学、武汉大学等先后推出互联网金融方向的在职研究生课程进修班（葛和平和朱卉雯，2018）。

除了在硕士层次开设互联网金融方向课程，国内不少高校在本科层次也开设了互联网金融专业。2016 年，教育部审核通过了成都电子科技大学、安徽财经大学、安徽新华学院、铜陵学院、云南财经大学和广东金融学院 6 所高校开设互联网金融本科专业（表 1.6），这是国内高校首次设置本科层次互联网金融专业。同时，也有不少高校在既有专业内开设互联网金融方向，培养互联网金融人才。

---

① 清华大学五道口金融学院开通互联网金融方向硕士[EB/OL]. http://news.163.com/14/0510/17/9RTBFV3N00014JB6_mobile.html.

② 北航全国首个互联网金融硕士专业全面招生[EB/OL]. http://edu.163.com/14/0606/11/9U26M5CI00293L7F_mobile.html.

表 1.6 国内 3 所高校互联网金融本科专业设置情况一览

学校名称	归属学院	人才培养目标	培养模式	核心课程
成都电子科技大学	经济与管理学院	该计划面向“互联网 +”融合发展需求，结合该学院的学科优势和人才培养现状，以学院为依托，以“互联网 +”相关专业融合为途径，以夯实“互联网 +”核心技术为切入点，培养面向“互联网 +”国家战略需求的复合型精英人才，打造包含行业精英和创新创业人才相互融合的“精英人才生态圈”	进入“互联网 +”精英人才复合培养计划的互联网金融专业方向的学生，前两年学习“互联网 +”的核心平台课程，第 3 年开始主修互联网金融方向的课程，同时可任意选修智慧物联、人工智能、大数据分析、智慧能源、益民服务、材料基因方向的课程	硬件类（电子电路基础、计算机组成与结构）、软件类（程序设计、软件技术基础）、移动互联类（计算机网络与通信技术、移动通信与智能终端）、数据类（物联网与传感技术、数据挖掘与大数据分析）、管理与商务类（互联网思维与应用、创新投融资管理、互联网金融导论）、安全保障类（计算机系统与安全技术）
安徽财经大学	金融学院	主要培养既具备扎实的金融业务知识，又能掌握网络信息技术、数学、统计学等相关知识，具备互联网思维和金融实践能力（金融风险识别和控制风险的能力），能把金融机构的应用嫁接在互联网工具上的应用性、复合型金融创新人才。毕业生就业去向包括中外银行机构、证券公司、金融服务公司及投资公司，以及劳动社会保障部门、上市公司和其他金融经济部门等	注重培养学生的理论知识和实践能力，整体课程采用逐层递进的方式，学生通过学院的校企合作平台，参与到互联网金融企业项目中，将所学的理论知识在项目中及时得到运用，做到理论与实践的充分结合	基本学制为 4 年，并实行 3 ~ 6 年弹性学制，开设的主要课程包括互联网金融概论、金融机构与金融市场、互联网金融理财与投资、互联网金融风险管理、互联网思维、大数据金融、电子商务、程序设计基础、数据库原理与应用、编程技术、互联网金融安全技术、计量经济学、微观经济学、宏观经济学、金融学、投资学、财政学、统计学、会计学等专业课程

续表

学校名称	归属学院	人才培养目标	培养模式	核心课程
广东金融学院	互联网金融与信息工程学院	培养目标是适应社会主义现代化建设需要，掌握雄厚的信息科学、金融学知识，掌握互联网金融基本理论，熟悉互联网金融行业的业务流程和实践，以及与业务密切相关的风险管理与控制、产品设计与创新的知识和技巧，能在行业内从事风险控制、产品分析与设计等相关工作，具备较强的团队精神、责任意识、创新精神和实践能力的新型互联网、金融复合型人才。本专业毕业生主要面向互联网金融企业、传统金融企业、商贸企业、互联网信息服务企业、事业单位、政府部门，运用互联网金融知识、经济学知识和互联网、大数据技术从事互联网金融产品设计、产品营销、金融数据挖掘分析、互联网金融产品开发、互联网金融行业管理等工作	开展校企合作培养人才，2016 年 11 月，中关村互联网金融研究院、北京国培创新教育科技股份有限公司和广东金融学院签署了战略合作协议，三方在互联网金融行业研究、高校互联网金融人才培养体系建设、高校互联网金融课程开发、高校互联网金融师资培养方面建立了战略合作伙伴关系	微观经济学、宏观经济学、金融学、互联网金融概论、金融工程学、金融机构与金融市场、互联网金融理财与投资、互联网金融风险管理、互联网思维、互联网金融大数据分析、电子商务、移动编程技术、互联网金融安全技术等

2018 年初，上海立信会计金融学院金融科技专业获批（表 1.7），是国家首批建设的全国唯一一家金融科技专业。该专业归属上海立信会计金融学院的金融科技学院。采用学校和企业（慧科集团）共建共管的双主体办学模式，被定位为学校教育教学改革的特区和产学合作试验田。学院利用金融、IT 和金融科技等领域的特色优质行业资源和有影响力的企业资源，紧扣大数据、区块链、人工智能等新兴技术，与金融、会计等相关学科深度融合，逐步推进金融科技专业群建设。①

表 1.7　上海立信会计金融学院金融科技本科专业情况一览

学校名称	归属学院	特色	核心课程
上海立信会计金融学院	金融科技学院	校企合作特色明显，学校与教育部产学合作协同育人项目唯一官方合作单位——慧科集团签订战略合作协议，共建全国首个金融科技学院，推动金融科技专业方向建设和发展	项目采用通识课、学科基础课和专业技能课及企业商业项目实习等方面相互结合的应用型人才培养模式 课程主要包括金融经济学、数理统计学、计算机语言和金融科技方面的课程

上述几所国内设置互联网专业和金融科技专业的高校都比较突出应用型人才的培养，注重校企合作，联合培养金融科技人才，如上海立信会计金融学院、广东金融学院等。成都电子科技大学充分发挥在理工类学科方面的优势，强调互联网金融人才的计算机能力和数据应用能力。财经类院校提供的金融科技项目更加突出经济管理类学科优势，结合产学研合作，强调人才培养的应用性和实践性特点。

除了设置金融科技相关专业外，还有不少国内高校设置互联网金融或金融科技有关的实验室或研究院，开展金融科技方面研究和学术交流（表 1.8）。

---

① 国内首个金融科技专业获批[EB/OL]. http://sh.people.com.cn/n2/2018/0323/c176739-31377953.html.

表 1.8　国内高校金融科技实验室/研究院一览

学校	项目名称/类型	项目内容和特点
清华大学	清华大学五道口金融学院互联网金融实验室	学院重点建设的高端实践平台。互联网金融实验室以“引领学科前沿、发展交叉创新、鼓励创业实践、促进产学互动，培养创新创业教育平台，推动基于互联网和移动互联网金融服务模式的发展”为使命，秉承清华大学学科综合的优势，致力于构建国际领先的创新创业实践教育平台、基于互联网和学科交叉的协同创新研究平台、产学研有机互动的高技术项目孵化平台
复旦大学	复旦—斯坦福中国金融科技与安全研究院	复旦大学—斯坦福大学金融与风险建模研究院（Financial and Risk Modeling Institute，FARM）联合成立的战略合作平台，充分利用复旦大学、斯坦福大学及国际相关院校在金融学、经济学、统计学、数学和计算机等领域的学科优势，追踪全球金融科技与风险管理前沿，运用互联网、大数据、云计算、人工智能、机器学习、区块链等前沿技术进行金融科技、量化投资、风险管理等核心领域的科学研究、产品研发和金融创新，同时为金融机构、经济实体和监管部门提供更加精准的投资咨询和风险管控服务
浙江大学	互联网与创新金融研究中心	浙江大学管理学院院级研究中心和浙江大学互联网金融研究院的重要组成部分，致力于创新与创业金融、互联网金融与资本市场、供应链金融、互联网金融与商业模式创新、互联网金融与科技金融等研究

1.6　国内外金融科技人才培养借鉴和启示

（1）进一步丰富和完善金融科技人才培养体系

相较国外金融科技人才培养，国内的金融科技短期项目或短期在线培训项目较少。短期项目作为面向传统金融行业人士的培养项目，可以快速培养金融科技人才，填补金融科技市场人才缺口，是金融科技人才培养的有力补充。根据葛和平和朱卉雯（2018）对江苏互联网企业的调查，很多互联网金融企业希望能够获得培训提升的机会。很多互联网金融企业具有比较迫切的培训需求，71%的互联网金融企业将培训费用列入企业年度财务预算。① 因此，可以进一步探索金融科技短期项目的开发，完善金融科技人才培养方式。

① 以人才体系建设助力互联网金融的创新与风控[EB/OL]. http://www.china-esc.org.cn/c/2015-12-02/639612.shtml.

（2）立足优势学科，制定人才培养目标

金融科技是新兴学科，具有很强的多学科交叉的特点，涵盖了经济学、管理学、计算机科学、数学等学科的内容和知识，需要信息技术、计算机、数理统计学、商科等学科的支撑。同时，金融科技市场需要不同类型的人才，需要擅长计算机程序、具备数学统计才能的人才如数据分析师（Data Analyst）、算法模型工程师（Algorithm Engineer）；也需要懂管理、懂金融商科且具备一定的数理统计方面知识的人才如 SEM（Search Engine Marketing）优化师，商业分析师（Business Analyst）和产品经理（Product Manager）。因此，在开设金融科技项目时，大学应该充分发挥学校学科优势，对照金融科技市场不同人才需求来制定与本科阶段和硕士阶段相匹配的、具有自身特色的人才培养目标，如财经类大学可以充分发挥工商管理、经济学、金融学、投资学方面的优势，培养产品经理、品牌管理、运营服务、资产管理等方面的金融科技人才；理工类大学可以突出金融科技在金融衍生工具、金融风险技术、计算机语言等方面的内容教学，培养数据分析师、算法工程师、商业分析师等方面的人才。

（3）结合金融科技市场需求设置课程，凸显实践性和应用性的特点

金融科技发展迅速，新的概念和事件层出不穷。因此，课程设置应密切结合市场需求，根据社会所需和行业发展动向，适时调整、增加课程和教材内容，根据市场情况对授课内容进行必要的调整、修改和补充，使学生所学与实际同步。开展和推广金融科技案例教学，案例教学作为一种启发式教学方法，是实证研究在教学中的运用（李露和王月，2008），有利于学生较好地理解金融科技理论知识。因此，有必要收集和整理一些金融科技典型案例，通过案例讲解、视频演示和实地调研等方式，帮助学生理解难懂的金融科技理论知识，提高学生主动学习金融科技理论知识的兴趣。此外，需要注重各类实践平台和专业实验室的建设，开展场景教学，创设与金融科技实际工作场景类似的模拟实践实训平台，开展模拟训练，将理论知识与实际应用有机结合起来，增强学生实践应用能力。

（4）加强产学联动，建立“双师型”师资队伍

高校和企业开展合作，联合培养行业所需人才。国外大学在金融科技项

目的师资配比中有不少来自行业的专家，国内几所设置互联网金融或金融科技专业的高校也突出了校企联合培养人才的重要性。通过学校与企业的合作，建立一支由学校理论研究能力强的教师和具有丰富实际工作经验的业界人士组成的“双师型”师资队伍，联合授课，将学术研究和应用实践有机融合，产学研相互促进、协同发展。校内教师给学生讲授理论知识，夯实理论基础；行业人士的授课、讲座可以增加学生接触行业实务的机会，有力地提高学生分析和解决实际问题的能力，使培养的金融科技人才与行业密切接轨。

（5）注重实习和就业指导服务

国外大学在金融科技人才培养上普遍注重实习安排，在知名企业的实习经历是学生获得就业机会的捷径。因此，在金融科技人才培养中，应加强对学生实习安排。大学可以通过校企合作平台和项目资源为学生提供有针对性的、具有实际内容的实习安排，完善实习考评制度，提高实习质量。同时，加强就业指导和服务，帮助学生做好职业规划和指导，提高学生的就业能力。

（6）搭建国际合作平台

金融科技人才需要国际化的视野，全球金融科技市场迅速发展，新生事物层出不穷，各国金融市场的相互关联性日益增加，需要金融科技人才具有国际化的视野、灵活的适应能力和快速、主动的学习能力。因此，在金融科技人才的培养中，有必要构建国际合作平台，开展双向或多向的国际合作和交流，将金融科技人才的培养纳入更高层次、更加开放和交融的国际交流人才体系中，在人才培养过程中不断使学生接触和碰撞中西方的不同文化、概念和金融科技理念，以培养胸怀宽广、具有国际视野和国际交流能力以及良好金融素养的金融科技人才。

第 2 章

校企合作培养金融科技人才模式研究

通过对国内外金融科技行业与人才需求现状和趋势进行调研发现，金融科技行业在我国方兴未艾，人才需求量大，人才供给存在巨大缺口。培养适应行业和社会发展需求的高端金融科技人才是学校人才培养的重要方向之一。在借鉴国内外金融科技人才培养经验的基础上，学院在金融科技人才培养方面采取了校企共建共管的双主体协同育人的合作模式，这种紧密型合作模式是值得肯定和坚持的。在分析金融科技人才培养的目标和要求的基础上，本章详细分析了这种模式的具体内容，并提出了思路和具体措施。但在校企合作培养金融科技人才过程中尚存在一些问题或面临一些困惑亟待解决，诸如企业合作对象单一的外部风险、专业课师资外源化、校内师资和校企师资的无缝对接、校企合作长效机制的建立等。在完善现有校企合作模式的同时，积极推动政产学合作是学院未来需要重点推进的工作。

2016 年是全球金融科技元年。金融科技行业在我国呈现蓬勃发展的良好态势。金融科技行业存在巨大的人才供给缺口，培养符合社会需求的高端金融科技人才成为高等院校的使命。上海立信会计金融学院以此为契机，成立了金融科技学院，专注金融科技人才的培养。金融科技专业于 2018 年成功申报为国内唯一国家目录外的新专业，上海立信会计金融学院成为国内唯一获批开设金融科技专业的高校。自此，学院金融科技人才培养工作步入正轨和快车道。目前，金融科技仍属于一个新兴事物，金融科技专业作为一门新专业，在人才培养目标、培养规格、培养模式、培养体系等方面尚处于探索阶段。学院所采取的校企“共建共管”“双主体”“协同育人”是对金融科技人才培养模式的有益尝试和探索，但其中也存在一些问题亟待探讨和解决。本章试图在对国内外金融科技行业发展、人才需求和人才培养的现状、趋势进行调研的基础上，对金融科技人才的培养目标和要求进行探讨，并对校企合作培养金融科技人才模式进行剖析，旨在发现其中存在的问题，并提出相应的对策和措施。同时，在校企合作培养金融科技人才体系建设方面提出一些思路和具体举措。

2.1 国内外金融科技行业发展与人才需求的现状和趋势

2.1.1 国内外金融科技行业发展的现状和趋势

金融科技是指金融服务与科技行业的动态融合，是对传统金融服务的革新。2016 年被称为全球金融科技元年，大数据、云计算、人工智能、机器深度学习、区块链等新型信息技术全面应用于支付清算、借贷融资、财富管理、零售银行、交易结算等金融领域，开启了金融与科技的深层次融合。如图 2.1 所示为金融服务与科技行业的动态融合示意图。

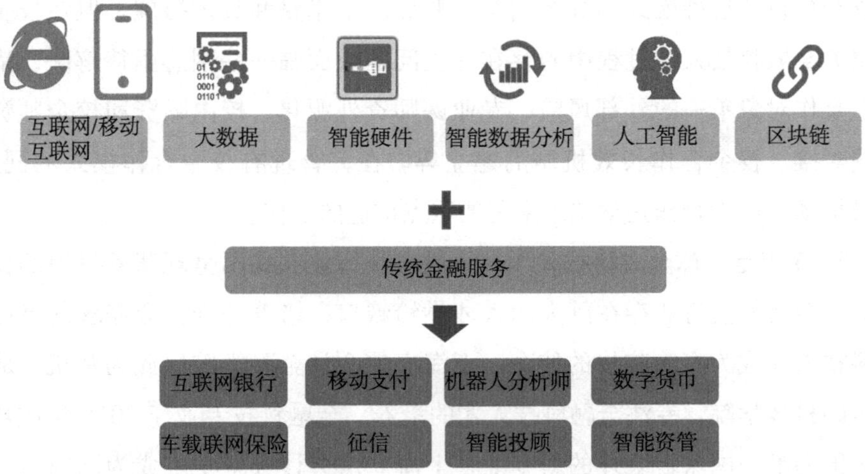

图 2.1 金融科技——金融服务与科技行业的动态融合

（1）全球金融科技行业发展现状和趋势

毕马威 2016 年调查报告显示，2016 年第一季度，全球金融科技产业总投资额达 57 亿美元，总投资案例达到 468 件（图 2.2），同比增长 47%；亚洲金融科技产业总投资额约达 26 亿美元，占全球总投资额的 45%；全球 25 笔最大投资中，亚洲金融科技公司所获投资金额最大，占总数的 65%（图 2.3）。在强势资本的支持下，全球超过 2000 家金融科技创新企业充分利用大数据、云计算、移动互联网等新兴技术颠覆传统银行的业务模式。

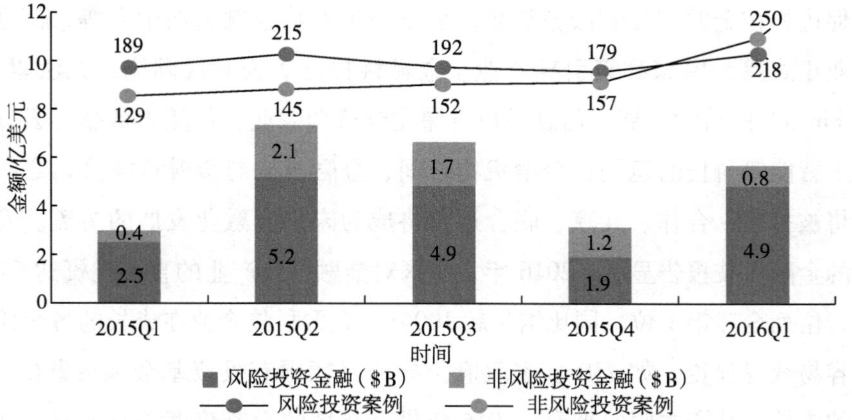

图 2.2　2015 年第一季度至 2016 年第一季度 全球金融科技领域融资金额及案例

资料来源：KPMG&CB Insights，36 氪研究院。

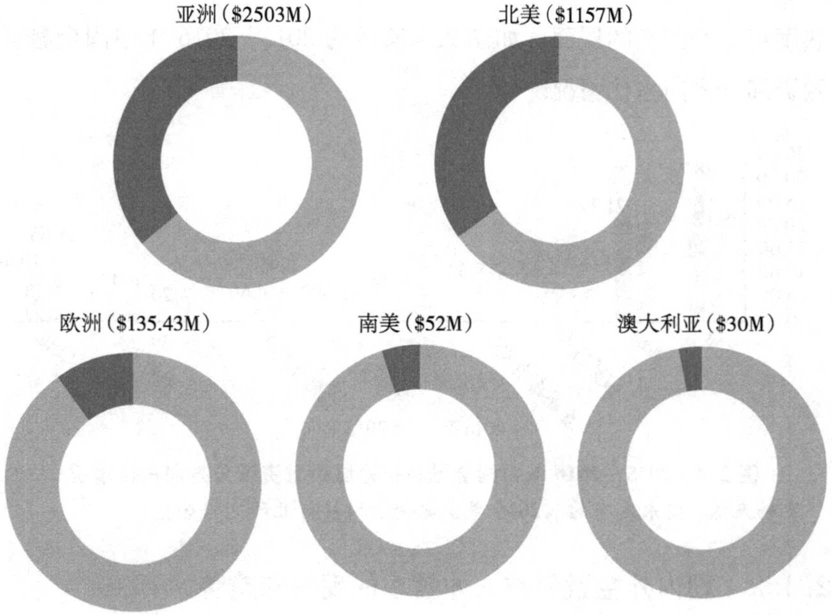

图 2.3　2016 年第一季度全球 25 笔最大金额投资案例地域分布

资料来源：同上。

（2）中国金融科技行业发展现状和趋势

2016年8月，美国发表的《2016年顶尖金融科技市场报告》显示，中国（不含港澳台地区）位居全球金融科技最具潜力国家或地区的第2位，中国香港的潜力排第11位。同年8月，《“十三五”国家科技创新规划》中明确提出，促进科技金融产品和服务创新，建设国家科技金融创新中心等，使金融科技业正式成为国家政策引导产业。金融科技已成为时代潮流，无法阻挡。伴随Fintech的持续发展，信息科技将深度改造金融业，伴随大数据、云计算及人工智能等科技的运用，金融机构之间、金融机构与金融科技公司之间的壁垒将被打破，合作、共享、联合运营将成为未来金融业发展的主流。安永发布的金融科技报告显示，2016年，中国对金融科技产业的直接投资达65亿英镑，位列全球第1位，同比增长超100%。金融科技企业在成长的各个阶段都较容易获得投资，如750多家政府主导的巨额国有投资基金和活跃的IPO市场的支持。从资本倾向来看，2016年借贷领域的投资热度稍有下降，并开始将注意力转移到其他细分领域，数据、信息、技术服务等在行业中的关注度有所提高，这些也是金融科技未来发展的基础，预计未来几年资本对金融科技热度将上升到新的层面。如图2.4所示为2015—2016年中国金融科技领域投融资细分方向占比情况。

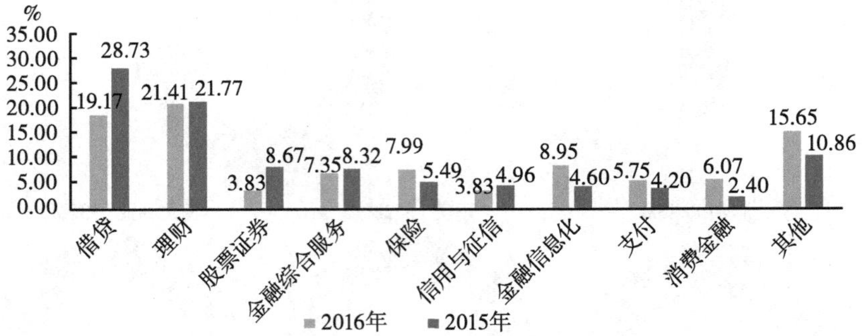

图2.4　2015—2016年中国金融科技领域投融资细分方向占比情况

资料来源：安永发布的《2016年全球金融科技行业研究报告》。

2.1.2　国内外金融科技人才需求的现状和趋势

（1）全球金融科技人才需求现状和趋势

随着全球金融科技创新的迅猛发展（表2.1），金融科技人才开发正成为各国政府布局金融科技的重要战略步骤。金融科技人才是指进行科技开发、成果转化，以高新技术取代传统支付、借贷等传统金融业务，拓宽金融广度，提高金融效率的创造型人才。

表 2.1　2016 年全球主要国家和地区金融科技行业市场规模、投资规模和从业者数量情况

国家或地区	市场规模/亿英镑	投资规模/亿英镑	金融科技从业者/万人
英国	约 66	约 5.24	约 6.1
加利福尼亚	约 47	约 36	约 7.4
纽约	约 56	约 14	约 5.7
新加坡	约 6	约 0.44	约 0.7
德国	约 18	约 3.88	约 1.3
澳大利亚	约 7	约 1.98	约 1
中国香港	约 6	约 0.46	约 0.8

资料来源：安永发布的《2016 年全球金融科技行业研究报告》。

2016 年底，香港资深人才招聘顾问公司华德士发布《全球薪酬调研报告 2017》指出，由于市场缺乏相关专业的人才，金融科技、电子商贸、大数据和网络安全等方面的专才受到追捧。银行和金融机构亦开始重视发展创新金融科技，市场渴求精通科技且具有丰富金融知识的专业人士。

（2）中国金融科技人才需求现状和趋势

互联网金融是科技与金融相互融合的初始阶段及形态，即金融科技 1.0 阶段。金融科技已完成从 1.0 阶段至 2.0 阶段的过渡。根据江苏省互联网金融协会的研究报告，仅互联网金融领域的人才缺口将超过 300 万人。2016 年，风控岗位招聘需求量同比增长 19.8%，北京、上海、广东的人才需求量同比分别增长 21.5%、15.8% 和 18%，一线地区对该职位人才的需求依旧吃紧。未来，随着金融科技产业的快速成长，包括互联网金融在内的金融科技人才缺口巨大。

《2016 年中国互联网金融人才白皮书》的调查数据显示，2016 年互联网金融人才吸引力指数持续走高，其中以对高科技行业的人才吸引力最大，吸引力指数高达 2.66。职能分布方面，34.8% 的人才在互联网金融行业从事的是工程或信息技术岗位工作，这也说明在互联网与金融的融合过程中，互联网的技术人才对于互联网金融行业的发展十分重要，是互联网金融发展的重要驱动力之一。从薪酬水平来看，互联网金融行业新员工的起薪水平通常在10万元年薪左右，具有2~3年工作经验的熟手通常能够实现收入上涨50%，骨干员工的收入水平在25万~35万元，主管的收入水平约为45万元。从员工向二级部门负责人晋升通常也意味着获得近一倍涨幅的薪酬，达到65万元左右，而成为一级部门副职已能获得百万元年薪，一级部门负责人则通常会有2.5倍薪酬的增长，达到250万元的平均年薪水平。在行业内部，资源向核心人才倾斜的趋势十分明显。第一梯队：销售、研发、风险管理、产品、战略及业务发展、设计、市场营销；第二梯队：法律合规、授信审批、财务/会计、人力资源、信息技术、编辑运营、支付管理；第三梯队：行政、客服。如图2.5所示，从人才梯队来看，开发类和产品类的初级人才储备明显不足。

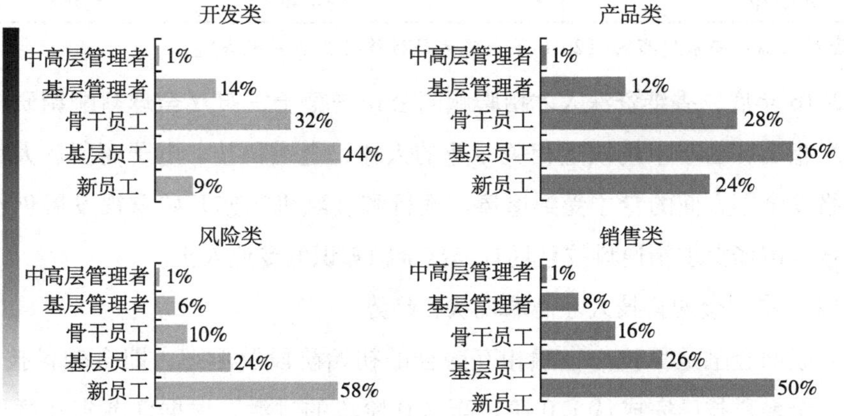

图2.5 重点专业序列主要层级员工梯队构成

资料来源：《2016年中国互联网金融人才白皮书》。

2.2 国内外金融科技人才培养的现状及经验

金融科技作为科技和金融结合的产物，是数学、计算机、金融学科等跨界发展的结果，与其他传统学科显著不同，目前还没有形成一个成熟的学科，其内容也没有固定下来（而且很长时间内也不会固定下来）。目前，金融科技的研究和人才培养更多地由企业推动，高校在此方面相对落后。但国内外已有一些高校发现该学科的魅力和前景，开始了研究和人才培养的探索。可以说，金融科技人才的培养没有固定模板，只能探索，并寻求企业和市场的验证。

2017 年 9 月，学校与慧科集团共建共管的金融科技学院是国内成立的第一个科技金融学院。该学院于 2017 年申报，2018 年 3 月作为目录外新专业获教育部审批和备案的金融科技专业是全国第一个科技金融专业，标志着科技金融作为一个正式专业在我国正式建立。这对学科发展的影响是深远的。尽管在一定程度上可以说学院在科技金融学科和专业建设方面走在国内高校的前列，但办学模式尚处于探索之中，并未形成成熟的模板。国内外其他高校和企业在科技金融人才培养方面的做法和经验值得学习和借鉴。

2.2.1 国外金融科技人才培养的现状与经验

（1）企业层面

美国、英国等发达国家的金融科技行业呈现良好的发展势头，许多行业巨擘如 IBM、惠普、微软、戴尔、埃森哲、高盛及摩根大通，都在极力拥抱金融科技，成为该行业的重要参与者。

（2）高校层面

麻省理工学院、哥伦比亚大学、斯坦福大学、纽约大学、佩斯大学、布兰迪斯大学、石溪大学、休斯顿大学等国外知名高校也在积极探索采用本科教育、研究生教育、在线认证等教育模式培养金融科技人才。金融科技专业（方向）的教育模式主要有以下几种。

1）本科教育模式。石溪大学、佩斯大学、休斯顿大学等美国高校于 2016 年相继启动金融科技相关专业的本科教育项目，如佩斯大学推出金融智能分析专业，将大数据金融等课程模块植入专业课程体系；休斯顿大学推出金融科学专业，将金融科技产品设计等课程模块植入专业课程体系。

2）研究生教育模式。美国纽约大学于 2016 年推动金融科技方向的 MBA 学位教育项目，由商学院旗下的金融学、创业学、商业科技、商务法律等专业教授共同授课，现已成为纽约大学商学院最热门、需求最旺盛的专业项目，其核心课程包括金融科技分析—数据驱动的信用模型，数字货币、数据区块链、金融服务业，金融信息系统，机器智投顾问和系统交易，金融业创新应用：金融科技，金融科技风控管理，金融科技：个人金融与支付，金融数据处理等；英国斯特拉斯克莱德大学于2017年推出英国第一个由会计学、金融学、管理科学等专业共同组建的跨学科金融科技硕士学位项目，旨在为伦敦和欧洲各金融中心培养跨学科的金融科技应用型人才。

3）在线认证教育模式。纽约哥伦比亚大学的金融科技在线认证体系是由哥伦比亚大学商学院、数据科学学院、法学院、国际与公共关系学院、Quaternion风险管理集团等多个学院和机构联合制定并共同授课的一套认证标准。同时它们还承担金融科技产品的研发及成果转化等工作，部分金融科技产品可获得金融机构的试用和投资。麻省理工金融科技在线认证的核心课程包括：金融科技概论，梳理你对金融科技的理解，金融科技业务的颠覆性解决方案，金融科技行业竞争动态，财务、经济和监管框架，顶点项目：金融科技战略分析，顶点项目：金融科技竞争分析，顶点课程：市场预测、金融模型与单位经济，巩固你的顶点项目，金融科技发展方向等。

除本科教育、研究生教育和在线认证外，美国金融学科排名前五位的高校还采用俱乐部论坛、职业培训等模式培养金融科技人才（表2.2）。

表2.2 美国金融学科排名前五位高校的金融科技专业（方向）教育模式

排名	学校名	项目名	项目内容	优势	合作模式
1	麻省理工学院	Future Commerce（未来商业项目）	12周在线金融科技认证	信息、电气、电子以及商业、创业专业的融合	MIT与新加坡教育机构合作在当地开展线下金融科技教育论坛与讲座
2	哥伦比亚大学	Columbia FinTech（哥大金融科技俱乐部）	以俱乐部形式提供课程培训	金融、信息科技、法律的融合	与慧科洽谈培训合作伙伴关系
3	斯坦福大学	FinTech Forum（金融科技论坛）	以论坛形式提供讲座和培训	计算与数学工程	复旦—斯坦福中国金融科技与安全研究院
4	纽约大学	MBA in FinTech（MBA学位金融科技方向）	商学院学位项目	金融与科技的融合	与慧科洽谈培训合作伙伴关系
5	宾州大学	Wharton FinTech（沃顿金融科技俱乐部）	隶属宾大商学院MBA项目，以俱乐部形式提供课程培训	金融	尚未与其他地区教育机构合作

2.2.2 国内金融科技人才培养的现状和做法

（1）企业层面

1）互联网巨头和金融企业合作，“干中学”培养企业金融科技人才。

最近两年，互联网金融巨头纷纷与银行在金融科技业务领域开展研究和业务上的合作，构造金融科技生态。科技公司与金融企业合作开展研究和业务活动的过程也是以“干中学”方式培养企业内部科技金融人才的过程。比较典型的是四大国有商业银行和互联网金融企业在金融科技方面的合作。

2017 年 3 月 28 日，中国建设银行与阿里巴巴、蚂蚁金服宣布战略合作。双方将共同推进建行信用卡线上开卡业务，以及线下线上渠道业务合作、电子支付业务合作、打通信用体系。未来，双方还将实现二维码支付互认互扫，支付宝将支持建行手机银行 App 支付。

2017 年 6 月 16 日，京东金融与中国工商银行签署金融业务合作框架协议，双方的全面业务合作主要集中于金融科技、零售银行、消费金融、企业信贷、校园生态、资产管理、个人联名账户等方面。

2017 年 6 月 20 日，中国农业银行和百度达成战略合作，双方表示将以金融科技为主要方向开展合作，建立一个金融科技联合实验室，并将通过人工智能和金融科技的联合创新，推动银行业进入智能金融时代。

2017 年 6 月 22 日，“中国银行——腾讯金融科技联合实验室”挂牌成立。中国银行与腾讯集团将重点基于云计算、大数据、区块链和人工智能等方面开展深度合作，共建普惠金融、云上金融、智能金融和科技金融。

2）企业成立专门研究和培训机构，推动金融科技人才培养。

2016 年，经国家工信部和深圳市教育局批准，国内首家金融科技人才培训学院融金所——融金学院成立，培训内容涵盖金融行业发展、金融科技、大数据和量化分析、风险控制等领域。融金学院还与华南理工大学、江西财经大学、东莞职业技术学院等金融高校进行合作办学。

2016 年 12 月 14 日，在百度金融成立一周年纪念仪式上，百度公司高级副总裁宣布成立百度金融学院。作为国内首个由企业发起的“金融科技”学院，百度金融学院以“融道汇智，边战边学”为校训，其目标是要培养出 10

个互联网金融领域独当一面的领军人物、100个既懂金融又懂管理的专业经理、上千个技术过硬的金融科技专业人才，立志成为金融科技领域的“黄埔军校”。百度金融学院将汇集国内学院派名师巨擘、一线操盘干将和业界大佬等顶级教师队伍，开发“融英”“融智”“融道”三类课程，确保参训人员既便从零起步，也能成长为独当一面的复合型人才。

（2）高校层面

国内不少高校已开设互联网金融、大数据金融、金融科技、量化投资等相关专业（方向），开展不同层次的金融科技人才培养工作。

1）高职层次。目前，我国已经有20多所高职院校开设了互联网金融专业（方向），如河北软件职业技术学院、石家庄财经职业技术学院、潮汕职业技术学院、嘉兴南洋职业技术学院、包头轻工职业技术学院、潍坊职业学院等，主要挂靠金融学、计算机网络技术、电子商务等专业，招生规模逐年扩大。例如，河北软件职业技术学院于2015年启动互联网金融专业（方向）教学，在校生规模近500人。

2）本科层次。教育部于2016年正式将互联网金融专业纳入本科专业目录，电子科技大学、安徽财经大学、安徽新华学院、铜陵学院、云南财经大学和广东金融学院6所高校获批开设。同时，山东财经大学、山东女子学院、武汉工商学院、江西财经大学、清华大学五道口金融学院、齐鲁工业大学、中央财经大学等10多所高校在金融工程、电子商务、计算机科学与技术等专业下设互联网金融专业方向。此外，首都经贸大学开设有量化投资的本科专业。

3）专硕层次。目前，随着互联网金融和金融科技的快速发展，互联网金融的高层次人才需求缺口越来越大。清华大学五道口金融学院、浙江大学、北京大学、对外经贸大学、中央财经大学、中国人民大学、武汉大学、北京航空航天大学等院校在全日制硕士和工程硕士层面设置互联网金融、大数据金融专业（方向）或研究方向。此外，上海财经大学开设有金融工程与量化投资金融硕士专业，首都经贸大学开设有量化投资的专硕专业。

将以上3个层次金融科技人才培养目标、适应岗位和培养方法可简要归纳，见表2.3。

表 2.3　不同培养层次的培养目标、适应岗位和培养方法

培养层次	培养目标	适应岗位	培养方法
高职	培养应用型、技能型金融实务操作中级专业人才	金融机构和数字普惠金融机构、互联网金融前中台金融业务操作岗位和基层单一管理岗位	培养期为 3 年，注重实践教学，侧重单一职业技能教育和专业能力教育
本科	培养应用型、复合型、掌握金融科技交叉学科知识技能的中高级专业人才	金融机构和数字普惠金融机构前中后台综合金融业务的产品设计、交易结构设计、业务规划、技术管理岗位	培养期为 4 年，通过理论教学、实验模拟教学、专业实践和毕业设计等综合训练，侧重培养专业复合知识和综合能力
专硕	培养掌握一定金融科技研究能力和专业技术能力的应用型高级专门人才	金融机构和数字普惠金融机构中后台的高技术岗位和中高层管理岗位	培养期一般为 2.5 ~ 3 年，导师制，侧重培养运用理论分析问题和解决问题的能力

从 3 个层次金融科技专业人才培养来看，其培养目标、适应岗位和培养方法各有侧重。从现代职业教育体系来看，打通金融学专业从高职、本科到专硕的上升通道，把创新各层次、各类型职业教育模式落实到多样化人才培养的教育教学过程和职业技能培养过程中，搭建人人成才的“立交桥”，成为金融科技专业（方向）人才培养的一个趋势，这对金融科技专业（方向）人才培养提出了新的要求。

（3）专升本教育

慧科集团联合大连理工大学继续教育学院、广东开放大学等院校，积极探索金融科技相关专业（方向）的专升本教育，建立专门的金融科技课程体系，包括专业基础课、专业核心课和企业实训课等共 1060 课时、20 多门课程。从 2015 年开始招生专升本，每届 200 ~ 300 人，累计招生人数约 800 人，主要面向金融和互联网行业的专科学历在职人群。

（4）本硕贯通方面

慧科集团联合北京航空航天大学、武汉大学、厦门大学、贵州大学、厦门理工学院等高校共同开展本硕一体化教育，建立专门的金融科技课程体系，包括专业基础课、专业核心课和企业实训课等共 680 课时、20 多门课程。慧科集团与北京航空航天大学联合培养金融科技硕士研究生，本升硕招生规模约80人/届，占每届总毕业生人数的15%～20%；与武汉大学联合培养金融科技硕士研究生，招生规模约50人/届，占每届总毕业生人数的25%～30%；与厦门理工学院联合培养互联网金融硕士，招生规模约30人/届，占每届总毕业生人数的8%～10%。

2.3 金融科技人才的培养目标和要求

2.3.1 金融科技人才的学科和专业知识结构

如前所述，金融科技是指金融服务与科技行业的动态融合，是对传统金融服务的革新，是大数据、云计算、人工智能、机器深度学习、区块链等新型信息技术在投资、支付清算、借贷融资、财富管理、零售银行、交易结算、风险管理等金融领域的运用，是不同学科和思维融合创新的结果。因此，金融科技人才是创新型、复合型人才，要求具备扎实的金融学专业基础知识，以及深厚的数学、计算机等学科的专业基础。

2.3.2 金融科技人才培养的基本目标和能力要求

根据上海社会经济发展，特别是上海国际金融中心建设对不同层次金融科技人才的需求，结合学院办学定位，金融科技专业（方向）人才培养的基本目标是培养应用型人才，即熟悉互联网金融法规和监管政策、金融运行规则、普惠金融交易设计原理、互联网金融业务操作流程和数字普惠金融管理流程，具备科技金融产品和服务的创新和应用能力的人才。

金融科技人才应同时具备以下能力。

1）复合型知识结构：具备扎实的金融理论、数据科学基础知识和一定的机器学习等技术应用相融合的复合知识结构。

2）综合素质能力：具备良好的金融科技职业道德和职业操守、技术敏感度、金融行业社会责任感以及交叉学科的综合知识储备。

3）融合、创新思维和能力：具备融合不同学科知识和技术，开发新的金融产品和服务或对现有产品和服务进行升级改造的能力。从根本上说，融合、创新思维和能力的培养需要较好的新知识的学习、吸纳和接受能力。

4）金融职业能力：具备数字普惠金融实务操作能力、金融科技市场调研和产品设计能力、互联网金融运营规划及管理能力、数字普惠金融风险管理及模型构建能力、机器学习技术构建金融应用能力、数字普惠金融业务流管理能力等。

复合型的知识结构是综合素质能力和创新能力的基础。融合、创新思维和能力是金融科技行业创新和发展的动力，也是高端金融科技人才内在要求和职业发展的动力。

2.4 校企合作培养金融科技人才的基本模式

2.4.1 校企合作模式的必要性及现状

（1）金融科技人才存在巨大的供给缺口，企业需要高校向其输出金融科技人才

作为一个新生事物，我国金融科技行业的发展是由金融科技企业推动的。因此，金融科技专业人才的培养是由金融科技企业基于内在需求，通过互联网科技企业或者与银行等金融企业联手，成立“金融学院”“金融科技联合实验室”或其他形式的研究和培训机构，在产品和服务的开发和创新过程中以“干中学”方式进行内部培训。

金融科技企业是金融科技人才的需求端，也是重要的供给端之一。但巨大的人才供给缺口使企业自身培养的金融科技人才远远无法满足金融科技行业迅猛发展的需求。同时，由于企业的根本职能是通过经营管理获取更高利润，不可能分散过多资源用于人才培养，因此，企业需要高校向其输出人才。

（2）高校优势和劣势并存，需要金融科技企业的合作

人才培养是高校的基本社会职能之一（人才培养、科学研究和社会服务是高校的三大基本职能），拥有完善的、配套的软硬件教学资源（如教学楼、宿舍、实验室、师资等）和教学制度规范、后勤保障等，是高校在金融科技人才培养方面所具有的企业无法比拟的优势。但是由于金融科技人才的需求源于行业发展，与金融科技行业发展的实践紧密联系，对人才的规格要求处在不断变化之中。因此，在行业发展初期（即高校的人才培养初期阶段），多

数高校并不完全具备金融科技人才培养所需要的行业发展动态信息、人才规格需求信息、专业性较强的师资队伍，以及教学环节中所需要的专门实验室、实训室、实践和实习基地等软硬件条件，这是高校的劣势。在金融科技人才培养方面，高校离不开与金融科技企业的合作。

（3）金融科技人才培养存在松散型和紧密型两种校企合作模式

许多高校已经意识到，金融科技人才的培养离不开与企业的合作。高校在培养本科、硕士层次的高端金融科技人才（确切地说是金融科技方向或类金融科技人才）过程中正在积极探索校企合作的方式。就目前的校企合作方式，大致分为松散型合作与紧密型合作两种。松散型合作是指以高校为主导，金融科技企业主要参与学术讲座、部分课程讲授、实验、实训和实习等环节，如中央财经大学、对外经贸大学等。紧密型合作是指高校和金融企业并重，金融科技企业参与人才培养的全过程，如上海立信会计金融学院金融科技学院的金融科技专业。

2.4.2 校企合作培养金融科技人才的具体模式

上海立信会计金融学院的金融科技专业在申报前进行了大量前期调研，并对校企合作的模式进行了积极探索和创新。本书认为学院金融科技专业所采取的学校与企业共建共管的双主体协同育人的培养模式是非常值得肯定和坚持的。

（1）金融科技学院和金融科技专业校企共建共管

金融科技学院是学校与教育部产学合作协同育人项目唯一官方合作单位——慧科集团签订战略合作协议，共同创建的全国首个金融科技学院。在金融科技本科专业的申报过程中，慧科集团也全程参与，体现了学院和专业的共建原则。在金融科技学院的组织体制方面，由主管教学副校长担任院长，慧科集团 CEO 担任执行院长，学校选任两位副院长，企业推荐一位副院长，共同进行学院相关组织协调和推进工作，真正实行“双主体”的“共管”校企合作模式。

（2）金融科技人才校企合作共同培养协同育人

1）发挥企业资源优势，产学合作协同育人。

2016 年，慧科集团牵头发起成立中国教育创新校企联盟专委会，并与阿里巴巴、百度金融、蚂蚁金服、招商银行等金融科技领域龙头企业建立合作关系，为本专业推动应用型人才培养提供了强有力的外援——企业师资和实习、实训、就业保障。

2）双导师联合指导，校企共同培养。

在教学工作方面，将金融科技学院的教学列入全校教学任务，通过设立“慧科奖教金”等激励政策吸引校内优秀教师承担学院的教学工作；采用学校导师和企业导师联合负责制，对学生提供全程指导；完成课程学习和企业项目实训后，由慧科集团将学生推荐到对口的企业岗位实习，并对学生进行全方位的职业化指导，确保学生顺利就业。

3）内外明确分工，共同管理。

在管理工作机制方面，实行“校主内，企主外”的模式。学校主要负责提供基本办学条件、行政管理、学生管理，以及学生在读期间的教学管理，包括教学协调，教师聘请、服务协调，学籍、学位、成绩管理等。企业主要负责提供企业师资、企业课程在校内的执行和保障、学生实习实训实践、创新创业活动和就业推荐等。校企联合共建实验室，适时引入国外知名高校相关专业推进三方合作。

4）校企合作，企业深度参与人才培养的全过程。

依照共建的合作指导思想，企业（慧科集团）全过程深入参与金融科技人才培养过程。具体包括以下几点。

①校企联合制订人才培养方案，包括培养方案的论证、制订、修订和完善；共同完成今后新开设金融科技专业方向建设。

②校企联合制订课程体系和课程建设，包括专业课、实训课程等课程模块和课程的设置，以及新课程开发等。

③校企联合完成师资队伍建设，除企业派企业导师或凭借自身资源渠道推荐聘请其他企业导师外，企业还可帮助学校进行校内教师的遴选及双师型师资培养。

④校企在人、财、物、智、外部资源等方面合作共建金融科技实验室、实践教学基地、毕业实习基地。

⑤企业参与专业教学工作，企业组织师资参与学校金融科技专业专创融

合课程模块、企业实战课程模块、金融科技行业讲座等实际教学工作，并达到一定的学时学分比例。

⑥施行双导师制，企业导师参与毕业论文（设计）指导工作；毕业论文方面可采取其他专业做法，提倡和鼓励学生研究在毕业实习过程中发现的实践问题，对具体金融科技企业管理运营或金融科技产品（服务）开发或创新进行毕业设计。充分发挥企业导师在毕业设计中的指导作用。

⑦企业凭借自身优势，在学生职业规划、就业指导和就业推荐领域发挥主要或主导作用。

2.5 校企合作培养金融科技人才过程中存在的问题和对策

课题组与一些高校专家和企业专家及部分校内教师进行了交流，发现在学校金融科技人才培养的过程中存在几个值得思考的问题，本书试图能进一步理解并找到对策。

2.5.1 金融科技专业毕业生“姓校”还是“姓企”的问题和理解

在访谈过程中，有人提出，如果按照目前的校企合作模式，学院由校企“共建共管”“双主体”运作，实验室、实习实训基地、案例由企业提供，并且专业课授课主要由企业师资承担，那培养出来的人才到底“姓校”还是“姓企”？

对于这个问题，本书认为是不应存在困惑的。首先，毋庸置疑，学校是高等教育的办学主体。“双主体”是指人才培养运营过程的双主体。其次，争论谁是主体是没有意义的。校企合作的一个共同目的是为社会培养优秀的金融科技人才，满足地方、区域乃至全国的人才需求，从这个角度讲，即便培养出来的人才“姓企”也无可厚非，因为社会是最大的赢家。最后，学校之所以通过校企合作培养金融科技人才，是因为学校在人才培养过程中存在劣势或者短板，校企合作是不二之选。

学校应在校企合作的过程中应逐步培养起自己的专业课师资队伍，在专业课教学过程中承担越来越大的比重，不能自始至终将专业课教学工作“外包”给合作企业。

2.5.2 企业合作对象单一对金融科技人才培养带来的外部风险和对策

笔者和课题中期评审时的评委专家有一个共同的担心或困惑，那就是联想到中美贸易争端和中兴通讯被美国提出制裁后所暴露出的供应链风险，如果金融科技学院在金融科技专业人才培养方面的主要合作方是慧科集团，那么在以后的合作过程中会不会发生由于某些原因，企业单方取消合作，而学校尚未形成独立的人才培养能力（尤其是师资队伍）的情况，从而使该专业的人才培养限于停滞？这种风险如何防范？

笔者认为，慧科集团作为国内致力于产学合作、产教融合，为高校创新人才培养提供综合教育服务的企业，已和很多国内高校、地方政府开展了合作，其在业界和资本市场都有着较好的口碑和影响力。基于企业自身可持续发展的诉求，在校企合作过程中单方违约终止合作的可能性不大，但也不等于零风险。对于这方面的风险，理论上的对策有四：一是努力打造和企业的多维度长效合作机制，实现校企双赢；二是通过校企合作尽快提升学校相对独立的金融科技人才培养能力，提高学校人才培养的自主性；三是可以预先设计校企合作模式转换路径，如在合作的初始阶段（培养两届毕业生）采取紧密型合作，在第二、第三阶段（培养三届、四届或更多届毕业生之后）采取松散型的合作模式，逐步降低该风险；四是在与企业开展紧密型合作的同时，与更多优秀企业开展不同模式和不同维度的合作，做到“不把鸡蛋放到一个篮子里”。

在打造和企业的长效合作机制方面，除了合作中的利益分配（或费用支付），还有如建立和完善企业师资的职称（如名义或客座教授、副教授、讲师）聘任制度、考核奖励制度等，向企业导师、企业班主任（辅导员）开放所需的校园信息系统权限，这些人情或人文关怀在吸引人、留住人方面可以发挥想象不到的作用。

2.5.3 合作过程中师资外源化和校企双方的师资质量方面的问题和对策

就师资队伍建设而言，在目前的校企合作金融科技人才培养过程中面临的一个客观问题是，一方面，校内师资有丰富的教学经验和某门学科（如金融或计算机、数学等）系统的专业知识体系，但对金融科技方面的技术和专业知识知之甚少，因而专业课教学不得不在最初阶段依赖企业师资（所谓的师资外源化）；另一方面，企业师资多数为金融科技企业的一线研发人员或技术专家，他们精通金融科技方面的技术问题但缺乏教学经验，对于如何将技术方面的知识内容对接到金融科技专业的专业课教学体系中或者一门课程的授课内容中并不擅长，所以在校企师资方面还不能够做到“无缝衔接”，这使得教学效果和人才培养质量大打折扣。

对于这个问题，本书认为在校企合作开始时，学校就应制定完善的校内师资队伍建设规划，制定鼓励措施，激励条件好、愿意付出更多精力的从事教学工作的青年教师通过观摩企业教师课堂教学、到企业研发部门实习等途径提高自身的专业课教学能力和水平；同时对企业师资也应进行一定的教学培训工作，完善教学经营和教学方法。学校可以尝试由一名校内教师和一名企业教师共同担任一门课程的授课任务，加强校企教师之间的交流和合作。

2.6 校企合作培养金融科技人才的培养体系建设的思路和具体举措

2.6.1 校企合作金融科技人才的培养思路

（1）确立本科为主、辐射专科、本硕贯通的层级培养对象

2018 年金融科技专业作为一个新专业被正式列入教育部本科专业目录，结合学校的办学定位和招生情况，金融科技人才培养对象在初始阶段以本科教育为主，以金融科技本科专业招生的学生为主；同时，为发掘优质学生资源，经过严格筛选（如通过数学、金融、计算机等科目考试，参照学分绩点，面试等途径），接受对金融科技有兴趣、有志向、有基础的其他专业的学生转入本专业学习；也可根据社会需求、就业状况、合作单位的要求等在金融学院、计算机学院的相关专业增置金融科技方向。

在专注金融科技专业（或方向）本科层次人才培养的同时，可将金融科技专业的核心课程植入金融相关专业的专科培养方案和课程体系中，培养应用型、操作型的金融科技专科人才，发挥本科教育的辐射作用。

培养具备较强研究、开发和管理能力的高端金融科技人才是社会和金融科技行业发展的必然要求。在金融科技专业本科人才培养的过程中适当引入一些研究类、前沿类、专题类的研究生课程，为今后金融科技硕士研究生（专业硕士或学位硕士）的申报和培养打好基础，以便条件成熟时进行申报。在初始阶段，本硕贯通的金融科技人才培养应着力于探索与国内其他高校合作培养（例如，与上海财经大学合作培养，与北京的对外经贸大学、中央财经大学等联合培养）模式，积极开展与海外高校合作办学，开展金融科技专业硕士的培养工作。在这方面，可以借鉴学校与美国、法国、英国等国家一些高校的"3 +2"或"4 +1"培养模式。当然，在海外合作办学过程中也可借助企业在海外的合作资源。

（2）建立完善的专业群落和课程体系

规划布局一批金融科技专业（方向），如数字普惠金融、金融大数据技术应用、区块链金融等，形成一个金融科技专业群落，进一步满足金融科技各细分领域的专业技术人才培养需求，为上海"四个中心"和全球科创中心建设提供金融科技人才和智力支撑。搭建和实施产、学、研、用一体化的校企合作人才培养课程体系，围绕专业（方向）群落，以金融科技专业课程体系为核心，建设并形成一个完善的课程群落。应该指出的是，金融科技专业群落和课程体系、课程群落是开放的、动态的，应根据金融科技行业发展与社会对金融科技人才规格和质量需求的变化，不断调整和完善专业群落和课程体系。

（3）内外兼修，建立一支稳定的专职和兼职师资队伍体系

一方面，通过从海内外引进高层次（高学历及具有金融业资深从业经历的人才）金融科技人才，从校内其他学院（主要是金融学院和计算机学院）教师队伍中选拔等方式组建一支稳定的校内金融科技专职教师团队。同时，着力打造"双师型"师资队伍，鼓励和支持中青年教师到各类金融机构开展产学研践习，将金融业务和实务的知识渗透到专业教学，特别是实验教学中。不断提升"双师型"教师的比例，以提升应用型、职业化人才培养的成效。

另一方面，充分利用慧科集团及复星集团、阿里云、蚂蚁金服、百度金融、IBM、腾讯、分期乐、融 360、平安科技等战略合作企业的金融科技产业

和教育优质资源，引进上述龙头企业的金融科技实验实训平台，邀请企业师资参与前沿讲座、专业核心课教学、企业实战课教学，并指导学生参与企业真实项目实践，打造一支专业知识扎实、教学经验丰富、行业优势突出、整体层次高的“学术＋产业”“双师型”的兼职企业教师团队。此外，还可聘请清华大学经管学院、北京大学信息学院、北京航空航天大学经管学院、北京航空航天大学计算机学院、复旦大学创新创业学院等海内外知名高校的知名专家学者合作开发课程模块，开展科学研究，实现教学和科研成果共享，形成一批稳定的高校兼职教师团队。

2.6.2　校企合作培养金融科技人才的具体举措

（1）打造产学研一体化培养体系

人才培养方案的设计中，追踪金融科技产业的发展趋势，瞄准产业需求，围绕国家紧缺型、实用技能型兼科研型人才培养目标，并面向学生就业和未来发展。课程体系的设置由岗位需求拆解成关键岗位技能，并融入未来行业必然趋势技术，采用“1 年通识平台课 ＋ 2 年学科基础课和专业技能课 ＋ 1 年企业商业项目实习”的应用型人才培养模式，聘请多位领域专家、行业领航者、学术学者，共同分析、分解行业前沿领域技术，从而打造产学研一体化培养体系。

（2）建设龙头企业金融科技实验实训平台

学校将引进阿里云计算与大数据创新实验室及实训资源、慧科金融科技实境编程实验室及实训资源、蚂蚁金服普惠金融创新实验室及实训资源、钱袋宝移动支付创新实验室及实训资源、慧科精益创业实验室及实训资源、国云大数据金融量化投资实验室及实训资源、京东金融科技产品设计实验室及实训资源、百度金融人工智能创新实验室及实训资源等，为师生们提供真实的企业实战项目环境。

（3）建设龙头企业校外实习实训基地

学校将通过联合阿里云、蚂蚁金服、百度金融、分期乐、融 360、平安科技、慧科集团等龙头企业，打造多层次、多样化的校外实习实训基地，为提高教师的专业实践能力、就业创新创业能力打造坚实的平台，亦为龙头企业输出优秀的金融科技复合型技术人才。

（4）探索专创融合的人才培养模式

在进行专业知识教学培养的同时，注重培养学生的创业意识、创新思维、实践能力、创业精神、创业能力，贯穿创新创业启蒙、实训和实战三大教育阶段，实施创业基础知识、创新思维开发、科技创新训练、创客认知与实践、精益创业实训、产品开发与迭代、创业企业战略与管理等课程，鼓励学生备战各种创新创业大赛，推进创新创业教育与专业教育深度融合，实现更好地就业、创新和创业。

（5）建设金融科技专业方向教学资源库

充分发挥慧科集团自身在互联网教育领域的创新能力，通过共同研发专业课程教学 MOOC、实务教材与案例教材、在线教育 MOOC 平台，加快职业化课程资源库建设，同时借助慧科集团的企业和高校广泛的合作资源，以慧科集团为桥梁从其他高校和企业引进成熟的教学资源库，或协作开发共享教学资源库。

（6）校企合作共同推进课程建设和教学方法改革

在课程建设方面，根据职业标准和岗位要求，校企合作共同研究制订金融科技人才培养的规格，精心设计课程内容，做到课程内容与职业标准深度对接；课程建设体现双证融通（课程内容与阿里云大数据 ACF 初级认证、微软大数据 MCSA 初级认证、美国注册金融分析师协会的注册金融分析师等资格认证考试内容对接）；通过企业教师实践教学、校内教师践习培养和学生实习实训等途径，实现教学过程与生产过程的对接。

教学方法方面，在传统教学模式和方法基础上，采用案例教学法、情景模拟教学法等经典成熟教学方法，并积极探索尝试企业认知教学法、Workshop 教学法、混合式教学法、头脑风暴教学法、问题发现法等新的教学方法。

（7）多种途径积极开展国际合作交流

1）加强与国际知名高校的合作办学。

加快推进与美国金融科技领域知名高校佩斯大学之间的合作进展，在本科层面探讨“2+2”或“3+1”的中外合作模式，保障金融科技学院产学合作协同育人项目的有效实施；尝试设立相应的考试培训中心，探索学分互认教育模式，培养国际职业资格认证的金融科技专业人才。

2）拓展海外实训基地。

以佩斯大学为依托，为金融科技专业的师生营造海外实训环境：①为学生安排实战教学培训课程和金融科技知名企业访学，并安排一定数量的带薪实习项目机会，有计划定期选拔一定数量的学生到佩斯大学及华尔街进行短期交流；②佩斯大学面向金融科技学院的教师提供金融和商业分析领域的培训和访学机会，支持教师开展金融科技领域的学术交流和科研创新活动。

3）引进专业课程模块。

引进佩斯大学部分优秀的课程资源，包括英文案例库、外文杂志期刊、外文电子文献数据库和外文学习资料数据库等优质资源。在本科及研究生层面做到双方部分学分互认，学生可以在上海、纽约两地选课、实习并选择就业；尤其是研究生培养方面，佩斯大学可以在客户金融智能分析等专业开展桥梁课程项目。

4）建设有海外背景的师资队伍。

争取每年聘请哥伦比亚大学、纽约大学等高校知名科技金融专业专家学者来学校授课、举办讲座和进行学术交流，选派金融科技学院专任教师到对方学校进行为期半年到一年的访学，扩大海外背景师资队伍。

5）不断扩展海外合作高校名单。

除已建立联系和合作关系的佩斯大学、哥伦比亚大学、纽约大学等海外高校外，还要通过各种渠道与更多海外高校建立紧密联系，拓展海外合作高校名单，储备海外合作高等教育资源。

2.7 本章小结

校企合作模式培养金融科技人才需要一个稳定的、可持续发展的长效合作机制。一方面，高校的人才培养属于公益性质，是社会赋予高校的基本职能，其资金和各种资源投入是受约束的；另一方面，企业通过提供平台和综合教育服务与高校合作协同培养金融科技人才，在实现企业的社会责任和社会价值的同时，也实现企业自身可持续发展的要求。金融科技创新人才的培养是适应社会发展、满足地方政府和经济社会发展需求的举措，因此金融科技人才的培养也应当需要得到地方政府的扶持和帮助。高校在开展校企合作的同时，应当积极推进和当地政府的合作，争取更多的社会资源和政策支持，构建政产学的三方或多方合作框架，以促进校企长效合作机制的建立。比如，可以由高校牵头、地方政府搭台、合作企业牵线共同建立金融科技人才培养基金，出资共建金融科技实验室、实习基地；地方政府资助高校金融科技专任教师出国进修和培养，减轻高校经费负担；政府有关部门提高金融科技专业学生的生均经费拨付；等等。

第3章

校企合作培养金融科技人才的教学方法与手段创新研究

3.1　金融科技人才的需求特征及案例分析

3.1.1　金融科技人才的需求特征

2017 年全球金融科技领域至少发生了 649 件融资事件，涉及资金总额约 1397 亿元。与 2016 年相比，2017 年融资笔数上涨 8%，融资金额上涨 19%。在这些融资事件中，中国有 328 件，美国和印度各有 101 件和 63 件。最高融资金额 97 亿元由中国互联网保险平台众安保险获得，软银集团是基石投资者。

网贷和支付领域保持了全年的热度，前者有 134 笔融资，总额在 344 亿元左右；后者有 93 笔融资，总额约 265 亿元。汽车金融热度攀升，全年虽仅有 23 笔融资，但涉及资金总额达到 217 亿元。

上海立信会计金融学院设立金融科技专业，成为全国首家设置该专业的本科院校。浙江大学计算机学院和软件学院于 2018 年秋季面向部分高年级本科生和研究生设置“区块链与数字货币”课程，成为国内首家开设此类课程的高校。课程内容以技术架构和开发技术为主。浙江大学计算机学院的课程内容主要是超级账本（HyperLedger）的技术架构和开发技术，介绍区块链应用案例以及区块链和数字货币发展趋势。在课程后期，浙江大学将根据教学情况，考虑增设区块链相关的专业方向，并开设相应的研究生课程，以培养研究型人才。

目前，美国包括卡耐基梅隆大学、麻省理工学院在内的 10 多所高校已经面向学生开设数字货币和区块链技术相关课程。教育专家熊丙奇认为，高校紧跟社会热点，对所设课程进行调整，有助于促进高校、学生与外界的联系，培养具有竞争力的人才，但与此同时，区块链相关课程教材要注意编写内容的科学性，以及讲授的系统性，避免沦为噱头。

普华永道发布的《2017 年全球金融科技调查中国概要》指出，中国有 71% 的金融机构受访者认为招聘或留住人才比较困难，而全球受访者中这一比例为 80%。据全球招聘顾问公司 Michael Page 的《2017 中国薪资和就业报告》，国内金融科技人才总缺口达 150 万人。严重的供需不平衡使金融科技人才的薪资水平居高不下，人工智能人才的薪资，100 万元年薪可能只是起步价。

与之对应，金融科技人才的技能门槛较高。在金融科技的竞争浪潮中，金融机构更偏向于寻找复合型人才，即数字技能 、商业头脑 、创新思维、管理能力缺一不可。人才知识能力结构主要包含以下几个方面。

（1）大数据分析能力

大数据为银行金融人才需求带来了强烈的转变。《Bank 3.0：银行转型未来式》提出，金融科技已经大幅扭转了“银行”的定位，银行不再是一个场所而是一种行为。金融大数据与传统金融数字化不同，不再只是将金融业务 e 化、网络化，而是一个相对独立的服务体系，不仅能为客户提供传统金融服务，还提供创新型的金融业务。

物联网是未来 5 ~ 10 年中国经济结构转变的重大趋势，也是金融大数据发展的一个关键因素。很多产业已经开始应用物联网技术推出新产品或服务，金融业虽然处于起步阶段，但起步的速度非常快。许多银行在探索金融物联网时代下的使用者需求和行为模式，并找出与金融服务结合的方式。

能利用金融大数据在银行的产品全周期实现用户行为分析、事实明细、精准营销、在线征信、风控等，这样的专业人才是银行等金融机构的强需求。

从技术层面说，人才应具有强大的数字化技能（表 3.1）。

表 3.1　金融行业需要在九大领域获取数字化技能

领域	技能	领域	技能
大数据和高级分析	数据科学 网站分析 商业情报 数据架构 数据质量及维护	移动应用管理	移动应用及网站开发 移动端用户体验 移动数据及定位 移动端品质保障
敏捷创新	Scrum 主管技能 产品负责人技能 敏捷工程 敏捷辅导 质保开发	支付应用管理	数字支付 电子商务
数字化内容	数字内容营销 网站及应用软文	数字化客户体验	用户体验设计 网站开发 数字前端开发 全渠道 数字化创新与数字化产品构想
基础设施管理	云基础设施 云运营 大数据平台与工具 原有基础设施维护与转型 企业架构 SOA 开发	风险与安全管理	IT 风险 技术安全 新兴威胁
		数字化品牌和市场营销	社交媒体营销口碑营销 流量获取 展示及视频营销

数据来源：普华永道《2017 年全球金融科技调查中国概要》。

（2）AI 技术

金融科技公司已经将目光锁定在各项金融业务上，AI 技术在支付、预算、贷款申请等环节提供了更多的便利性，使用户享受更好的服务体验。对企业来说，AI 技术会为其提供持续性服务，包括提供商业情报和预测分析等功能。对商家来说，支付服务和反欺诈功能也能依赖 AI 技术从客户的行为来识别客户，从而剔除不良交易。

当前，个人金融应用程序已经使用 AI 技术、基于用户特定行为进行平衡预算。AI 作为智能投资顾问，正在取代人工交易员管理客户的投资组合。

成为 AI 专家是一个系统化的工程，它需要人才具备的知识和技能是：对行业有宏观的把控；掌握人工智能的发展脉络；具有硬实力，掌握有关基础学科知识和操作技能，包括但不限于计算机、自然语言处理、神经科学、控制论等。

（3）金融业务原理和互联网技术

金融科技利用互联网、信息通信等技术实现资金融通、支付、投资、中介服务等。需要人才具备互联网和金融两种属性知识：既需要掌握数据的量化分析、金融产品的定价及风险防范等金融业务知识，同时必须具备互联网思维，对互联网有全面和深度的了解。

（4）创新思维兼有实践能力

金融科技由金融的创新而产生。为了适应瞬息万变的互联网技术与金融创新，金融科技人才除了具备专业基础知识和技能外，还必须有获取新知识的能力和创新思维。不仅需要人才主动了解和掌握互联网、金融等领域新的发展方向及新成果，还需要将这些学科的知识与技术结合起来，创新业务发展模式。

（5）兼备风险意识和法治思维

金融行业风险的隐蔽性、传染性、广泛性及突发性等特点也存在于金融科技领域。在鼓励创新发展互联网金融业务的同时，互联网金融行业的从业人员，尤其是管理人员应该将风险控制作为一项重要工作，要求从业人员必须具备各种风险意识，强化自身对技术风险、市场风险、业务操作风险、流动性风险等互联网金融常见风险的应急防控能力，在风险发生时能够有效地保护互联网金融消费者的相关权益。

（6）小结

对以上金融科技企业人才需求的分析中，本节从三个层次进行阐述。

第一层次为金融行业基本的技术需求。其中主要表现为运用计算机技术实现金融目的。金融与技术的结合属于初级水平，金融理论指导技术应用。

第二层次为运用技术手段实现新的金融功能，如信用评估、风险评估等。此层次的运用需要相关人员深入理解现有的金融理论，并且创造性地使用技术手段以实现新的金融目标。该层次金融与技术的结合紧密，需要相关人员对金融理论有正确深刻的理解，并以技术为工具加以创造，实现一些金融功能。

第三层次为深刻理解金融的本质，利用技术手段在时空、数量、效率上的质变，创新金融行业，改变金融行业的生态。该层次需要相关人员精通金融理论与实务，了解各变量对行业的影响，同时需要科技的最前沿技术与之共同作用。

这三个层次可以体现在不同金融科技领域的发展阶段，也可以体现在同一金融科技领域发展的不同阶段。区块链的发展与应用可以很好地说明这一问题。区块链本质上是利用分布式技术和共识算法，重新构造的一种信任机制，是一种分布式数据库。最底层的分布式 P2P 网络是区块链技术的核心，这属于技术层面。区块链初始发展阶段，是以比特币等数字货币为核心形成的产业结构，如数字货币、交易所、比特币 ATM 机、支付钱包、数字货币网关等，这属于第二层次的应用。在区块链深度应用阶段，如中央银行的数字货币，全球数字货币的应用将会给人类社会组织模式、金融活动模式带来深刻变革，这属于第三层次的运用。不同层次的金融科技发展需要的人才类型和规模不同。同时，进行人才培养的方式和内涵也有所不同。

金融科技人才培养需要具有一定的广度和深度。培养的学生不仅要具有较强的技术能力，而且相当比例的学生需要具有较深厚的理论功底，同时少数学生具有较强的创新能力。这样的人才产出可以满足行业的发展规律及今后的升级需求。学生自身的职业发展也可以形成良性循环。

3.1.2 金融科技人才知识结构需求分析案例分析

笔者从各大招聘求职网站和相关论坛找到了一些典型的求职成功案例。其中的面试问题可以反映当前金融科技企业需要的人才应该具备哪些知识，相应的知识应该掌握到何种程度，以及成功的求职者所具备的能力大致包含哪些。

案例 3. 1：某金融科技公司数据挖掘岗位

类似称谓有算法岗、数据挖掘岗、机器学习岗、基础研究岗等。

a. 百度。

实习生面试要求：

内推一面要求：写出代码。题目类似于输入根节点和两个子节点，找到最小公共父节点。理论问题包括算法优化问题。

二面要求、写代码。例如写一个栈，添加一个接口，返回当前栈最小值，要求满足一定的时空条件。

校招面试要求：

内推一面要求：写出很多代码。例如 MapReduce 写好友推荐，在一堆单词里面找出现次数最多的 k 个单词等。还有一些常见的代码算法题目。对于参加过的比赛和项目的介绍。

二面要求：关于 hadoop 原理，shuffle 如何排序，map 如何切割数据，数据倾斜如何处理，join 的 mr 代码如何写等技术问题，以及动态规划、树结构、链表结构等理论问题。

三面要求：性格方面的问题，以及比赛和项目中遇到的问题。

b. 腾讯。

内推一面：一些理论的模型公式，如 AUC 的定义和本质，以及有哪些计算方法。写相关代码，并谈相关比赛和项目。

二面要求：一些编程问题，如用 C 语言写内存拷贝，以及一些动态规划的理论问题；关于 Hadoop、Spark、Storm 的一些产品、原理、适用场景等问题；DNN 的原理和相关应用；相关项目和比赛。

c. 阿里巴巴。

内推一面要求：把一个完整的数据挖掘流程，从预处理、特征工程到模型融合等方面的内容较为准确地叙述出来；然后介绍常用算法 gbdt 和 xgboost 区别，以及具体怎么做预处理。特征工程、模型融合常用方式是什么，以及融合一定会提升吗？

二面要求：怎么在 2G 内存里找 100TB 数据的中位数，怎么解决 mapreduce 数据倾斜，经常用什么语言工具进行开发；最近的项目和比赛情况。

d. 蚂蚁金服。

内推一面要求：相关机器、数据结构算法等理论和应用知识；参加的比赛和项目的经验。

二面要求：如何在海量数据中查找给定部分数据最相似的 top 200 向量，同时向量的维度也很高；如何衡量两个商品的性价比；相关比赛和项目的经历。

e. 京东。

京东主要采用校招面试。

一面、二面均提问了很多机器学习算法的知识，为什么 LR 需要归一化或者取对数？为什么 LR 把特征离散化后效果更好？为什么把特征组合之后还能提升？了解求职者的相关项目和比赛经历。比较特别的是，京东内部会有相关算法比赛。如果拿到名次，可以直接得到录用机会。

通过以上案例，我们可以看到，金融科技领域的知识复杂程度和复合专业的深入程度已经远超传统金融行业的相关范畴。没有长期的专业化的训练，没有系统规范的学科内容设计，本科生很难在短期内达到既具备深厚的信息技术和数据分析技术能力，又具有系统的金融理论基础。

一方面，金融科技行业的迅猛发展，所需人才缺口得不到满足；另一方面，金融高等教育没有紧跟行业的发展方向，这样会造成人才浪费。我国宏观的金融战略是否能够实现，取决于金融科技人才的培养速度和质量。事实上，各高校已经看到了问题的紧迫性，并采取一定的行动。但是由于行业发展的不确定性，尚未有完全成熟的经验可供借鉴，很多教学方法和教学内容都在摸索当中。

目前来看，金融科技的主要门槛在于科技。只有跨过技术门槛之后，才有可能达到更高层次的跨专业创新。金融科技专业的学生急需在金融知识的基础之上，提升科技水平的门槛以达到专业化的程度，满足第一层次的人才需求。只有金融理论和技术水平同时达到一定程度，才能顺应行业的发展，满足金融科技第二层次的需求，从而形成具有持续竞争力的职业能力。最后，第三层次的金融科技人才才有可能出现。

3.2 学生金融科技学习意愿与需求的统计分析

本调查研究发现，学生高度认同金融科技的未来发展潜力，并有极大意愿进入金融科技行业中；且学生对于未来需要加强学习基础知识有直观认识，特别是对于金融理论知识的重要性，认识比较清晰。

在对学生实习和工作中面临的岗位要求调研中，我们发现学生本身清楚知道自己需要改进的方向，但是在实际学习和工作中不愿意改进，不想接受挑战，这将阻碍今后发展。

对于学生来说，最迫切需要的教学方法是通过企业项目和教师科研项目等进行“干中学”。（注：该部分研究成果《金融科技高等教育供求分析及相关教学方法探讨》获得《第九届中国金融教育论坛》特等奖。）

3.2.1 关于学生金融科技学习意愿的抽样调查

本书对金融科技相关课程的教学方法所涉及的问题进行初步的问卷调查。调查学生为 2018 年上海立信会计金融学院修读金融课必修课和选修课程的学生，总人数为 282 人。该问卷调研从学生对金融科技的认识、学习的热情、对未来职业发展的预期，以及学生希望改进的方向和自己愿意做出努力的意愿等几个方面进行。

（1）调查对象介绍

首先，调查对象中，大三学生占比为74.47%，大二学生占比为24.47%，还有极少数大一学生(图 3.1)，学生的专业背景多为金融专业（图 3.2）。大三学生的问卷回答有较大参考意义，因为大部分大三学生已经有实习经历，且在未来工作和升学的压力下，对自己的学习、考证和实习过程有所规划。暂时没有调研大四学生，因为大四学生届时已经基本完成了找工作、毕业论文写作等任务，并在步入社会的过程中，对学习内容和学习方法会有更深刻的认识。故而，本书为了避免数据的偏差和先入为主的印象，对大四学生的调查将在研究进一步深化后进行。

在调查对象中，基本有一半的调查对象有过实习经历（图 3.3），且大部分调查对象在金融行业内找到了实习单位（图 3.4）。经过对个别调查对象的深入访谈，调查对象普遍对自己的职业规划比较关心，希望通过实习、考证书等方式为自己未来就业多创造一些机会，也借此找到自己的兴趣点和擅长技能。调查对象普遍认为，考研对未来的职业提升有较大的影响，但是考研与就业主要视自己的学习情况而定。

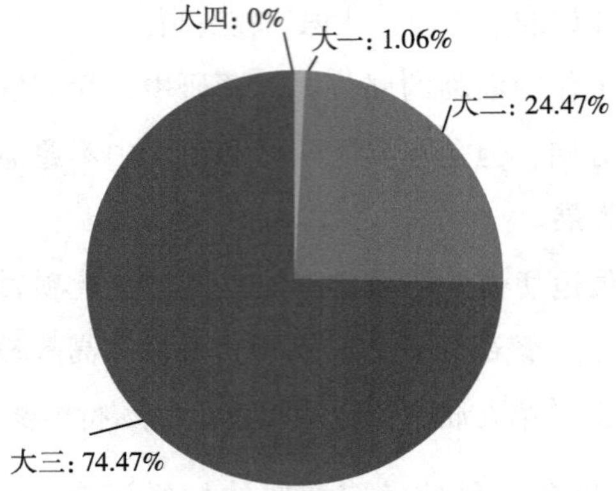

图 3.1　调查对象的年级分布

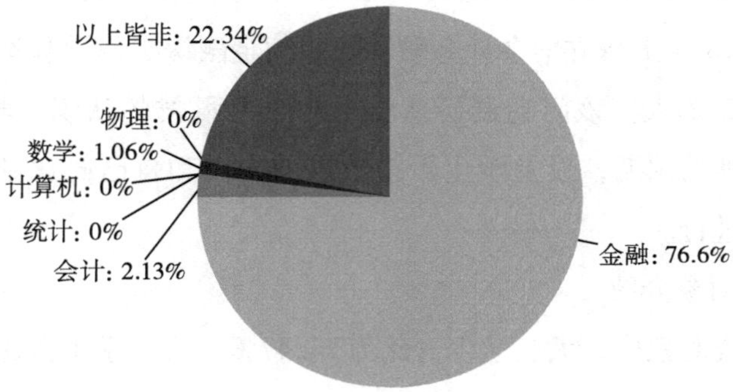

图 3.2　调查对象的专业分布

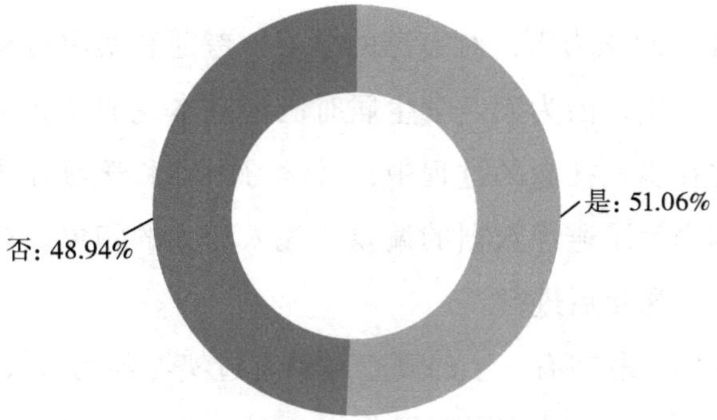

图 3.3　调查对象是否有过实习经历

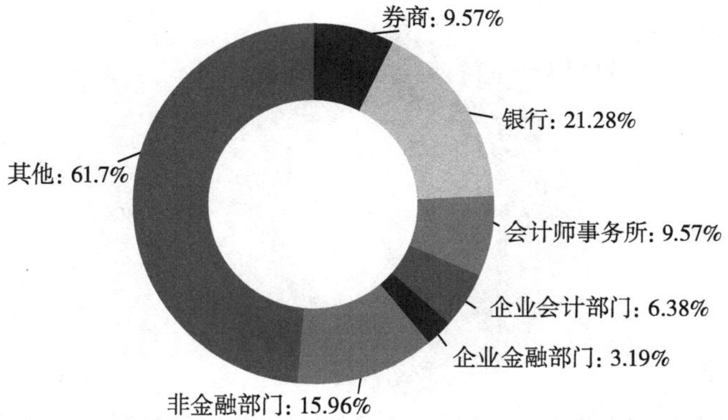

图 3.4　调查对象实习公司所在行业

（2）学生对知识与需求的基本认识

针对专业知识的相关问题，有超过 70% 的调查对象认为目前的知识距离真正融入企业的标准尚有距离；24.47% 的调查对象认为所学知识理论部分充分而实践部分不足；28.72% 的调查对象认为所学知识理论部分和实践部分都不充足（图 3.5）。事实上，超过 80% 的调查对象能够对当今现实需求和课堂教学之间的差异有较清晰的认识，承认现实需求变化永远快于校园知识体系的变化。特别是对于一些应用性的金融领域，学校的教育永远是在追赶现实需求（图 3.6），正如金融科技发展引发教育领域相应的变化一样。

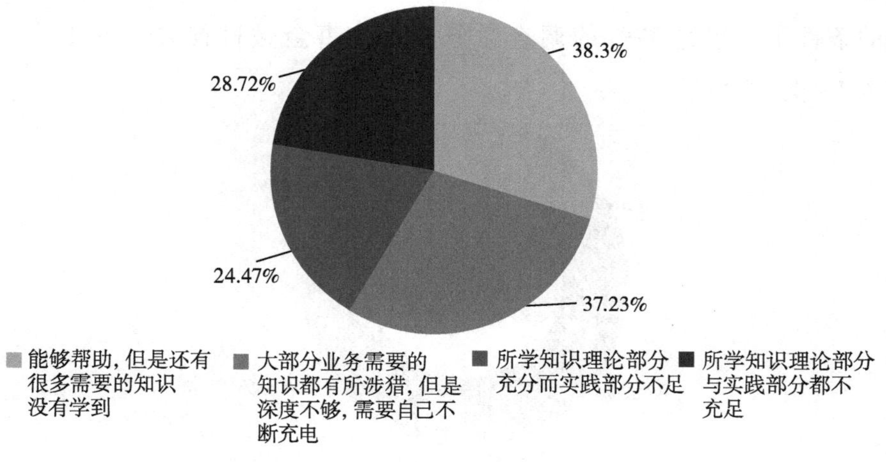

图 3.5　调查对象对目前理论和实践学习的评价

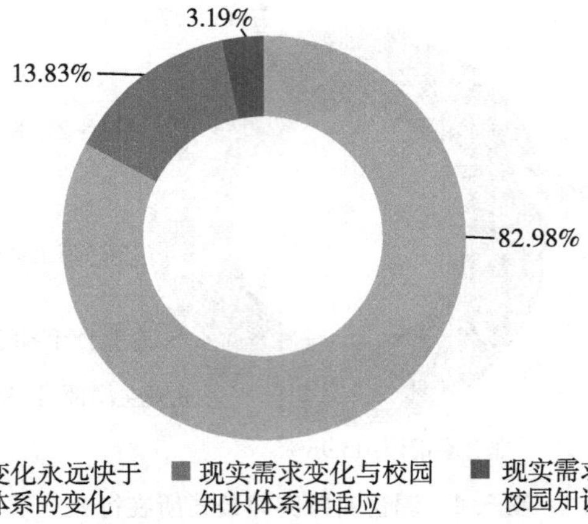

图 3.6　调查对象对现实需求和校园知识体系匹配的观点

(3) 学生对金融科技的一些直观认识

调查中发现，事实上学生对于金融科技的一些概念并不非常熟悉。其中，比特币和区块链相关新闻和课堂举例较多，熟悉此定义的调查对象比例最多，但也只有一半以上（图 3.7）。至于其他大数据、量化交易相关内容、人工智能与金融结合等，虽然并没有难以理解的模式，但是似乎调查对象对此了解较少。即便如此，超过 90% 的调查对象在当下媒体报道、行业新闻及学校的一些教育举措方面的影响下，认为这些领域将会有巨大的前景。并且，在可能的条件下，超过 77% 的调查对象愿意从事金融科技方向的工作。如图 3.7 ~ 图3.9 所示。

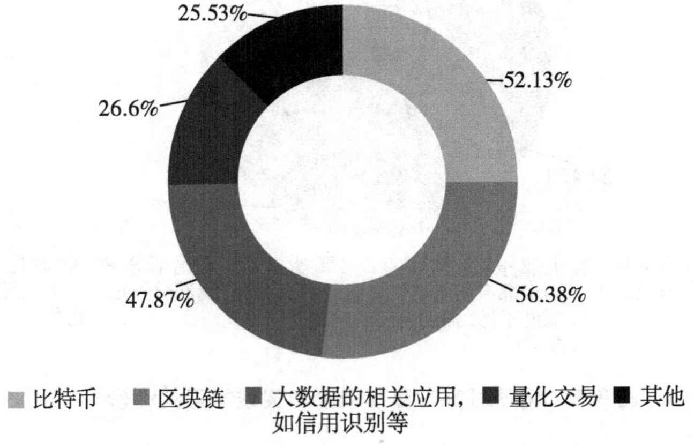

图 3.7　学生对金融科技相关概念的了解情况

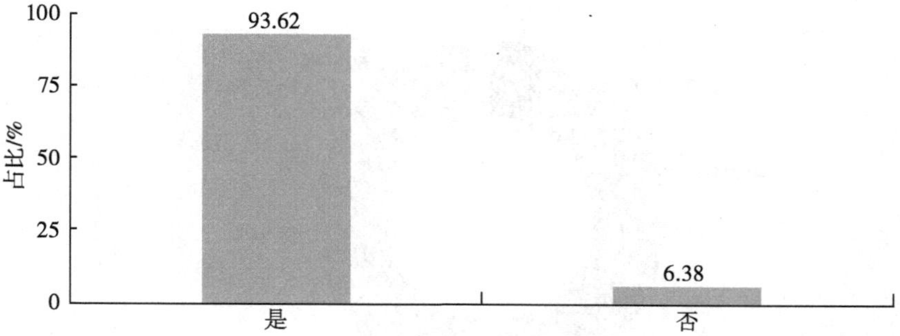

图 3.8　学生对金融科技相关领域是否会有巨大发展前景的看法

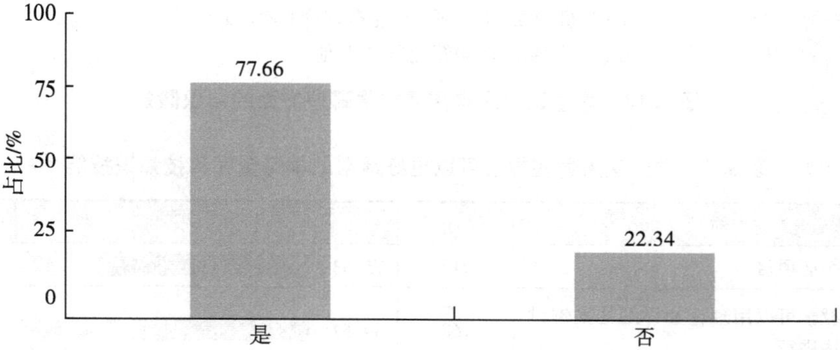

图 3.9　如果可能，学生是否希望从事金融科技方面的工作

（4）学生对进入金融科技行业知识和努力的认识

通过调查结果，发现调查对象对于自己需要掌握的新知识认识比较准确。金融专业学生对于同时加强计算机技术和金融理论方面的学习认识较为清醒。对于数学和统计学、法律方面的重视程度略低，但也达到了 50% 左右。对于管理学知识的重视程度，比例占到三成左右，其他为 17.02%（图 3.10）。从这些数据也可以看到，在金融科技的教学中，可以发挥学生的兴趣、学习主动性和比较优势，最终使学生在金融科技不同的侧重方面有所专长。

在确定学习目标后，学生给出的一些提高专业能力的方法也与本课题前期的调研结果相一致。其中，超过 75% 的学生对企业项目相当重视（表 3.2）。而且在个人访谈中表示，进入企业项目不仅仅局限于公司实习，或者做些简单的复印、抄送等工作，而是深入具体企业项目中去。同时超过 70% 的同学表示愿意为此学习大量课外知识（表 3.3）。这可能与学生就业诉求直接相关，因为业界急需的知识技能直接影响他们的就业成功率和未来的职业成长。

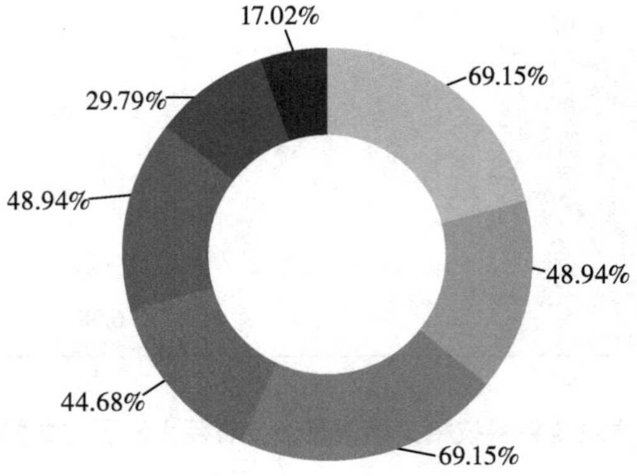

图 3.10　学生认为未来需要加强哪些方面的知识储备

表 3.2　学生认为哪些方法可以更好地帮助学习金融科技知识技能

选项	小计	比例
参与企业项目	213	75.53%
课堂教学可以用理论加详细的案例讨论方法进行	168	59.57%
参与教师相关的科研项目	156	55.32%
去其他实力强的高校交流	111	39.36%
学校多设计一些相关的比赛	66	23.4%
通过 App 实时匿名向老师报告自己的学习需求和实习时的问题，同时班级同学都可以对相关问题进行讨论反馈，教师实时解答	54	19.15%
与同学组成小组讨论	45	15.96%
小组学习之后对相关知识讲解，老师指出存在的问题	45	15.96%
老师的课堂设置一些分数激励机制	27	9.57%
本题有效填写人次	282	

表 3.3　学生为进入金融科技行业可以容忍的努力程度

选项	小计	比例
现在努力程度足够，不想过多付出	30	10.64%

续表

选项	小计	比例
企业项目中，需要深入学习大量课外知识	207	73.4%
教师研究项目中，需要学习一些研究生知识	117	41.49%
去其他高校交流面临更激烈的竞争	69	24.47%
学校比赛对与脑力和体力有更大挑战	51	18.09%
应用 App 收集数据，可以做到及时反馈有效信息	66	23.4%
如果与考证冲突，可能优先考证	102	36.17%
相信自己的努力比证书有更长远的竞争力	66	23.4%
本题有效填写人次	282	

与此同时，学生也比较认可深入研究带来的好处。有 55.32% 的学生认为可以通过参与教师相关的科研项目来提高自身的就业竞争力，同时有 41.49% 的学生愿意学习一些研究生层次的知识。这一事实对现有的本科金融教学来说具有改革的前景和意义。因为本科生进入教师的科研项目，且自愿学习深层次的知识可为其未来职业发展提供更大的可能性。学生通过深层次学习，可以进一步了解自己的比较优势和确定自己的发展方向。在与教师科研工作的碰撞中，可以产生创新思维和创新方法，反过来也可以提高教师对学生理论需求的了解程度。同时，学生作为金融科技理论知识与金融科技业界应用的桥梁，可以很好地把业界需求传导到教师的理论研究领域，并有可能成为教师研究的助手。从金融科技发展本质来看，本科生参与教师科研项目是顺应金融科技理论结合实际的发展方向的。

另一个比例较高的教学方法是案例讨论法。该选项所占比例为 59.57%。访谈中发现，紧贴实际的案例最受欢迎。例如，应用大数据的信用体系建模，以及相关的金融科技监管。学生希望教师可以提供这些案例背后包含的知识技能，且从理论上说明对原有金融系统造成的冲击、潜在的风险和发展方向。显然，教师的工作将会面临巨大的挑战。因为教师获得的一手企业资料未必能够有足够的细节来揭示相关现象。教师与业界的距离较远，进行相关的案例分析也需要相应的时间和精力。这就需要高校管理者进行更高层面的统筹与安排。

学生还认为去其他实力强的院校交流有利于相关知识技能的学习，该比例占39.36%。学校有一些声誉较高的比赛，如理财大赛等，但在金融科技方面，认为相关赛事能够提高知识技能的学生比例较低，在20%左右。比赛的影响力及比赛的含金量是否可以促进学生的知识技能等提高，可以进一步进行研究。在学校的校企联合项目中，也有一些企业通过比赛、培训等方式选拔学生。

从调研中发现，在金融科技领域学习中，学生对学习共同体或者现在比较流行的小组学习法并不太认可。只有15.96%的学生认为小组学习法有用，这可能与现存的小组学习的“搭便车”情况、学习积极性不能充分调动有关。

评分最低的项目是分数激励机制，只有9.57%。这说明学生学习金融科技相关知识技能的动机不是为了分数，而是为了更好的工作机会和发展前景。这就进一步支持学校在进行金融科技相关人才培养中落脚点应为未来业界的真实需求。由于金融科技领域涌现出大量的创业企业，而且企业的业务领域充满了创新和变化，行业发展迅速且具有较大不确定性，这对学校的教学培养计划提出了较高的挑战。

最后，就学生来说，长期以来考证的重要性再次在该调查中得到体现。如果面临新的就业机会，且有巨大前景，那么与考证冲突时，选择优选考证的学生比例占到36.17%。这说明学生对工作机会的重视与保守，金融科技行业当前的吸引力还不是非常确定。但是，也有23.4%的学生认为自己的努力会比证书更有竞争力。以上可以认为是两种截然不同的观点。

(5) 小结

通过以上问卷调查，我们发现：①学生对于金融科技的具体发展情况和相关知识了解较少，但是能够认识到金融科技未来的发展潜力和行业需求；②在整个学生群体中，对于金融科技不同的发展方向，学生表现出不同的偏好；③学生具有在金融科技相关领域工作、深造的强烈需求，同时愿意为之付出相当的努力；④目前学生普遍对通往金融科技方向的路径不确定、不明确，需要教师和学校的引导。

通过以上问卷调查我们还可以收获在教学内容和方法方面的启示：第一，不论是业界工作需要的课外知识，还是本科教育中具有一定深度的理论知识，学生均强调项目式学习的重要性。第二，基于企业实际需要的项目教学方法和基于教师研究过程的项目教学方法，可以很好地形成互补。在横向上，项目式学习法可以带给学生当下最需要的一些技术和知识，丰富学生的知识储备，并为学生提供行业经验。在纵向上，与科研项目相关的项目式学习提高了学生对于金融科技行业的认识，这可以成为他们未来在行业竞争的软实力。虽然看不到立竿见影的效果，但是对于学校的声誉以及学生在行业中的可持续成长非常重要。项目式学习和项目教学方法的相互结合，可以带给学生全方位的知识和能力的进步。第三，如何设计相应的项目进行教学实践，是一个非常具有难度和挑战性的问题，这需要学校有相应的政策和配套促进教师和企业之间的交流。第四，学生在各个学校之间的交流。由于各个学校在金融科技方面都是新进入者，都在建设和扩展，各个学校可能关注的领域及特长并不相同。学生在不同的学校之间进行交流，可以快速吸收各个学校的长处，有助于人才的成长和培养。第五，金融科技方面的各种比赛正在逐步开展。不论是业界还是学校之间、学校内部组织之间，均可以激励学生通过竞争不断地挑战自我、提升自我。这也是一种压力下的项目式学习方法，同样也会带来一定的收获。

3.2.2 基于毕业班实习状况的金融科技需求调查统计

本书对学校的大四毕业生进行了同样的调查，主要是针对他们的实习和工作情况。根据 PBL 教学方法的研究理念，学生的学习环境需要真实的项目背景。故而，在实习和工作的环境下，对他们的学习效果和学习的反思进行调研，可以得到最贴近 PBL 教学方法初衷的反馈。

（1）调查对象介绍

首先，调查对象为学校大四金融专业毕业生。总的样本数量为 252。调查时间在第一学期末。根据他们对自己未来方向的规划，可以看到其主要由三个部分组成：毕业后选择不就业继续复习考研的学生占 19.05%，选择成功考研升学或者留学的学生占 13.49%，选择工作的学生占 67.46%（图 3.11）。其中对选择复习考研的学生的访谈表明，继续升学也是为了获得更好的工作机会和发展前景。所有的大四学生均已完成了实习，且实习经历可能不止一次。在实习背景中，工作能力的加强及技能和知识的获取，对于后续获得工作机会是否有帮助，是我们考察与 PBL 教学方法是否相一致的很好的实验机会。

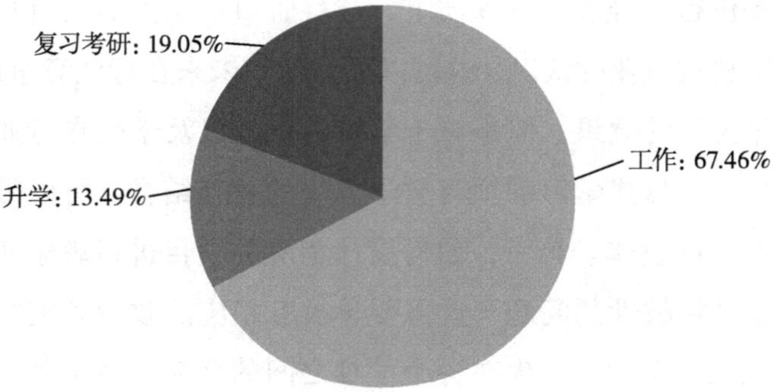

图 3.11　大四学生未来去向

（2）学生工作机会的介绍

图 3.12 和图 3.13 显示了个人能力对于学生获得工作机会非常重要。在实习或者工作机会获得上，大概有 80% 以上的人是通过自己的努力得到的。工作机会获取的一个重要的渠道是实习。在实习行业或者工作行业的性质上，大概有 74% 与金融行业相关，这与学生的主要专业方向是相匹配的。

在个人对实习机会的主观评价中，超过一半的人认为实习非常重要，但是仍有 20% 以上的学生认为实习对于工作获取帮助一般。从 PBL 教学法的选择来看，实习项目与该教学法有很大相似之处。比如，实际需要的项目具有很强的激励机制。PBL 项目的激励机制在于项目的实际应用性，学生可以做出一些具有正外部性的项目。而实际项目的激励更强，因为它很有可能直接给学生带来工作机会，同时提供获得工作机会的能力提升。而学生对于实习项目的评价是 PBL 教学方法的一个重要参考。

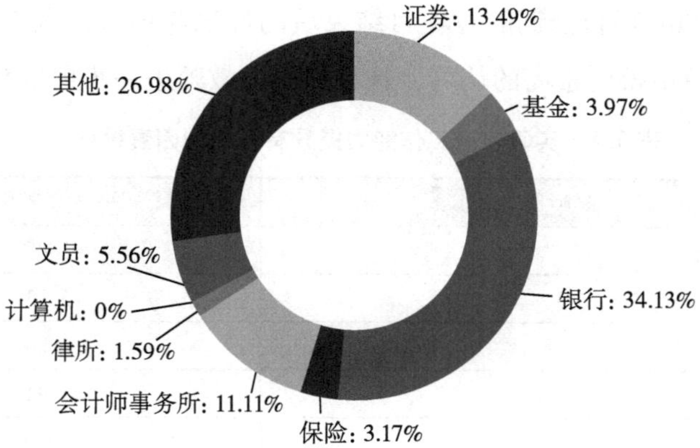

图 3.12　实习行业或者工作行业的性质

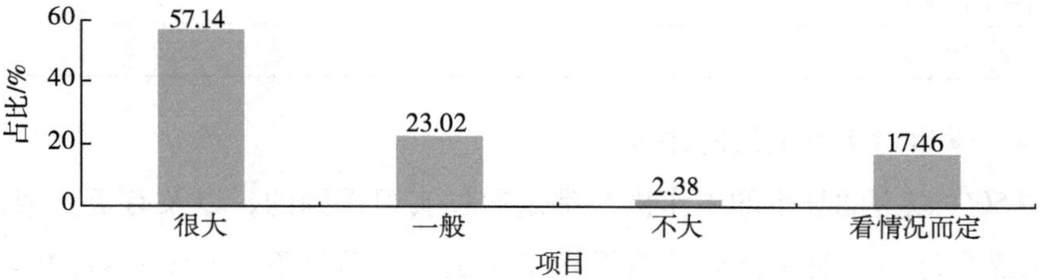

图 3.13　个人认为实习对找工作的帮助程度

（3）学生对实习能否带来个人提升的认识

表 3.4 总结了学生认为实习中对于收益有重大影响的因素，并且对它们的重要性进行排序，结果与我们平时在教学活动中的调研有所不同。学生普遍认为自己的学习和沟通才是最主要的影响因素，其平均综合得分达 5.85，这一点正是我们在 PBL 教学中需要强调的部分，PBL 项目也应提供类似的激励项目。学生高度重视指导老师的工作，这在重要性排序中排第二位。事实上，这一点在普通的教学活动中也是有所不同的。通常在课程教学中，教材是指定的，教学范围也基本上是确定的，很多学生选课会基于时间、考试难度、自己的学分高低来考虑，教师的作用没有那么显著。从该调查可以看到在实习项目中，学生自我的学习能力和教师的指导能力、重要性均得到了高度认可。这也意味着如果我们正确地实行 PBL 教学方法，学生会对自己的能力进行充分的挖掘，同时教师在整个项目中的作用也会得到重视。

与传统教学活动不同的是，团队协作在实习项目和 PBL 教学工作中均得到重视。但是PBL项目强调的对项目结束后的反思与项目过程中的评估并未在学生实习项目中得到很高的认可，这一点需要教师进一步评估和设计。

表3.4　实习中对工作能力提升有帮助的因素排序

选项	平均综合得分
自己的学习和沟通	5.85
指导老师的工作	5.33
团队协作	4.88
项目组长的领导	3.94
项目的可行性	3.8
创造力	2.82
项目结束后的反思	2.75
项目过程中的评估	2.37

（4）学生对实习项目的评价

在50%以上的学生的工作机会都是通过实习得到的，以及有近九成的学生是依靠自己努力而非社会关系得到工作机会的前提下，50%左右的学生认为实习工作太简单且没有人指导，会严重影响学生能力的提升（表3.5）。同时这也是PBL教学方法需要填补的空间。接近半数的学生认为所学知识太薄弱而导致能力获取不足。这说明教学计划和课程设置需要通过在实际项目中进行反馈而不断迭代更新，这也是PBL教学方法实施的一个重点。

表3.5　实习没有带来太大帮助的原因

选项	小计	比例（%）
实习工作太简单	130	51.59
实习工作太难	10	3.97
没有人指导	108	42.86
所学知识太薄弱	124	49.21
其他	50	19.84
本题有效填写人次	252	

（5）小结

通过调查问卷分析，了解了PBL教学方法在提升学生获得工作机会等方面具有的重要意义；同时弥补了学生在实习过程中，由于自身知识结构和企业项目中受到指导有限而经验获取不足的问题。

3.3 金融科技人才培养的挑战与机遇

3.3.1 教学过程中学生面临的挑战

（1）技术授课课时与金融学专业授课课时的冲突，给有限的时间内学习更多的知识带来挑战。

金融科技的本科生培养必须具有一定的广度和深度，才能适应这个行业的发展，而且如果学生的未来职业生涯需要持续提高，那么需要在学校学习期间进行必要的训练以获取足够深度的理论基础、学习能力。这些学习在短期是看不到效果的，但是影响着学生长期的可持续性发展。这是高等院校教育的比较优势。学院可以与慧科集团快速对行业需求做出反应，制订相应的技科系课程。但是如何在有限的课时内使学生的教育效果达到最大化，则需要在实践过程中进行研究，以避免学生出现“什么都懂，但是什么只懂一点”的现象。

（2）大数据的建模技术与建模思想需要大量的案例模拟和练习，为实际项目资源有限的企业带来挑战。

通过对学生的调研，发现学生在企业的实际项目中学习效果最好，而且可以在一定程度上缩小与前沿科技和行业需求的差距。慧科集团的调研发现，就大数据方面而言，企业能够提供的、经过加工适合教学需求的案例，每年只有一两个。在案例教学法中，案例的难度、内含的技术水平、理论基础、知识结构是否能够满足企业实际应用中的要求？需要在教学过程中不断努力探索，这直接决定了学生在案例学习的指导下可以掌握何种知识和技能。

（3）金融科技的迅速发展要求更高的创新能力与自我学习的能力，这对传统教学方法提出了更高的要求。

创新能力和自我学习的能力很难量化，却是行业发展和个人发展的决定因素之一。创新能力的必要因素来自个人对金融理论的深刻把握。没有理论基础的支持，很难进行创新。这要求学生认清各种知识的重要性，目光放长远，不仅仅在当前热点的技术和应用上下功夫，更要夯实基础知识。值得欣慰的是，学生在这一点上的认识比较清醒。有70%的学生认为应加强金融理论的学习，且有55%的学生愿意参与教师的科研项目，学习额外的研究生知识。

3.3.2 教学过程中教师面临的挑战

（1）教师必须了解在金融科技应用中金融与科技分别扮演的角色

由于目前教师的学术专业方向与金融科技差异较大，金融学和计算机科学术业各有专攻。如果教师不清楚金融科技的发展和具体业务实施的细节，很难在教学中突出重点，满足实际需要。比如，信用管理和风险管理需要对人们的行为模式和风险之间的相关性进行研究和建模。金融理论研究可以包含金融科技对企业成本、效率的改变，进而改变行业的竞争模式和企业的估值；企业通过金融科技的应用是否能够改变企业的公司治理；等等。相关的研究结果已经出现在期刊、杂志上。在计算技术上，需要根据金融理论来指导相关信息工作。比如，在建立小额贷款中的信用模型时，考虑的问题不是违约的可能性而是欺诈的可能性。也就是在经验中发现小额贷款主要的风险来源于恶意欺骗，只要识别出这种类型的人群，就可以在很大程度上控制风险。这就是基于一些经济、金融的经验和直觉而进行的技术研究。

（2）教师实务经验的缺乏将会严重影响金融科技学生的培养效果

教师的教学任务和管理事务的工作量较大，且很难保证持续几年时间深入教授相同的课程，这就造成了投入的短期化及长期投入的不经济，结果教师和学生都很难达到最优。教师需要深入实务中，研究金融理论的应用，而且必须学习金融科技相关技术才能真正做到理论与实际的结合。这样教师可以在指导学生进行相应实践课程的时候，了解是理论基础缺乏导致的问题还是技术水平不足导致的问题，进而进行相应的指导。另一个影响教师在新课程中投入的重要因素是，教学与科研的激励机制差异较大。教学本身需要持续不断的投入，且真正高质量的理论结合实践的课程需要实务界的发展，以及学习相关知识。但是，这带来了昂贵的机会成本。

（3）教师的理论研究工作也需要尝试与金融科技相结合

在教学实践中发现，如果没有基础知识的积累、对金融原理的深入理解和融会贯通，学生是不可能对新的技术应用具有敏感性的。这一点尤其是在具有实习经验的学生中得到很高程度的认可。随着金融科技的迅速发展，教师的科研项目也可以找到很多新的方向。比如，公司治理与金融科技的结合、绿色金融与金融科技的结合、保险与金融科技的结合等。这样才能使教师在金融科技方向的授课中，带给学生新的知识，也促进自己的职业发展，达到师资力量和学生水平共同提高的良性循环。

3.3.3 教学方法改革的机遇

（1）通过教学方法的改革，教学内容更贴近实际需求

根据现有的数据统计及抽样调查，发现金融科技企业的需求需要从实际项目中提取。学生完成类似的项目，对于他们能力的提升和工作机会的获取具有重要意义。当前金融专业教师本身的教育背景以及工作环境造成教学内容可能与金融科技实际应用方面距离较远。教师可通过参加与校企合作以及进行相关的研究项目来提升教学水平，丰富教学内容。现有的金融科技教学改革给教师提供了很好的机遇。

（2）通过教学方法改革，提升学生获取工作机会的能力

金融科技知识的产生和工作机会都来源于企业，而企业所有的活动都需要计算成本和收益，所以就会产生这些现象：学生实习过于简单，加之没有专业人士进行负责和指导，或者学生实习难度太高，学生无法通过自学来实现对接。如果在本科教学中，学生能接触到足够多的金融科技案例与项目，并充分调动学生的主观能动性，积极思考相应的解决办法，主动学习相关的知识，对学生形成主动学习的能力、解决问题的能力及终身学习的能力具有深远的意义。这有利于提高学生的专业能力和水平，提升学生在就业市场上的竞争力和成长性。

（3）通过教学方法改革，促进学生与教师的教学相长

通过教学方法改革，学生和教师共同面对金融科技企业的实际需求。不仅倒逼教师研究相关金融科技的问题，而且学生在完成相应项目的时候通过与教师的互动提问，促使教师更深入地学习，以产生更好的科研成果。

3.4 项目式学习方法的思考

3.4.1 理论基础

（1）项目式学习定义及关键因素

项目式学习（Project – Based Learning）是一种以学生为中心设计执行项目的教学和学习方法，提高学生的学习效果。在一定的时间内，学生选择、计划，提出一个项目构思，通过展示等多种形式解决实际问题。项目式学习和传统式学习方法相比，能有效提高学生实际思考和解决问题的能力。项目式学习的目标，是通过与现实相结合的方式，使学生更有效率地掌握学科知识（Subject Core Knowledge），并在此过程中培养学生的社会情感技能（Social – Emotional Skills）。其理论基础来自皮亚杰的构建主义理论、杜威的实用主义理论及布鲁纳的发现学习理论。1969 年，加拿大 McMaster 大学医学院正式在整个学校层面全面推出了 PBL 教学模式。随后，这个概念开始从医学教育逐渐延展到工程教育、职业教育，进而进入更多的大学，乃至中小学中。

Henshon（2017）指出教学模式必须着眼于为学生提供基于优势且更富个性的教育，才能培养适合快速变化需求的学习能力。许多工作会面临淘汰，新的工作会产生。Fullan 和 Langworthy（2013）呼吁教学模式必须能够激发学生的深度学习，以确保学生离开学校时能够为迎接 21 世纪的挑战做好准备。Hewlitt 基金会（2013 年）则将深度学习概括为内容精通（Content Mastery）、批判性思维、问题解决、有效协作、有效沟通、自主学习和学术思维（Academic Mindset）。

PBL 教学中有几个非常关键的环节：提出问题（Propose）、规划方案（PBLan）、解决问题（Execute）及评价和反思（Judge）。教师在每个环节都要对学生发挥引导的作用，根据项目的主题不同、学生的表现不同，不断调整教学计划和项目计划。在和其他教学方法的对比中可以看到，教师在整个教学模型中，更像是学生学习的协助者，在较为松散的课程计划中为学生提供大方向的辅导，帮助学生顺利完成项目。

（2）项目式学习需要注意的关键因素

项目设计者在为学生制订项目计划时，要考虑以下几点。

重点的知识和技能：项目式学习是以服务学生的学习为目标的。因此学生在完成每一个项目的时候需要自主学习，并运用标准化的学科知识培养自己的批判性思维，锻炼合作和自我管理的能力。

具有挑战性的问题：每一个项目都应该引导学生提出有意义、有挑战性的问题。

持续设问：应当为学生提供一个提问、寻找资源、应用信息、再进一步提问的学习环境。

真实性：项目应与现实相结合，引导学生对真实世界的思考和观察。

学生自主选择：学生在项目的完成过程中要有很大的自主选择权利，包括制订计划、修改计划等。

反思：教师和学生一起对所学的知识点、项目完成的有效程度进行评价和反思，找到可以改进和提高的地方。

修改：学生通过反思中得到的反馈不断修改项目内容，或完成项目产出的迭代。

公开展示：学生以各种不同的形式向班级成员演示研究的成果。

在实际教学中，项目往往不能与教学内容紧密融合，而是沦为学习之外的趣味活动。一项针对美国 AP 课程（Advanced PBLacement，又译美国大学先修课程）的全国性调查显示，70% 的受访教师把“难以找到与课程内容相适应的、设计良好的项目”列为教学中的重要挑战 。大部分受访教师还表示，采用项目式教学法有助于促进学生学习。

（3）项目式学习的特点

PBL 项目式学习的核心是选择一个可实施的项目，提出若干具有实际意义且亟待解决的问题。

1）教师作为引导而非主导角色。

教师在 PBL 项目式学习的过程中只负责指导学生挑选可行性项目，协助学生完成项目式学习，对项目的最终成果进行评价，但并不作为授课主导角色。在 PBL 项目式学习中，学生作为主体中心，教师担当引导和协助的角色，促进学生的自主性和研究性学习。教师在 PBL 项目式学习中需要具备一定的灵活性，协助学生确定项目目标，确保学生得到所需的资源和材料，把控时间节点。

2）具有主动学习的研究性学习特性。

在确定具体实施项目并列举出需要解决的问题之后，学生作为主体需要完成后续的信息收集、制订计划方案并最终进行自我评价、反馈，整个过程体现出主动学习和研究性学习的特性。研究性学习能够让学生在学校和社区范围内共同解决实际问题。

3）跨学科、跨领域。

为了成功地解决问题，通常学生需要利用多个学科的知识，因此在这个过程中，学生会被引导积极主动地进行跨学科、跨领域的学习。

4）强调团队合作。

PBL 项目式学习的过程中，学生在短期内完成一个具有社会意义和现实意义的跨学科、跨领域且辅以现代科技手段的项目，需要团队的配合，因此，这也考验了学生的分工、协作能力和团队凝聚力。

5）目标指向的多重性，培训成果显著。

项目式学习是一种创造性地解决实际问题的学习方式，它能从多个层面促进人的全面发展。对学生来说，PBL 是一个长期的学习任务，但这个任务又要求在有限的时间内完成，要完成任务需要跨学科、跨领域，学生通过自主学习收获知识，“习得”效果明显。

6）检验评价定性与定量结合。

作为一种全面视角关注的教学方式，PBL 的最终研究成果是在专家、教师给予专业的评价及意见，以及学生团队中的其他成员给出中肯的评价后，最终由学生进行自我评价、在反思中实现自我提升。

（4）PBL 与其他学习模式的比较

1）与问题式学习比较。

PBL 与问题式学习具有一致性，经常结合实施，强调真实性，采用的都是基于绩效的评价方式。PBL 通常以丰富多彩的作品形式展现最终的成果，作品注重与生活的联系，具有一定的社会效应和经济效益，同时这个最终作品也是学生开展项目学习的驱动力。但问题式学习围绕问题展开，是对复杂现实生活的一种模拟。

2）与任务式学习比较。

PBL 与任务式学习具有学习展开的内在驱动力。其差异是 PBL 以完成并推销最终作品为目标，而任务式学习以要解决的问题为中心，且不需要在真实情景中展开。

PBL 的最终目的是通过与现实的连接，帮助学生认知社会，解决现实生活中的问题，让学生更有效率地掌握跨学科知识，并通过团队协作等方式拓展学生眼界、培养创新能力和社会情感；引导学生利用数字化工具生产高质量、合作型的产品。PBL 摆脱了固定的教导式教学，抛弃了填鸭式教育，重新定义了教育学生的方式，激发了学生的学习激情、创造力和同理心。

3.4.2 实践基础与要求

（1）PBL 与金融科技的教学目标、特点和学生需求有多重重合之处

金融科技的教学需求来源于行业的实际发展，本身的诸多问题都是真实的，问题的解决有助于生活和行业发展的变化。这些问题具有一定的经济效益和社会效益，会引发学生解决问题的兴趣，形成内在的驱动力，符合 PBL 项目的选择要求。

PBL 可以引导学生自主搜寻知识、生产知识、创造知识。在金融科技的教学设计中，学生在具备了基础的理论知识和逻辑分析能力的基础上，完成金融科技项目。学生具有极高的知识搜寻能力和学习能力，并在完成项目的过程中培养了创造性解决问题的能力。整个任务的完成以结果为导向，学生很好地通过结果导向弥补了基础教学中的不足，并具有知识发现和知识更新的作用；同时也为教师反思学科发展、总结重点知识及判断知识的实用性提供了帮助。

学生具有强烈需求，希望通过实际企业项目任务达到学习目的。使用详细周密设计的 PBL 学习方式，学生不仅可以学到具体案例的分析方法和所需要的知识，而且可以通过团队协作的方式，更快地融入真实工作场景；同时可以提高学生解决问题的能力，训练提出问题、解决问题及自我学习的能力。

在这一环节中，学生可以得到教师的实时反馈和引导，学生之间可以相互学习，学习效果会比简单参与企业项目更好。

金融科技需要学生在短期内掌握大量的技术手段，而理论学习属于解决问题的基础。采用 PBL 的短期培训的效果显著，满足了教学的需求。

（2）PBL 与金融科技的教学均对教师提出较高要求

教师可以作为学生团队的一员参与项目，或者作为学生团队的局外人观察控制整个项目实施，但不能在整个项目中处于主导地位。

PBL 虽然明确教师由主导地位变为引导地位，但是教师的重要性并没有下降。教师需要完成整个项目的选择、设计，项目实施中的组织、观察、引导、评价和反馈环节。以金融科技 PBL 为例，该课程需要教师充分了解企业实际项目的内容和解决方案，知晓、掌握相关知识、技术，以在学生的探索过程中给予引导。同时，在不同组别的学生完成项目的过程中，教师要关注每组解决问题的进展，并对其中的问题加以提示和评价。在学生项目展示阶段，教师需要对项目过程的相关内容（可以是任何内容）进行反馈。

（3）PBL 还可以作为一个载体与其他教学方法相融合

采用 PBL 学习，并不必然意味着对其他教学方法的排斥。在教学目标的引导下，教师可以采用多种教学方法相结合的灵活方式，完成整个教学过程。例如，在项目进行过程中，如果学生普遍对某种计量方法不了解，但是这种方法需要掌握，则可以通过线上资料学习、混合式教学、学生学习之后共同讨论的翻转课堂的方法，或者教师讲授核心问题的方法进行学习。PBL 本质上是调动学生自主学习的积极性，在问题引导下解决问题、学习知识。本节认为既要避免 PBL 成为因为太简单而没有探索意义的“花瓶”，也要避免因为项目太难而成为无法啃下的“硬骨头”。教师可以根据实际情况酌情考虑对学生的引导方式和方法。

3.5　慧科集团教学方法实施经验与讨论

在与慧科集团进行合作研究的过程中，发现惠科集团已经对许多研究课题进行了有益的尝试并积累了宝贵的经验。下面将逐步介绍相关经验以及提出一些思考。

3.5.1 慧科教学案例介绍与分析

案例一：上海交大安泰经管学院联合慧科集团的数据训练营

2016 年起，慧科集团联合上海交大安泰经济与管理学院，遴选 8 个不同专业（其中 80% 为非计算机专业），年级跨度为 1 ~ 3 年级本科学生进行大数据科学项目学习。项目课程由 IBM 数据专家主讲，慧科集团助教老师提供辅助教学工作。整个学制中，每周包含一个全天授课安排，其余时间为课下学习。

该项目时间紧凑，课时量为 3 ~ 4 个学分，总时长为期 6 周。主要的课程内容遵循大数据建模的逻辑顺序：第一周，进行行业经典案例分析。第二周，对基本的数据方法进行介绍和学习。比如，数据采集、数据清洗等相关的细节和技术。第三周，帮助学生建立数据统计的思想。第四周，进行数据可视化的技术学习。第五周，进行机器学习的建模及 python 语言的学习，相关的算法的介绍，并且对项目进行评估。第六周，相关项目的答辩。

学生显示出了极大的创造性和学习效率。项目设计分为两种，一是命题式项目分析，二是开放式项目分析。有70% ~ 80% 的学生选择的是开放式命题，他们的数据来源于网络，有的学生采用的是开源的数据集、典型的公司案例。他们做的项目内容非常丰富，有风险评估、信用评估等一些热门课题，以及其他一些极具创意性的内容。

1）最终授课效果在迎合目前行业的发展、缩短学生课堂与职场之间距离方面表现分较好。课程作为选修课程每年固定进行。

本书做出进一步的思考与拓展：首先，对学生的学习效果进行评估。学生通过短期培训能够达到的数据分析和建模能力可以进一步由业界专家进行评估，要了解项目的目标与企业的真实需求之间的异同。其次，了解学生完成项目的知识结构与企业真实需求的知识结构之间的差异，对于学生完成项目的流程、与真实流程之间的差异及影响因素，最后由企业专业人士来评价。

2）研究整个行业对于人才需求的水平分布，以及分别接受什么样的教育及具有什么样的能力才有可能达到各个阶段的需求。

整个金融行业的人才需求是分层的、立体的，由首席科学家开发创新技术，金融从业者推动行业发展并形成新的业务增长点，然后由一般金融科技工作者完成行业的规模发展具体工作。所以，企业对整个金融科技领域的人才需求是多样化的、分层次的。在培养相应的人才的时候，也需要尊重该需求规律。比如，对于一般金融科技工作者，相关的金融和技术水平达到通识教育水平即可。而顶尖的金融技术专家则需要系统的专业化发展以及尖端的金融结合技术的双重培养。

3）学生本身的知识构成、本科学校教师的知识结构和授课对学生最终学习成果的影响极强。

对于不同的生源水平，是否需要不同的 PBL 项目目标、流程设计，以及不同的生源和师资力量是否会导致相同项目完成结果的显著性差异？引起这种差异的根本因素是什么，如何消除这种差异？以上问题对于应用型的本科教学较为重要，不仅决定了学生的学习效果和职业前景，也直接影响了企业所能获得的人力资本投入。

由于不同性质、学习目标的设计等，学生的学习效果差异很大。所以，需要对整个项目及学生流程中的教师的作用、学生的反应、问题的解决方式进行监控，并且实时反馈以进行调整，从而达到最好的教学目标。相关的内容我们可以参照 PBL 的过程指导来具体进行。

案例二：北京城市学院联合慧科集团的数据训练营

2018 年 3 月，北京城市学院与慧科集团数据训练营开展了短期培训课程。

本次短期课程基于上海交大安泰管理学院的经验，将培养大数据分析能力作为一种目标能力植入教学体系中，试图将大数据分析作为一种通识教育课程列为本科生的基础教育课程，并在此基础上建立一种立体的课程体系：大一、大二年级学生学习初级的计算机知识、数据建模的方法；大三年级学生在学习相关金融理论之后，学习模型的评估等知识；大四学生学习更深入的数据可视化等知识。

北京城市学院与上海交通大学的生源水平客观上来说有所不同，比较两者培训的效果和影响因素有一定的实际意义。北京城市学院为民办本科院校，属于民办本科院校中前 10% 的水平。本次短期课程招收的学生 60% 为软件专业，40% 为经济管理专业。招收大一、大二年级学生，共 60 人，在班级内配备 10 位教师共同参加培训。其中 5 位教师为经济管理专业，5 位教师为软件专业。教师作为学员，不仅可以学习相关知识，也可以增加与学生的互动了解。

目前，该项目仍然在进行中，对学生进行的初步调研显示，41% 的学生认为可以接受这种形式，30% 的学生认为该形式的培训难度一般或者较为简单，20% 的学生认为该形式的培训较难，其余少量学生认为太难。

案例二与案例一的不同之处在于以下方面：

第一，在学生遴选阶段，考查了学生对于问题的抽象能力和定义能力，比如有类似这样的问题：观察图片，找出其中的不同。这种问题可以考查学生将抽象问题具体化的能力，以及如何定义一个问题的能力。

以上测试来源于慧科集团的一些研究观点：数据研究和数据挖掘的思想与统计学的思想是不同的，统计学的思想在于归纳和总结，根据已有的逻辑结构，找出可能有的相关关系或者因果关系。而大数据的数据挖掘方法是一个后向方法，需要根据现有的全样本数据，甚至有一些数据是不完整的，找到可能的因素之间的相关关系和因果关系，这是没有事前假定的，而是需要根据数据本身的特征去挖掘、寻找。这也是现在大数据科技领域所要求的一种创新能力。一个非常基本的要素就是如何定义一个问题的能力。比如在对物品的分类中，基于的是什么样的特征？有的可能是品种特征，有的可能是外貌的特征，有的可能是物种基因的特征，等等。基于定义问题的不同，研究内容和研究方法也是不同的。我们的保险风险建模中，如何定义一个人的健康风险呢？保险公司可以根据支付宝的数据来判断这个人是不是有熬夜的习惯，是不是有吃夜宵的习惯、点外卖的习惯，以及经常娱乐的习惯。如果有，我们就可以把这些定义为健康风险较高的因素，即推测这个人的健康风险较高。

第二，10 名教师参与到学生团队，这在一定程度上符合我们对教师在项目中角色的设计，但并不完全一样。本书将继续涉及教师在带领团队完成任务的过程中采取的技巧和方法，用对比的方式在该数据训练营中进行深入研究。

项目中教师的作用需要详细研究。教师是作为学习者和指导者并存的。由于教师本身对金融科技可能并不熟悉，在项目组学习的过程中，教师更多发挥的是督促和领导的作用。教师并不能充分发挥启发的作用，教师如何在项目中掌控项目程序、起到启发的作用，是需要进一步跟踪研究和深入讨论的。同时，慧科集团的研究人员也指出，如果在项目中，教师参与过多，有可能会抑制学生的创新和自由发挥。

本次培训在课程设计中偏向于通识课程。整个课程体系对于解决实际问题来说可能还略显单薄。但是，该课程可以充分调动学生的积极性，引导学生对未来科目的兴趣。本次培训可与更深入的课程有所联系，以完成对类似项目的不同层次的研究，从而使学生对解决问题的方法和知识技能有更深刻的认识。

案例三：慧科集团现在进行实践的教学方法

以下资料由慧科集团提供，主要的教学实践内容如下。

（1）教学目标和思维提升到更高的层次

教学内容根据难度和特点分为线上授课和线下教学。线上授课主要进行理论知识和一些初等基础知识的传授，而线下教学是由教师和企业共同面对面地完成的。教师既包括企业一线人才，也包括高等院校教师。高校教师可先行学习金融科技相关知识，再参与到学生的企业项目实践中去（图 3. 14）。

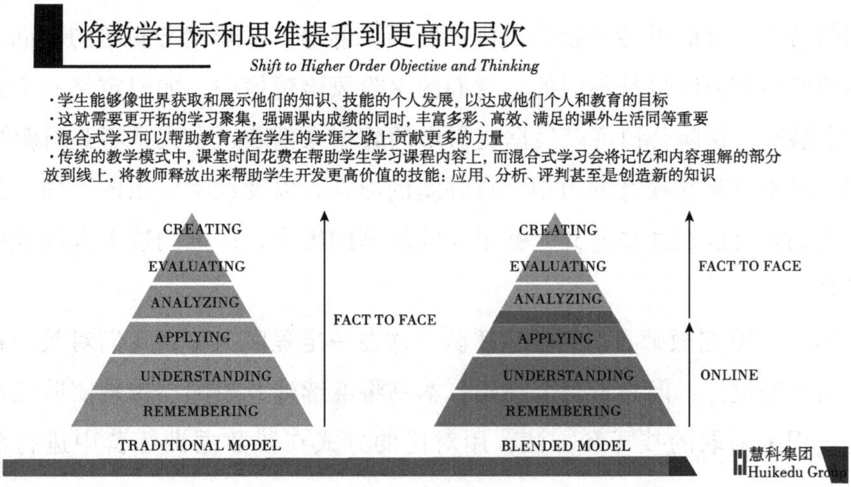

图 3. 14　教学目标和思维层次

（2）三实教学模式

三实教学模式强调了学习内容和检测方式的真实性，属于在基础知识之上的实践教学模式。

三实教学模式与 PBL 有很多重合之处。这种教学模式强调以真实的案例作为教学素材，让学生通过学习接受“实战检验”。通过评估，学生认识到自己和行业实际要求之间的差距和问题的来源。该问题的关键在于找到恰当的企业项目并将其开发成为适用于教学的案例（图 3. 15）。

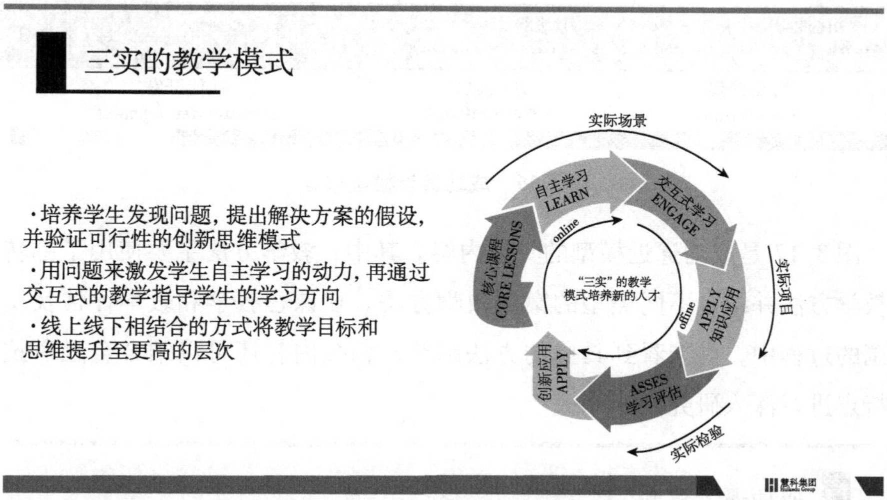

图 3. 15　三实教学模式

（3）成功逼近模型

成功逼近模型是描述了对课程不断优化、设计的一种方法。以前期的资料信息收集作为课程设计的基础资料，根据教学的计划和目标设计相关的课程内容和教学方法，并且对这一过程进行评审。在评审的过程中，不断修改其中的问题。这个过程可以重复多次直到课程设计没有缺陷。然后，通过教师执行之前的课程设计，根据教学反思和学生的学习效果评估整个教学内容和流程，修改其中存在的问题。对以上过程重复进行，从而使教学效果达到最佳状态（图 3. 16）。

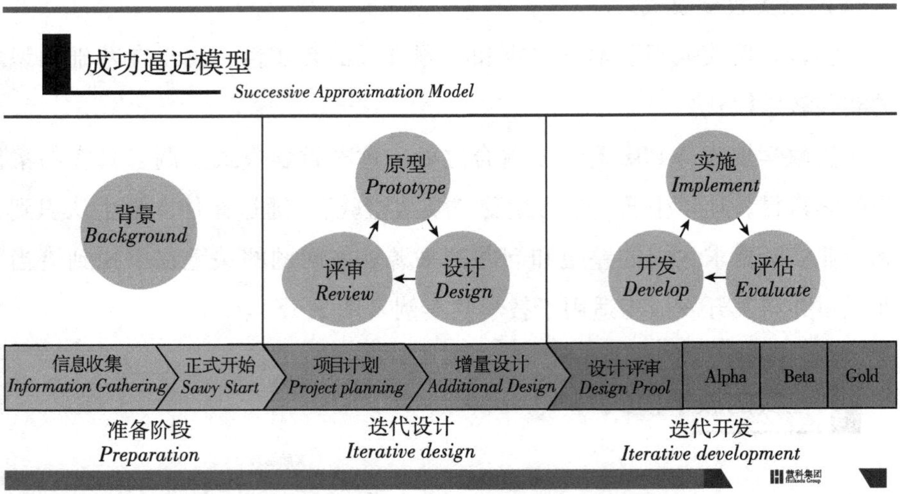

图 3.16　成功逼近模型原理

图 3.17 是成功逼近模型的具体内容。其中，教学方法主要使用了翻转课堂教学方法并结合不同类型的案例教学方法。在课程教学和教学评估及反馈微调的过程中，尚未看到具体的方法细节，相关内容还可以结合金融科技教学特点进行深入研究。

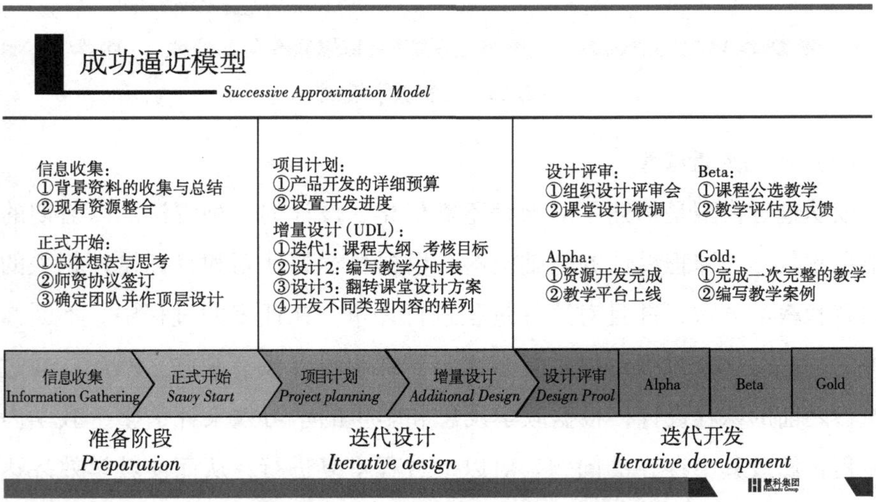

图 3.17　成功逼近模型内容

针对图 3.18 的翻转课堂的内容，需要确定以下几个问题：翻转课堂的实施内容是如何确定的？不同的课程在不同的教学方法下，效果有没有差别？

比如，高等数学的教学效果在传统讲授法和翻转课堂法下有没有显著差别？资产定价的建模与投资组合的设立更适合什么样的教学方法？学生在翻转课堂教学方法下，课前准备充分的比例是什么情况？

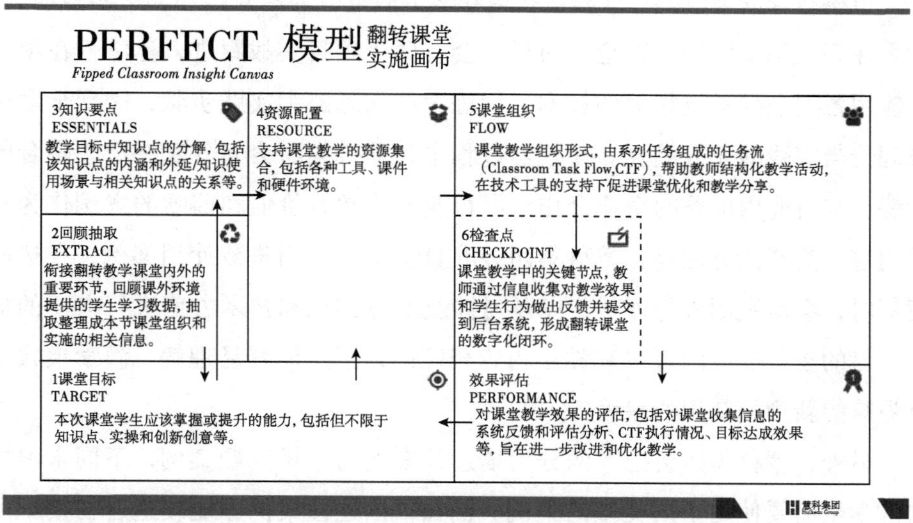

图 3.18　翻转课堂实施内容

（4）探索微专业

慧科集团在课程设置方面进行开拓探索。在与科技相关的方向中，慧科联合高校、企业进行联合教研，探索开发可以共享的未来课程体系及知识产权。例如，慧科集团联合十几个高校、阿里云等开发出了大数据方向的学位课程，16～20 学分，可以直接连接到学生的本科培养中。其中课程的主要分工是：学校教授理论知识，慧科集团提供应用技能授课，企业负责培养学生的产业技术水平。这其中的关键问题就是如何把企业和学校的教学融合为一体，避免高校教师和企业提供的授课仍然维持原有的差距。

只有在部分教师精通金融科技的情况下教授金融学知识，才能满足行业的需要。这也是我们之前在教师面临的挑战中提到的问题。

（5）教学过程中信息化手段的使用

在本课题的申请书中强调了课堂教学反馈的重要性。这不仅可以让教师实时掌握课堂教学效果，而且能够帮助教师了解学生需求并及时改进。慧科集团有相应的 App 产品——微助手。

3.5.2 慧科集团实施的案例教学方法

(1) 案例选择原则

慧科教育的金融科技课程重在培养学生的金融理论知识和动手实践能力。学生在完成每个学期的理论学习后，会有两个项目实战跟进，让学生在项目中应用各类金融科技相关的技术，训练大数据思路和实践步骤，做到金融科技理论与实践的充分结合。在教学过程中，慧科集团会充分发挥产教融合的优势，与行业内优秀的企业合作，以行业内非常有价值和前瞻的案例作为教学内容。需要注意的是，慧科集团并非直接从企业引进或使用案例，在选取案例时，会对案例进行评估，以及对涉及专业知识和技术方面进行必要的加工，目的是打造一门可以和教学内容相匹配，学生能容易理解，教学模式更有趣味的新型偏应用的课程。

另外，慧科集团会把案例分为描述性案例与分析问题案例，不同学习层次的学生需要使用不同类型的案例。例如，描述性案例可能较适合初期学习专业知识的本科生，慧科集团要求讲师在讲解这种类型案例的时候，从观察问题、分析问题角度出发，以启发的形式推动学生能够建立更适合自己理解的金融科技的基本概念，加强对金融科技理论知识的掌握。

具体案例选取原则如下。

1) 典型性。

慧科集团选择典型案例方面，会评估案例是否符合课程体系所依据的标准，并且这些案例是否具有一定的行业代表性和普遍性，使学生在学习案例时能够触类旁通，帮助学生对学到的知识点加以验证，从而达到教学目标。

涉及大数据在金融行业领域应用的课程时，首先应考虑在金融行业中发挥支柱作用的机构类型（对行业内其他类型机构的业务具有非常重要影响），且是学生在日常生活中会经常碰到的，如银行。应用场景可以是大数据在信贷业务的风险管理。银行业的风险管理在整个金融行业中比较完善，对其他机构的风险管理有着重要的影响，属于非常典型的应用案例。在案例讲解的过程中，会具体到贷前、贷中、贷后每个阶段的应用场景，并以图表、传统形式与大数据创新形式进行对比。

总之，通过分析典型案例，能够加强学生对课程中所涉及的重点难点内容的理解，从而提高学生分析问题和解决问题的能力。

2）实用性。

慧科集团对案例选择在实用性方面着重从两点进行考虑：首先，案例要符合教学规划内容的实施方和教学内容的接收方（教师和学生）的具体情况；其次，要和教学目标相匹配，能够帮助学生理解课程内容的疑难点，能够提升学生分析问题和解决问题的能力。

课程会涉及人工智能语义分析实践，通过实际使用的语料来进行比较，以讨论的形式让学生更深刻理解字符串匹配的分词方法。

3）新颖性。

慧科集团通过对产业的调研和了解，发现不同的应用场景所提取出的案例前瞻性是不同的，慧科集团会将产业前沿的、较新的案例运用到实践教学中，让案例讲授更加贴近金融科技领域的真实状况，并且在课堂案例的讨论中，让学生更深刻地了解金融科技领域发展的新动态、新趋势。

2017 年 iPhone X 的发布，人脸识别在支付中的应用，受到很多年轻人的关注。各类生物识别的技术也在市场上广泛地应用，特别是银行等金融机构在反欺诈、反洗钱等方面都有较高投入和研发，这种技术的使用也时时刻刻发生在学生的周围，学生可以发现其中的趣味性。通过该类案例的学习，学生了解这些技术的趋势如何及相关企业的发展情况。生物识别技术的分类如表 3.6 所示。

表 3.6　生物识别技术的分类

技术类别	人脸识别	指纹识别	虹膜识别	指静脉识别
稳定性	中	高	报高	高
可采集性	高	高	高	高
准确性	中	高	报高	高
是否接触	否	是	是	是
便利性	报高	高	中	高

续表

技术类别	人脸识别	指纹识别	虹膜识别	指静脉识别
金融主要应用场景	自助终端、远程身份核查（直销银行、远程业务办理等）、柜面身份核查、移动营销	内部授权、系统登录、移动支付、指纹、人证合一	门禁管理、押运管理等高安全要求级别的场景	自助终端集成
发展现状	目前应用最火，创新性十足，但也一直受到各方的质疑	应用最早、最成熟，接受程度较高	处于探索、观察阶段	处于探索阶段
发展契机	相关技术尤其是深度学习的发展，人脸识别的准确率大大提升，且不一定需要额外的硬件设备	研发较早，且手机等移动终普遍搭载了指纹模块，新一代身份证也内含指纹信息	相关技术的发展使其硬件设备体积大大减小，且以三星为代表的厂商一直致力于将其加入手机等移动设备中	技术的发展与普及，以及用户的接受性提升

4）扩展性。

慧科集团在选择案例产生的区域方面，不仅会选择贴近国内产业特色的案例，也会精选部分国外的案例，特别是一些促进整个金融科技趋势发展和变革的案例。这些案例在丰富学生对整个行业发展的认知、开拓学生的眼界、启发学生的思维方面非常有益。

在金融科技产业发展中，美国的金融科技起步时间较早，在核心技术积累和基础设施建设，特别是区块链方面存在一定优势。在某种程度上对我国的金融科技产业发展有非常重要的借鉴作用。在教学中，教师不仅会从区块链的技术层面进行详解，还会以数字货币与数字资产为主题和学生进行互动和交流，推动学生知识体系向金融和科技两个方向延伸。通过一些发生在学生身边的案例分析，如游戏里的虚拟货币、Q 币，更好地拉近教师与学生的心理距离，从而提高学习兴趣。

（2）产校融合教学实践

在落实新兴产业人才培养的过程中，慧科集团会以面授、考试、实践等形式促进学生熟练掌握课程内容。

考试包括：考试和考核。

实践包括：课程实践（基础理论知识认知，通过案例分析、参观企业等形式，学生会基于认知撰写相关报告）、模块实践、综合实践（组织学生参加校内综合实训、校外大赛）、工作坊实践（方式一，学生会到企业见习和实习，学校随时了解企业对学生的评价；方式二，组织学生参加企业的内训）。

示例一：

慧科教育与盐城师范学院、宜春学院、湖南安全技术职业学院等专业共建合作办学。在教学内容中涉及相关大数据、云计算、人工智能等知识内容时，慧科集团组织该专业学生来北京慧科总部与领域内的专家进行交流，专家方面不仅包括专业领域专家，还包括人力资源专家、教学教研专家等。通过交流，学生了解到所学专业的人才需求量状况、专业侧重方向和人才能力需求。例如，基于云平台的全栈开发能力、公共云平台开发与运维能力。

示例二：

慧科教育与河北软件职业技术学院共建互联网金融专业。为了帮助学生更好地理解教学内容中的理论基础和应用案例，组织学生前往北京参观互联网金融博物馆和互联网金融巨头宜信公司（Credit Ease），并开展专业认知活动。

在参观互联网金融博物馆时，慧科教育组织专人为学生讲解“互联网文明与数字货币简史”巨幅时间轴墙画，阐述“众筹”“P2P”“第三方支付”“区块链”等专业名词的概念，让学生真实地感受互联网金融的变革，以及互联网金融前所未有的颠覆力量。

在参观宜信公司时，宜信公司 CEO 唐宁等相关负责人为学生讲解宜信大事记、宜人贷业务、人员招聘流程、岗位需求、员工待遇等，使学生对互联网金融公司以及其用人标准有一个初步的认识。在知识能力培养方面，学生可以更好地理解案例教学的实际应用场景，对不解的问题可以和业务实践者直面沟通。

（3）教学评价和反馈跟踪

慧科与学校、企业在建立有效的反馈机制方面一直保持着非常主动的沟通与合作，共同推进产教融合的发展。教学评价和反馈包括对课程整体能力培养设计、编制和实践各环节及整个过程所做的各种形式的评定和反馈。目前，在协调各参与主体之间关系的基础上，慧科正尝试采取以下反馈途径。

1）建立课程教学内容效果跟踪反馈。

通过学生对教学内容、教师教学水平的评价反馈，发现教学工作中存在的问题和不足，依据学生反馈情况调整教学内容、传授方式，并增减相关专项培养等，让课程更贴近学生的接受程度，启发学生的思维。

2）建立专业技能与市场需求匹配情况反馈。

通过定期举行专业课程体系的会议，邀请优秀大学的资深教研专家，以及行业内优秀企业的业务部门和人事部门负责人，一起参与讨论并给予反馈。结合多次的论证成果，调整教学内容和教学方法，以不断满足行业内企业对高素质技能型人才的需求。

3）建立适应工作岗位程度反馈。

通过行业内的用人需求调研，包括对招聘网站数据进行分析、企业走访等方式，对培养人才的岗位适应程度进行调研，不仅涉及专业技能，也会涉及人文环境、企业文化的适应等方面，并依据反馈的结果，不断调整人才培养目标，优化相关专业能力培养课程，在实际案例教学中，融入更多企业文化和实践案例等。

4）建立企业用人单位反馈。

通过与企业用人推荐方面的合作，从实际出发，采用主动实地走访用人企业，利用网络、电话收集，利用学校举办和企业参与的活动等形式，了解企业用人后评价情况，为慧科在产教融合的方向上提供真实、可靠的人才反馈信息。

3.6 学校关于 PBL 教学方法的实验

3.6.1 实验目的与课程背景介绍

（1）实验目的

通过 PBL 教学方法，对现有的大四金融专业选修课程进行相应的设计与改进。在课程内容上，将传统金融衍生品的教学与金融科技手段相结合，体现出行业发展的趋势。在学生学习能力提升方面，将现有课程与相关领域金融科技发展进行融合，让学生接触到所学科目的前沿知识与企业的实际岗位技能，增加学生对当前相关专业业界所需解决问题能力的认识。在学习效果方面，充分调动学生的积极性，促进学生深入思考问题，并通过教师的及时反馈，引导学生进行深入研究，提高学生的动手能力。在教师的教学能力改进方面，通过 PBL 教学方法、课程的设计及执行，以及在过程中对学生状态的把握，提高教师对该方法的使用能力，并将学生反馈的信息融入教学方法的后续改进中。

（2）课程背景介绍

是根据 PBL 的理论和方法，对金融专业大四学生的选修课进行实验。

学生情况介绍：学生均为金融专业学生，理论基础知识均已具备，课程为专业选修课和计算机模拟课程。课程时间安排为学期前 8 周或 12 周，大部分每次 4 节课。总体来说，学生基础知识较全面，每次上课时间较充分，有足够多的时间讨论和交流。学生已经学过的专业知识：金融学、证券投资学、保险学、金融工程、公司金融、宏微观经济学、衍生品交易（实务）、国际金融学、国际贸易等。

“衍生品交易和另类投资”课程的相关背景如下：“衍生品和另类投资”课程设计基础为 CFA 考试的衍生品和另类交易内容。2019 年，CFA 一级的考试内容新增金融科技的内容，包含利用程序处理数据、建模和编程。课程的设计需要充分考虑这一变化趋势和未来发展的重点。金融科技的相关考试比重在未来将会逐步增大并渗透到各个部分，最终成为基本的处理工具。在衍生品理论基础知识方面，CFA 一级的知识其实已经在其他课程（如“衍生品交易（实务）”“金融工程”）中涵盖。在课程设计的时候，需要结合 CFA 考试的变化趋势和学生的实际情况，偏向应用、聚焦一点、面向实际，为学生的毕业设计、考研和实习提供支持，避免冲突，才能达到最好的效果。碳金融和绿色金融是学校的研究专长，且举办了大型绿色金融会议，同时绿色金融发展委员会和 CFA 考试协会联合举办了绿色金融的研究论文比赛，截止时间为本学期末。“衍生品和另类投资”课程的教学内容聚焦当前新兴的碳金融市场，要求学生进行研究性的尝试。碳金融市场的发展短板是衍生品，要求学生利用已有的金融学理论对碳金融衍生品进行设计创新，并对碳金融市场的热点进行实证研究，主要手段是学习 Python 的编程语言与建模方法，收集相关数据，学习并使用爬虫程序抓取数据、SQL 数据库方法及大数据的处理方法等进行学习和研究创新。

3.6.2 实验方法设计与实施

在 PBL 教学法的相关研究中，教师需要设计高质量的、以学生为中心的项目，以帮助学生深入学习知识、积极思考并表现卓越。实现有效的 PBL，首先需要掌握课程设计方法，在此基础上为使 PBL 的优势得到更充分的发挥，应当采用一系列可以增强学习体验的工具，从而引导学生更加深入地思考，将其行为和态度引导到积极正确的方向。根据 PBL 教学法的设计，本课程遵循以下原则。

（1）问题的提出

1）始于挑战，而非预设产出。

放弃预设产出听起来简单，因为传统教育的前提是教会学生所谓的必须掌握的知识。不同的是，PBL 希望学生能够自己学习并应用这些准则。如果事先已经知道所要探究问题的答案，那就不是一个好的项目想法。

2）提炼驱动问题。

在设计项目时，应当选取一项日常生活中的挑战作为驱动问题。设计驱动问题并不是为了解决驱动问题，而是借助驱动问题使学生明确自己需要在项目中学到什么；项目结束后，学生通过最终成果或项目反思来给出回答。

3）教学过程注重创造和评价。

修订后的布鲁姆教育目标分类法（图 3.19）不再强调记忆和理解，而是创造和评价，这是项目规划早期非常有效的理论工具。教学目标不再是学术层面的识记、理解、分析，而是引导学生进入更深层次的学习领域，努力寻求灵感，起草方案，权衡替代方案，并最终创造解决方案。

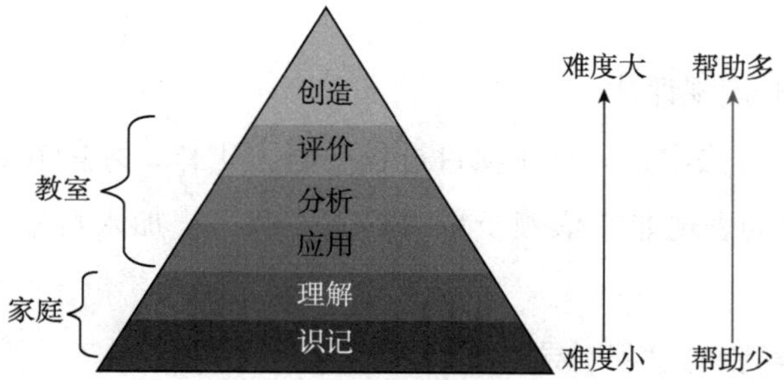

图 3.19　布鲁姆教育目标分类

4）本教学实验的目标设置。

在关于衍生品的课程中，项目设计目的为参加绿色金融专业委员会和CFA 协会联合举办的绿色金融论文大赛。项目内容为选取相关的绿色金融衍生品进行相关研究。论文大赛本身具有声誉和金钱上的激励，且教师在项目设计中附加了一项业内人士评价与反馈。最终项目结果会由衍生品从业人员进行点评和评判，教师会以此作为评分参考。学生预期可以得到业内的反馈与认可，这与他们获得工作机会、提高工作能力的目标一致。

而在整个项目的过程和结果中，我们考察的是学生对现有绿色金融衍生品规则的解读、产生背景的理解，市场的效率、监管和政策是否合理，以及最终是否促进绿色经济可持续发展这一目标。整个过程中，由于衍生品的相关基础知识已经全部学过，重点主要是对绿色经济相关概念进行理解、分析和评判。该项目目标已经考察了学生在建立逻辑关系、分析数据、查找漏洞和不合理之处，以及提出改进等多方面深入学习和创造的能力。

（2）过程反馈

1）保持探究精神。

在做教学计划时，务必把探索落到实处。日常教学中，教师很容易就会回到舒适状态，一味地讲解知识，不再让学生独立思考。建议尝试采用三人一组、二人或多人一组合作进行头脑风暴以碰撞出解决方案。PBL 的一大棘手问题就是课堂时间有限，教师应当平衡好分配给直接教学和给学生思考的时间。但在制订项目计划的时候，尤其在面对复杂的问题时，务必给学生留足时间。

2）设置平时表现评估。

在 PBL 教学方法中，只有在项目过程中努力工作，才能在最后有优秀的表现，因此学生的表现非常依赖于平时的工作状态。加入对平时表现的评估就尤为重要。

3）本教学实验的过程引导、反馈和记录。

教师在初次实施 PBL 教学方法中容易受到多种阻力，如学生的抵触情绪。在本次实验中，教师通过与每位学生进行讨论以逐步解决相关问题。在时间安排上，每周有四节课连上，共八周课程，同时由于已学习了基础知识，师生间有充分的时间进行交流和讨论。通过这种一对一或者一对二的交流方式，教师在引导学生深入思考、提升自主学习能力方面具有显著效果。

在小组项目完成的过程中，通过对学生进程的把握，以及对学生态度的引导和反馈，教师可以相对公平地衡量每位学生在项目工作中的作用和努力情况，并作为打分依据。而平时成绩的计量和标准在项目设立之初就已经向学生公布。

（3）结果呈现

1）避免使用 PPT 和知识手册作为项目成果。

把项目成果设计成真实的产品很困难，常见的替代成果就是 PPT 和知识整理手册——这些很少能激发学生的兴趣。项目成果的首要目标是设计出一个可以对标专业人士工作方式的产品。

2）设置“突破专栏”（Breakthrough）。

PBL 的教学最高成果，不是一个 A 的成绩单，而是学生成果的重大突破。每一个精心设计的项目不仅要求学生掌握概念、定理及技能，还为学生提供了展现“突破性思维”的机会。在新的布鲁姆教育目标分类法中，这种突破的能力位于教育目标金字塔的顶端。

3）使用思维可视化工具。

对教师而言，最紧迫的问题是如何鼓励学生在团队中有效地谈论重要问题。第一步，把小组转变成一个共同协作的团队；第二步，使用工具训练学生分享他们的作品原型，分享和评估解决方案，并使用相关学科专业术语。

4）可视化思维与交流。

在课程实验中，建立了 3 ~4 人为 1 组的讨论小组，同时引导学生采用思维导图的形式分享各种想法。在逐步探索的过程中，我们可以看到已经有一些学生主动承担起组织者和领导者的角色，使小组分工协作更有效率。

（4）执行反思

首先需要明确的是，只有引导学生对所学内容做好反思之后，一个项目才算真正结束。反思时，应当使用系统的方法，通过关键词来审查学生的表现、项目成果及教师自己对项目计划的贡献。反思一般有三个要素：①鼓励深度学习和记忆；②注重教学质量和水准；③培养“成长型”思维模式。

在项目执行过程中，反思贯穿始终。教师会引导学生基于严密的逻辑结构对观点进行推理，在每一步都会考虑有没有其他可能、有没有替代方案或者互补方案，以及为什么做出这个选择。当学生遇到概念或者理论难题时，师生会共同研究、共同解决。当学生得到与常识不符的结论时，教师会进行引导，促使学生自己发现不合理的地方。

3.6.3 实验结果总结

（1）班额的重要性

在教学改革实施过程中，班额是主要决定性影响因素之一。研究过程中，我们曾有类似的课程，但是选课人数为 120 人。分组教学每组成员较多，“搭便车”现象严重，而且教师很难与学生进行充分交流，进行引导并做出反馈。在当前的小班额中，教师有足够的时间与每一位学生、每个小组进行充分深入的交流，掌握和记录每位学生的表现和在小组中的贡献。深入的交流和适当的引导能够促进学生主动思考。故而，项目实施的过程中，教师精力的分配与班额的控制是项目质量的重要影响因素。

（2）过程反馈与引导至关重要

在课程改革实施过程中，教师和学生都面临挑战。从学生的学习方法、深入探索的能力中可以发现，约有半数学生不能形成主动思考的习惯。这需要教师教会他们如何寻找关键词，如何探寻这些关键词的定义及相关影响因素，以及如何用已学过的知识理论解释这些相关因素。每一步的深入引导，都需要教师及时发现学生的停滞，并循循善诱，使他们养成深入思考和逻辑化思维的习惯。虽然在课程实施初期这项工作进展非常缓慢，但是随着课程的进展，学生的逻辑思考和学习能力会提升很快。

（3）学生的态度会造成阻力

在研究实施过程中有一个出人意料的现象：有极少数学生对于主动的研究性学习方式极端抵触。虽然我们理解在大四金融专业学生中实施 PBL 教学改革方法的实验可能面临诸多困难，如学生的时间分配，有一些学生需要参加各种考试实习等。他们寄希望于在一些不太花费时间精力的课程拿到学分并进行相应的复习。约半数学生在试听过程中发现本课程需要投入的精力较大时，选择了退课，这一点是可以理解的。也有个别学生选择继续修读，但在课程进行的过程中，不断提出“太难，自己不会，不可能做下去”或表示这门课程与其预期不同，同时认为研究性的主动性学习“非常无聊”。对于这种情况，教师要及时调整心态，避免被个别学生干扰，进而影响对其他小组的反馈与引导，还要避免这些极个别学生对其他学生心态的影响。克服种种困难，坚持下来会发现，一旦突破固有思维，学生将会成长迅速，学习深入程度远超平时。

（4）一旦突破固有思维，学生成长超预期

经过适应性阶段后，我们可以发现每组的学生都有自己独特的关注点，并且围绕该关注点，建立较为严密的逻辑体系，进行更深入的研究。项目本身的进展带给学生的成就感，又进一步激发了他们的求知欲和进行研究的热情。比如，有的学生寄希望自己的研究结果可以获得业界的关注或者可以获得 CFA 协会与绿金委的奖励。这些研究成果本身就带给学生极大的成就感。

（5）教师的知识积累影响项目实施效果

在项目实施的过程中，教师时刻感受到压力。因为在进行项目设计的时候，教师需要了解企业项目的实际需求和运行方式并进行学习，通过实践和操作提炼出适合学生进行主动学习的项目，而且难度适中。在项目实施过程中，由于分组讨论，每组学生的观点不同，需要教师对相关领域各个方面都有比较深入的研究。教师应提前学会用金融科技的各种手段去模拟和实现一些项目内容。只有在这种前提下，教师才能清楚学生当前达到的学习能力和技能水平，并对学生向更深层次的学习目标进行引导。

（6）项目实施需要课程体系的支持

在教学改革的过程中，特别是进行与金融科技相关的项目研究中，计算机知识的掌握需要更多的课程体系来支持，否则学生很难在短期内迅速掌握相关的技能。在本次教学实验过程中，由于一切都是在摸索中进行的，在金融科技方面的探索，师生都是浅尝辄止，原因一是时间不够用，二是精力不足，三是支持体系不完善。教师方面没有足够的时间去进行计算机类的学习和实验。学生方面在计算机自学能力上效率较低，并且很多人对计算机语言不熟悉，没有形成相应的思维习惯，自学效果较差。

3.7 本章小结

通过对学校大二年级、大三年级和大四年级学生的调研，发现 PBL 教学方法的需求与金融科技行业发展的适应性。通过慧科集团的教学案例分析，我们也看到了第三方企业在案例收集和技能培训方面的优势。但是，高校金融学教育不可能全部由第三方教育服务机构完全替代，而是要各自发挥比较优势，形成新金融新产业的高质量毕业生供给。

本章在校内大四金融专业学生的“衍生品和另类投资”课程上进行 PBL 教学实验。只有高校教师亲自体会金融科技课程与传统金融课程的结合，以及学生学习能力和适应能力的水平之后，才能合理地制订自己的研究计划、教学目标和教学改革方案。

金融科技的发展可以通过 PBL 教学方法的渠道进入课堂，迅速拉近教师、学生与业界前沿的距离。这一目标的达成需要充分发挥慧科集团提炼案例、对接企业、追踪热点的能力。在金融科技学习的过程中，发挥金融学专业的主观能动性，掌握金融科技的规律，发现金融科技的应用场景，创新金融产品，研究相应的金融风险、监管对策等内容，则需要充分发挥高校的科研优势；用科研带动教学，科研带动产业发展，实现从企业需求领先专业研究到专业研究开拓企业发展的局面，从而实现产学研良性互动、相互促进、可持续发展的状态。

如果可以充分利用金融科技企业案例，则 PBL 教学法可以在金融科技的毕业生和行业就业中达到迅速填平校企鸿沟的效果。在这种条件下，学校金融专业毕业生的质量和就业范围将又会上一个新台阶。PBL 教育改革将顺应行业的发展，为金融学教育提供更广阔的发展前景。

第 4 章

基于校企合作的金融科技专业国际合作办学模式研究

开展基于校企合作的金融科技专业国际合作办学模式的研究，是一条快速培养高层次、复合型、创新型金融科技人才的捷径。通过对国际合作办学的模式分析，借鉴国际上的基于校企合作的金融科技专业办学的成功经验，找到存在问题，提出对策建议。

2017 年 4 月 6 日，普华永道发布的《2017 年全球金融科技调查中国概要》指出，零售银行、投资及财富管理和资金转移支付将是未来五年被金融科技颠覆程度最高的领域，电商平台、大型科技公司和传统金融机构是这场变革中最具颠覆性的力量。

根据金融稳定理事会 2016 年 3 月提出的定义，金融科技是指技术带来的金融创新，能够创造新的业务模式、应用、流程或产品，从而对金融市场、金融机构或金融服务的提供方式产生重大影响。金融科技将互联网、移动通信等技术作为服务金融业的重要手段，旨在延伸金融服务的深度、拓宽金融服务的广度、改变金融服务的组织形式、提高金融活动的整体效能。未来，一旦区块链、人工智能等技术的研发、试验及应用获得重大突破，金融科技将会成为推动金融业实现整体代际跃迁的原动力。

近年来，无论是传统金融机构还是互联网金融企业，纷纷宣布转型金融科技企业，然而，绝大多数企业的转型停留在了口号。原因无他，作为高度知识密集化的业务类型，金融科技的发展离不开一大批复合型人才的智力支持，而国内既懂金融又懂科技的人才并不多见。没有人才，什么都是空谈。在互联网时代，互联网金融由一批既懂互联网又懂金融的人才推动，反过来也培养了一大批这样的人才。金融与互联网的复合并不太难，通常一个聪明、勤奋的传统金融人士通过模仿、实践可以在短期内迅速掌握互联网的经营精髓，相对而言，金融与科技的复合则要困难得多，让一个金融人士具备科技思维或让科技人士对金融有系统而深刻的认识都非易事，此时引入系统、专业的学院式教育就显得尤为必要。

金融科技人才的培养不能闭门造车，尤其是现代金融科技的发展，也需要汲取国外好的经验。加强基于校企合作的金融科技专业国际合作办学模式的研究也就成为国际化人才培养的重要环节。从理论上看，金融科技专业创新需要多渠道探索，以更好服务专业建设。从实践意义上看，我国国际金融中心建设需要更多的金融科技人才作支撑，因此必须探索一条适合金融科技专业发展的国际合作办学之路。

4.1 国际合作办学典型模式分析

4.1.1 国际合作办学模式概述

目前关于国际合作办学的研究中，对办学模式的认识非常散乱。办学的最终目的是培养人才，必须从学生的角度认识中外合作办学模式。学生一般是比较关注机构或项目的主体，即办学机构。因此从这个角度来看，主要有国际合作办学机构和国际合作办学项目两种类型。国际合作办学机构是中外教育机构在中国境内外联合举办的教育机构，可以有独立法人，也可能只是二级学院；而国际合作办学项目则是中外教育机构之间在学科、专业、课程等方面深度融合、合作共建的教育教学项目，不设立教育机构。目前，国内所称的中外合作办学主要是指国家鼓励的在高等教育、职业教育领域以“2 +1”“2 +2”“3 +1”等模式开展的跨境合作办学。

4.1.2 具有独立法人资格的国际合作办学机构

以西交利物浦大学为例。西交利物浦大学是由西安交通大学、苏州市政府与英国利物浦大学联合创办的。创建期间，西交利物浦大学的资金主要来源于苏州市政府和苏州工业园区政府，当前努力打造“五根支柱”的财务支撑体系，即学费收入、研究经费、教育发展基金会、地方政府支持和国家支持五个方面。西交利物浦大学实行董事会领导下的执行校长负责制，两所合作学校选派代表共同组成学校董事会。董事会依据章程在股东推荐和遴选基础上选拔和任命校长；其他校领导按照章程推荐和遴选并经校长认可提名，由董事会批准和任命。西交利物浦大学以创建研究导向的国际大学为发展方向，被誉为“中外合作大学的标杆”和“中国高等教育改革的探路者”。师资面向全球选聘，80% 为外籍教师，学生毕业可获得西安交通大学和英国利物浦大学学位。

西交利物浦大学呈现具有独立法人资格的国际合作办学机构的几个特点：一是独立的事业法人。合作方共同投资，共同管理学校，对学校承担有限责任。学校对外独立承担办学责任。二是享有办学自主权，包括办学定位、教学、师资等都由学校独立完成。三是享有财产权，财产的管理、使用、分配等都有合同约定，学校对此也享有完全的权利。

4.1.3 具有高校二级学院性质的中外合作学院

郑州大学西亚斯国际学院是由美国西亚斯集团公司投资，郑州大学和美国堪萨斯州富特海斯州立大学合办的中外合作办学机构，隶属郑州大学二级学院。计划内招生毕业后授予郑州大学西亚斯国际学院毕业证，计划外招生颁发美国堪萨斯州富特海斯州立大学毕业证。

最大的特点是它不是独立的法人，只是和学校其他二级学院并列的组织。学院有一定的财产权、管理权，但是在人事安排、资金监管等方面都受到学校的约束，对外不能独立承担责任。上海交通大学的密歇根学院也属于这种性质。中方干部的选拔任用在学校，相关教学环节还受到学校相关部门的指导和监督。

4.1.4 中外合作办学项目

中外合作办学项目以中央财经大学与澳大利亚维多利亚大学合作设立的国际经济与贸易本科教育项目为代表。该项目依托中央财经大学的教育教学资源，采取全程引进模式，即维多利亚大学的全部课程和教学活动均在中央财经大学进行。该项目引进维多利亚大学 1 /3 以上的师资和课程，采用全英文或双语教学，国际经济与贸易本科教育项目的学生分为计划内学生（统招）和计划外学生（自主招生）。计划内学生完成项目培养计划并符合规定条件者，由中央财经大学和澳大利亚维多利亚大学分别授予经济学学士学位和商学学士学位。计划外学生完成项目培养计划并符合规定条件者，由澳大利亚维多利亚大学授予商学学士学位，由中央财经大学颁发“中央财经大学与澳大利亚维多利亚大学国际贸易/金融风险管理项目”结业证书。

其与具有高校二级学院性质的中外合作学院的最大不同在于国际合作办学呈现的实体不一样，一个类似二级学院，和其他二级学院一样配备相应的人、财、物。而项目往往设立在中方合作者组织的某一机构内。上述中央财经大学的项目就由学校的二级学院——国际经济与贸易学院具体实施。项目不一定需要成立专门的组织，人、财、物的管理也比较灵活，对学校而言成本也较低，因此是国际合作办学的主流模式。

无论哪种国际合作办学模式，都涉及主体的多元性、利益的多样性，因此合作双方的沟通协调就显得尤为重要。需要积极探索与国际化教育相适应、开放有序、符合未来发展趋势的管理和运营机制，如管理委员会、协调委员会等，制定国际合作办学内部控制制度，明确双方的合作、退出机制以及职责划分，以最大限度保障双方的利益。

4.2 国内校企合作为基础的金融科技专业国际合作办学现状及困境

4.2.1 办学现状

在国际上，对于国际化的校企合作（International Coop programs）的研究和实践，被公认为校企合作教育的发源地，是美国辛辛那提大学（University of Cincinnati）。

1906 年，辛辛那提大学开始实行带薪实习教育，之后被 40 多个国家仿效。它的基本特征是带薪实习，学习与工作相结合，是一种“实用主义”的教与学的结合。学生在攻读学位期间，必须有 1 年以上的企业实习实训经验，才有资格获得最终的学位证书。在带薪实习教育中，学生在工作岗位上将所学的理论知识应用到实践中，而工作带来的挑战和问题又会促进学生进一步加深理论学习。

辛辛那提大学的这种做法也影响了国内高校。2013 年 10 月，重庆大学—辛辛那提大学联合学院（Chongqing University - University of Cincinnati Joint Co - op Institute）成立。依托重庆大学突出的工科优势，改革传统工程教育模式，在国内首次引进美国辛辛那提大学先进的校企联合培养教学模式，采用全英文授课，实施美式教育，旨在培养适应国家发展需要、具有国际视野、基础扎实、工程能力突出的创新型人才。该学院是重庆大学本科教学和国际化办学示范单位，开设两个本科专业——电气工程及其自动化（中外合作办学）、机械设计制造及其自动化（中外合作办学），均为两校的重点和优势专业。学院学生与辛辛那提大学本部学生一样，需要达到严格的实习实训课程要求，才可以获得最终的本科学位。

因此，以校企合作为基础的国际合作办学，最大的好处就是学习和实践的有机结合，为应用型人才培养提供了很好的示范。辛辛那提大学的成功便是最好的说明。

然而由于金融科技专业在我国创立时间较短，还没有具体的基于校企合作的中外合作办学案例。对于金融科技专业这样的新兴产业学科，借鉴辛辛那提大学等院校培养经验，可为国内大学建立基于校企合作的中外合作办学项目和机构提供很好的思路和发展方向。

4.2.2 困境

国际合作办学在一定程度上加快了我国高等教育的发展和改革，为国家培养了大批的应用型、创新型人才。因此，国家从 2003 年就出台了相关政策引导和鼓励。但也必须意识到这其中蕴含的挑战和风险，这也是金融科技专业国际合作办学需要注意的。

（1）公益性的挑战

国际合作办学属于公益性事业，是我国教育事业的有机组成部分。但在市场经济条件下，国际合作办学日益呈现市场化、产业化的特点。正如西交利物浦大学执行校长席西民所言，很多合作项目是二三流大学用来挣钱的。

加入 WTO 后，教育作为一种有产业性质的服务贸易来运作，教育提供者可以有一定利益作为回报。这无疑对我国现行的教育制度规定提出了挑战。一方面，我国现行教育制度规定中外合作办学的公益性，在很大程度上限制了中方经济收益的权利；另一方面，国外高校因为经费紧张，总是期待通过合作办学获得一定经济回报。中方办学受非营利性和公益性原则的限制或者即便允许营利性行为，若按一般收费，院系或学校基本上很难有利可图。

《关于当前中外合作办学若干问题的意见》规定，中外合作办学者应当认真合理地测算中外合作办学机构或项目的生均培养成本。收费标准还应当充分考虑当地经济社会发展的实际水平和受教育者的承受能力，注意与公办教育、民办教育保持适当的平衡。《中外合作办学条例实施办法》明确指出，中外合作办学者要求取得合理回报的中外合作办学机构，应当按年度净资产增加额或者净收益的 25% 的比例提取发展基金，用于中外合作办学机构的建设、维护和教学设备的添置、更新等。因此，在坚持办学公益性价值取向的基础上，遵守国家政策要求，遵循教育教学规律，实现双赢互利、健康的可持续发展。

（2）教学质量挑战

要保证教学质量，首先要保证师资力量，而师资力量的评估依据主要是教师素质与教学水平，过分频繁的师资流动对教学水平的提高是有百害而无一利的。近年来，随着中国加入 WTO，有机会与世界“接轨”的高校教师流失日益严重，很大程度上影响了高校的教学质量。

一是教师资源不合理配置。首先表现在生师比超常。特别是在中外合作办学院校，一个教师在一学期要负责 300 多位学生的教学工作。二是外籍教师与本土教师人数比例不合理，往往外籍教师少而本土专业教师多。这无疑对学生的专业学习造成很大的影响。三是人力资源结构不合理。从年龄上来看，年轻教师多；从职称来看，高级职称以下的占了绝大多数；从专业来看，学科人才比例失调，人才结构尚待优化。

（3）管理体制挑战

从我国高等教育中外合作办学的体制来说，其问题主要体现在办学体制的约束性对管理体制和投入模式的束缚。而投入模式又对办学模式和管理方式产生许多制约。在法制管理中，我国已颁布《中华人民共和国中外合作办学条例》，除条例本身的不成熟，我国合作办学自身还处于对法制的初级和实验阶段，因此其问题暴露无遗。比如，在法制监管中暴露的问题主要体现在制定的政策具有滞后性、不匹配性，审核和评估系统的不健全及监管、执行的不力等，这些都对国际合作办学造成很大困扰。具体表现以下几个方面：一是原始投入很少，仅依靠学费收入支撑学院或项目的发展，在招生、教学和管理中的不公平现象仍然存在，不利于中外合作办学的长期稳定发展。二是涉及具体操作的问题，有些制度缺失或滞后，如外籍教师的审批聘请手续、国际合作办学的收费标准问题等。三是国际合作办学内部机制问题。在具体的合作办学中需要各个部门的协调配合。实际上，因为需要一些特殊政策或要求，无疑会产生更多的人力和时间成本，也需要更多的协调沟通时间。

4.3 国际代表性学校金融科技专业国际合作办学模式的经验总结

国际上有些高校已经开展了金融科技专业方面的国际合作办学，对它们的办学情况进行分析、总结，可以归纳出以下几个特点。

4.3.1 教学内容与国际金融科技产业紧密接轨，邀请产业界知名技术与管理人员担任教学授课讲师

全球知名的金融科技创新企业的高管既是项目的学员，也是项目内容的传播者。2017 年 8 月，英国牛津大学赛德商学院宣布推出全新的金融科技与创新类网上公开课——牛津金融科技课程（Oxford FinTech Programme）。该课程由赛德商学院与全球教育科技引领者 2U 公司的全资子司 GetSmarter 联合开展，邀请来自欧美各国的学者以及全球超过 60 位银行及科技行业专家作为特邀讲者，分享独特视角及相关经验。针对全球金融行业的高端从业者，培养这些金融高管创立新的金融科技企业的能力，同时促使他们充分运用最新技术来完善金融服务机构。

4.3.2 教学形式采取线上线下融合模式，充分利用互联网的教学传播优势

对于金融科技等新兴产业的教育项目，在线教育平台是非常有效的市场测试工具。通过在线教育下低成本的国际化教学资源配置，可以迅速推广项目的市场认知，同时提高教学产品的迭代质量与速度，最终优化成比较稳定的教学产品，实现线下小规模强体验度的教学项目。2016 年 7 月，美国麻省理工学院推出“未来交易”等在线金融科技证书课程，为全球青年一代了解“科技金融的机会和趋势”“如何塑造未来的贸易和交易”提供专业视角。该课程培训学生开创自己的金融科技相关领域的商业企划和路线。

4.3.3 利用金融科技本身的力量，推动教育更彻底的国际化

通过金融科技本身的科技力量，如区块链技术，改造大学底层构架与机制，打破地域限制和大学围墙，为全球知识界贡献不可替代的教育体验。2018 年 6 月，牛津大学哲学学院 Woolf 发展研究团队在欧盟寻求授予其世界上第一所“区块链大学”学位的权利。他们认为，区块链技术和智能合约可以使传统的高等教育结构民主化，提议建立第一所基于区块链技术的“区块链大学”，采用传统的牛津剑桥课程和学院结构，学生可以在网上或线下使用。该项目设计核心是“地理上的不可知论”，将“无国界”的全球化学术团体置于地方或国家关系之上，彻底打破地域与国家的界限。

4.4 基于校企合作的金融科技专业国际合作办学的对策、建议

上海立信会计金融学院计划与美国佩斯大学合作举办中美合作金融工程（金融科技方向）本科教育项目。项目采用“3 + 1”人才培养模式，即大学的前三年，上海立信会计金融学院协调、组织并实施通识教育、综合素养课、专业基础课、部分专业核心课，慧科集团实施部分专业核心课、项目实践课、企业实战课、就业推荐综合实训；在达到佩斯大学的录取标准之后，学生最后一年到佩斯大学在纽约的主校区学习，佩斯大学全权负责学生专业核心课

程、实习实训等学习安排，联合长期跟踪研究金融领域前沿动向的学者、多年从事金融行业和数字普惠金融行业的企业高管，以及操盘金融创新项目的技术专家及合伙人，将积累的经验经过系统化梳理，整合融入项目的教学科研中。国际合作办学模式还需要从以下几个方面加强。

4.4.1 必须“以学生为本”，树立正确的合作办学指导思想

思想是行动的指南，指导思想的正确与否直接关乎合作办学的行动方向。我国高等教育合作办学指导思想的正误评判标准主要有以下几点：是否有利于境外合作办学院校学生的全面发展；是否有利于提高我国高等教育综合实力；是否有利于维护我国人民的根本利益，不侵犯教育主权。只有坚持三个“有利于”，结合我国高校实际情况，制定适宜的指导思想，才能从源头上解决我国对外合作办学的认识问题。

1）坚持互相交流。随着我国经济社会的发展，教育的水平也在逐渐提高，这可以从大学各种排行榜看出。从以前的单纯的知识输入国，到我国部分高校、部分学科的科研水平已达到或者接近世界一流高校，国际合作更应是互惠、互利的。例如，2003 年，新加坡推行了“环球校园”计划，扭转了落后的国际合作观念，将国际合作模式成功转变为优势学科输出型，从而迎合了知识经济时代对教育产业的要求，推动本国经济、教育水平的进一步发展。

2）坚持特色优势。国际合作过程中应该充分认识到学科的特殊性，针对不同的学科制定具有相应特色的合作机制。国内高校也应该在国际合作机制探索中厘清自身发展特色，不应盲目地照搬其他兄弟院校的合作模式，而应按照自身的学科特色，选择符合自身发展的路径。上海立信会计金融学院会计金融专业的学科优势比较明显，我国在亚洲地区的涉商教育也比较先进，那么，在发展与传统经济强国教育合作的同时，可以调整学校的国际办学理念，在亚洲地区输出涉商特色的教育资源。

3）坚持质量优先。应当根据相关要求，定期公布国际合作办学类型和层次、专业设置、课程内容和招生规模等有关情况，颁发的外国教育机构的学历、学位证书应该得到所在国的承认，并享受其带来的国民待遇。应当组织或者委托社会中介组织对中外合作办学机构的办学水平和教育质量进行评估，

并公布结果。

4.4.2 理顺体制机制，协调中外合作办学各方关系

中外合作办学作为我国高等教育不可或缺的一部分，要想在体制上肃清管理弊端，就必须从宏观管理体制和微观管理体制两个方面着手。宏观管理体制改革是指在我国教育督导的监管下成立规范的、系统的、专门为中外合作办学机构服务的管理机构，肃清目前杂乱无章的管理体制，杜绝“野鸡学校”的出现，提供良好的中外合作办学环境，促进我国高等教育健康、全面发展。

1）提供更多选择。不同类型的合作模式有自身的优点和劣势，因此，应尽量为学生提供多层级、多样化的国际化办学选择，将派出型方式和引入型方式相结合，将短期合作和长期合作相结合，利用国家留学基金委员会和其他资助项目拓展学校的经费资源，促进学校国际化办学水平的提升。

2）拓宽合作区域和领域。上海立信会计金融学院现有的办学途径主要集中在英国、美国，且主要与传统商科院校合作，这限制了学校国际影响力。可以突破学科和学校特色的限制，与非英语国家、非商科专业的国外院校进行合作办学，如中法、中德、中欧、中日项目都在其他高校取得了较好的效果。合作办学的途径也不应局限于国外高校或者研究所，金融科技人才培养目标之一是培育应用型的复合人才，也可以通过与国外金融机构、保险公司、非政府国际组织等相关行业企业、单位的合作，提供给学生短期的实习机会，从而强化学生的涉外交往能力和实践能力。

3）调动双方积极性。对待教育主权问题，我们不能仅仅理解为一切都必须由我们自己做，不允许任何形式的外方介入，这无疑是故步自封。同时，《中外合作办学条例》中没有对外方在中外合作办学中控股和担任校董事会董事长（理事长）进行限制，这有可能存在监管不力的情况。必须要充分调动双方的积极性，最大限度考虑双方利益，实现公益与盈利的统一。

4.4.3 加快课程改革，培养高素质应用型人才

对高校现有的课程体系进行一系列改革，不但可以加强国际合作办学的实际效果，也有利于国内教学水平的提高。

1）丰富课程内容。可以在国内高校设置一些西方人文的通识课程或专业选修课程，提供西方金融和科技发展史以及知识产权的基础知识，以解决文化差异导致的学生交流后基础知识薄弱、融入难等问题。

2）改革教学方法。可以增加互动型课程和实践性法律课程的比重，引入问题式教学、案例小组讨论（Tutorials）、研讨型课堂（Seminars）、工作坊（Workshops）等新型教学手段和方法，鼓励学生参与案例的讨论，熟悉金融科技的学习方法和讨论环境。可以在现有语言的课程基础上加入专业外语课程，也可以为学生提供小语种的专业外语学习机会，这有利于与欧洲和亚洲其他非英语国家的交流和合作，拓宽国际合作办学的渠道。

3）强化实践环节。金融科技行业有很强的操作性的要求，而国际合作办学本身也为此提供更多的平台和机会。同时通过实践，可以更好地促进学生对知识的吸收和创新，不断提高学生的综合竞争力，凸显金融科技的发展。

总之，金融科技领域的发展前景远大，全球金融科技创新公司不断涌现。在金融产业各个细分领域里快速运用各种新技术与新模式，使全球银行业的产业业态和产品品类发生快速的变化。由于金融银行业的产业形态本身就具备全球联动性质，很多大学为金融科技开设的相应课程和项目，从设立之初就具备了国际合作办学的基因。尤其是英美的大型研究类高校，通过各种教育项目组织形式，以及利用互联网教育管理平台的在线教育的传播形式，不断扩大国际合作办学的体量和效率。正如章新胜所说，“未来我国的中外合作办学的层次将会逐步提高，国外的著名大学和一些大学的著名专业将会向我国发展；外方合作者的资金投入将会逐渐加大；著名跨国公司介入非学历教育的倾向加大，而且赢利日益明显”。基于校企合作的金融科技专业国际合作办学会越来越受到重视，前景也更加看好。

第 5 章

基于校企合作的金融科技专业质量标准研究

国内首个金融科技专业的诞生及所带来的社会影响，当前金融科技行业的蓬勃发展以及对金融科技人才的迫切需求，使尽快制定金融科技专业质量标准、形成引导金融科技人才培养的标准体系成为建设好金融科技专业、培养好金融科技人才的当务之急。

5.1 研究背景及趋势

5.1.1 选题意义

高等教育的本质是专业教育，加强金融科技专业建设是提升金融科技学科教育质量的重要途径。质量问题本质上是标准问题。制定专业建设标准是指为获得专业教育的最佳秩序和效果，而对专业建设过程提出的规范性建议，对专业建设结果提出的目标性要求，是专业建设者可重复使用的规则和指导。

金融科技专业为应用型学科专业，而应用型本科院校在质量标准体系建设上往往倾向于借鉴和效仿研究型大学的做法：大学质量观要与学校的定位相符，质量标准体系要与学校实际状况匹配。这就需要从应用型本科院校自身需求和定位出发，确定能够衡量学校金融科技专业教学质量标准的基本指标，构建符合其人才培养定位的专业教学质量标准体系，从而推动应用型本科院校积极适应地方发展需求，推动教育教学改革。

5.1.2 相关领域研究现状及趋势

本章参考金融科技行业相关成熟技术标准，研究金融科技人才质量需求，提出对人才所需知识和技能的标准化构建的建议。质量标准研究包括三个层面：一是产业层面的标准，主要指金融科技产业相关法规、政策性文件中明确的金融科技企业相关业务和职能。二是金融科技人才需求的标准，主要指在知识和技能需求方面的质量标准，是对专业建设的具体要求。三是学校定位层面的标准，主要指基于学校办学方向和人才培养目标，结合本区域、行业、企业对人才需求的特点进行设计，总结凝练出的能够解决实际问题并具有学校特色的标准。

5.1.3 研究思路

通过文献研究、总结归纳校企合作模式下金融科技专业质量建设情况，拟主要解决以下三个问题。

金融科技专业人才需求情况。主要侧重分析当前金融科技企业发展过程中，在金融科技人才培养方面表现出来的缺陷，主要是人才的知识结构与社会实践等方面的培养与行业需求不匹配的情况。采取的主要方法是对行业的调研情况及问卷进行综合分析。

金融科技专业人才的知识结构体系设计。基于需求与供给的不匹配，重点研究在理论知识体系与实践能力、素质方面对金融科技专业人才的要求，系统梳理国外金融科技相关专业人才培养的知识结构，借鉴参考国内互联网金融、数据科学等专业的培养模式，进行总结分析。

金融科技专业质量标准与评估体系。系统分析本科专业的质量标准体系，借鉴行业发展的要求，综合考察计算机、大数据等工科专业的理论要求与应用型专业的实践操作能力要求，构建综合考评跨学科、复合型人才的标准体系，采取定性与定量相结合的评估方法（图 5.1）。

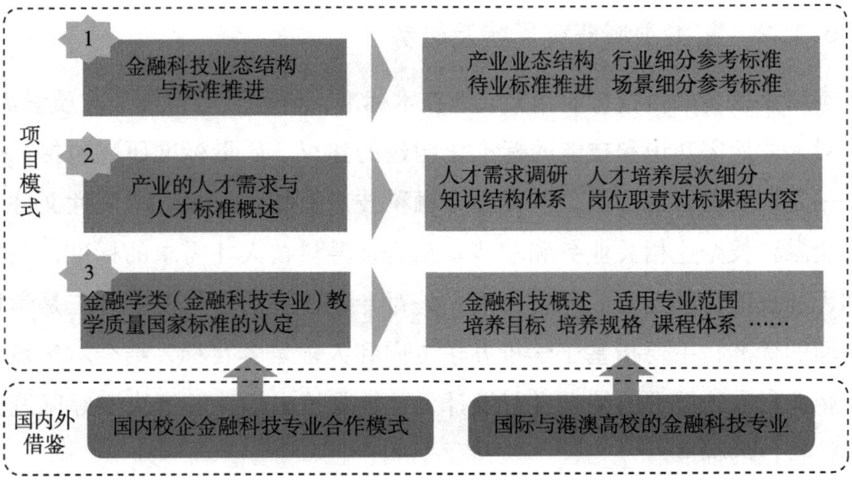

图 5.1 项目研究框架

另外，调研方法方面，本项目结合相关产业权威报告及慧科集团自有的产业调研数据，主要采用行业深度访谈、桌面研究等方法，具体如下：通过对行业专家、相关企业与网民进行深度访谈，了解相关行业主要情况，获得相应需要的数据。对部分相关的公开信息进行筛选、对比，参照产业用户调研数据，最终通过多渠道研究获得行业规模的数据，政府数据与信息，行业公开信息，企业年报、季报，行业资深专家公开发表的观点。

对慧科集团在校企合作，特别是在金融科技领域课题的相关调研成果进行数据筛选和行业分析。

5.1.4 小结

专业教学质量标准的构建是一个持续的过程，包含专业人才需求调研及典型工作任务分析，人才培养目标与规格的确定，培养方案的开发、实施和反馈优化，以及贯穿整个过程的行业企业专家和教育教改专家论证、专业教学指导委员会评审等环节。由于不同的专业质量指标在不同场域、不同时空起着不同作用，甚至在同一环节的不同阶段也会产生动态变化，难以对其运行逻辑进行精确描述。系统性标准体系的建构是一个复杂的过程，更是一个随着社会需求变化不断更新和改进的开放性过程。

5.2 金融科技业态结构与行业标准分析

5.2.1 Fintech 产业业态结构

根据国际著名调研机构 CB Insights 2016 年度报告，中国 Fintech 领域融资金额已经占到了全球总量的 46%，成为全球金融科技行业发展的重要组成部分。基于巴塞尔银行监管委员会对金融科技行业的分类方法，对我国金融科技公司进行分类，可以将中国的互联网金融企业、金融服务企业等按照细分行业所对应的业务大类归纳，如表 5.1 所示。

表 5.1 金融科技公司分类

大领域	细分行业
借贷与融资类	P2P
	消费金融
	征信
	众筹
支付结算类	企业端支付
	个人端支付
投资管理类	智能投顾
	产品经济
	证券经纪
	保险经纪
市场设施类	数字货币
	金融信息

基于上述分类，对我国近几年新成立的金融科技公司的数量进行分析，发现数据有较大浮动。2008—2012 年，每年新注册的金融科技公司数一直呈稳定增长的趋势，增长率在 17% ~45%；2013—2015 年，随着互联网的普及，金融科技行业呈现出迅猛发展的态势，新注册公司的增长率达到 100% 以上，这种增长在 2015 年达到顶峰，在这一年共有 4300 家金融科技公司成立。在这一阶段，出现了量化派、百融金服等金融科技公司。同期，蚂蚁金服独立成立金融服务公司，并推出余额宝；京东金融也开始独立运营，定位为服

务金融机构的科技公司。从 2016 年开始，由于相关政策法规的出台，新企业进入行业的门槛提高了，新公司注册数量也有了明显下降，到 2017 年，仅有 370 家新公司成立①。

另外，在研究机构的调研中发现，经济发达的省份和直辖市，金融科技公司较多，发展较好。北京、上海、浙江和广东的金融科技公司的数量占据全国前 4 位，均超过 1000 家；除此之外，山东、江苏、福建、四川、湖北和安徽 6 个省排在第 5～10 名，公司数量均超过 250 家；而西藏、新疆、青海、甘肃、宁夏、内蒙古、吉林、黑龙江和海南 9 个省区的金融科技企业数量不足 50 家（图 5.2）。将金融科技公司的数量同各省份生产总值进行对比可以看出，公司数量排名前 10 的省份的地区生产总值均在全国前 13 位，而公司数量排名后 10 位的省份的地区生产总值都在全国的后 11 位。由此可以发现，经济发达省份的金融科技行业发展更好。

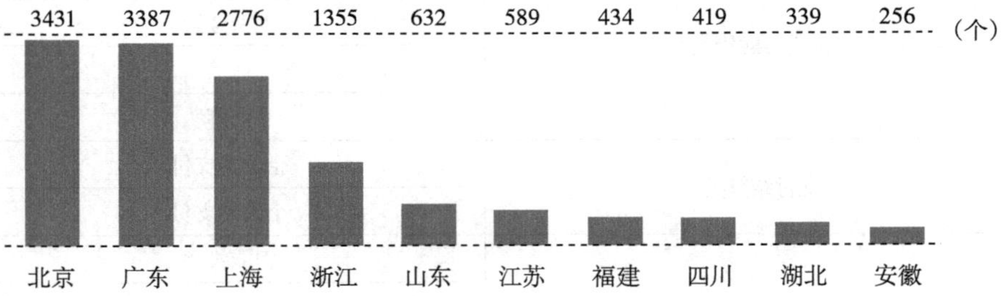

图 5.2　2017 年中国各省份金融科技公司数量分布

最后，零壹财经 2018 年 1 月发布的《2017 全球金融科技发展指数（GFI）与投融资年报》显示，2017 年，全球金融科技领域共发生 649 笔投融资事件，中国、美国、印度分别以 328 笔、101 笔、63 笔位列前三；投融资总额达 1397 亿元，其中，中国、美国、印度分别以 796 亿元、258 亿元、160 亿元位列前三。从以上数据也可以看出，资本市场对我国的金融科技行业的发展和推动也表现出积极的一面，展现行业发展状况的金融科技指数也被推广应用。

如图 5.3 所示，金融科技的市场主体，不仅包括通过技术手段提供创新

① 数据来源于清华大学五道口金融学院中国金融科技企业数据库。

金融服务的金融科技公司，为金融业提供技术服务的科技公司和提供金融合规科技应用方案的监管科技公司，还包括传统金融公司，它们与金融科技投资机构、商业模式孵化器、金融监管机构、科技监管机构和其他监管机构一起，共同推动金融业的发展与变革。

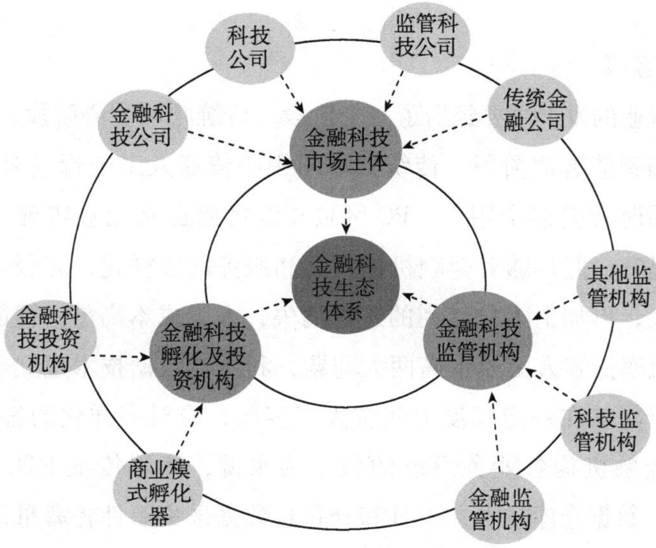

图 5.3　金融科技生态体系

数据来源：京东研究院《2017 金融科技报告》。

5.2.2　Fintech 场景应用分析

随着新兴技术在金融行业的深入应用，科技对金融的作用被不断强化，创新性的金融解决方案层出不穷，金融科技发展进入新阶段，数据流、信息流成为未来金融机构的生命线。谁得到了场景和数据，加上人工智能加持的金融科技，谁就将占据行业发展的最有利位置。

首先，金融科技在金融业务应用场景上，主要有以下几个方向：互联网消费金融、征信、智能风控、反欺诈、电子支付、互联网众筹、资产管理、监管科技等。其次，金融科技的核心是技术，技术标准和规范作为通用语言是金融科技应用的前提，可以支撑业务稳健发展和金融创新的合规性，提升金融科技产品的质量和可靠性，主要相关技术类型包括大数据、云计算、人工智能、区块链等。通过行业调研，这些前沿技术在金融科技行业应用情况如下。

（1）大数据在金融科技的应用

大数据技术的应用提升了金融行业的资源配置效率，有效促进了金融业务的创新发展。金融大数据在客服、风控、反欺诈、营销等业务方面都得到了广泛的应用。

1）大数据客服。

中国客服行业的发展主要经历了三个阶段：传统呼叫中心阶段、PC 网页在线客服阶段和智能客服阶段。传统的呼叫中心依靠人工进行一对一服务，效率低，无法同时覆盖多个用户。PC 网页在线客服虽然能够实现一对多服务，效率略有提升，但是随着金融机构产品和服务的多样化，客服部门的业务范围迅速扩大，再加上人口红利的逐渐消失，人工成本高昂。智能客服系统有效解决了效率低和人工成本高两大问题，利用大数据技术建立丰富的数据库，智能客服能够在一定程度上代替人工客服，应对多样化的客户需求。大数据技术以金融机构各业务系统的数据为来源，使用传统 ETL（Extract Transform Load，数据仓库技术）工具和分布式数据采集组件将海量信息抓取至大数据平台，按照不同业务需求将数据分类，利用大数据模型和算法进行数据挖掘和分析，并创建可视化应用。另外，智能客服系统提供 24 小时不间断的在线服务，业务处理效率高，帮助提高用户黏性，可以解决人工客服回应不及时导致的客户流失问题。

2）大数据风控。

大数据技术的风控手段与传统风控手段相比，风险数据来源和维度更广，除了结构化的金融数据，还包括用户行为、社会属性、金融产品评价等半结构化或非结构化数据。另外，在数据应用逻辑方面，大数据风控侧重挖掘数据间的相关关系，比传统强调因果关系的分析方式在关联逻辑、定义交叉风险因素方面的能力更强。

我国大数据风控的应用主要在借贷领域。以贷前风控为例，大数据风控的一般流程包括四个方面：数据收集、行为建模、构建画像及风险定价。首先通过系统日志采集、网络数据采集和数据库接入等方式收集风控对象的各类信息，接着进行数据建模，建立数据假设，确定建模目标。然后利用大数据技术进行用户画像，将对象分类。最后开展风险定价，以银行贷款业务为例，银行对高信用风险的用户收取较高的贷款利率。

同时，大数据风控还具有实时监测和预警的功能，能够及时发现客户的异常行为或金融产品的异常表现，并做出止损反应。

3）大数据反欺诈。

随着互联网金融、移动支付技术等的发展，金融欺诈手段也随之升级并侵害到金融行业的各个领域，如保险行业的骗保欺诈、个人金融领域的网络黑产、供应链金融中的虚拟交易等，呈现出专业化、产业化、隐蔽化和场景化的特征。传统反欺诈技术维度单一、效率低下、范围受限，难以满足日益增长的反欺诈需求。大数据技术可以借助数据采集和分析进行身份验证，定义欺诈行为特点。以黑产防范为例，大数据能够帮助企业掌握互联网金融黑产的行为特点、从业人员规模、团伙地域化分布特点及专业化工具等情况，并制定针对性的策略，识别黑色产业链并减少损失。

4）大数据营销。

近年来，媒介、品牌、大众消费和生活方式呈现“碎片化”的发展趋势，个人消费者更加追求自我和个性。用户需求和兴趣的多样化及网络应用的发展带来用户数据体量和规模的迅猛增长，以市场为导向的传统粗放式营销模式不再适用。借助大数据技术，将收集到各类用户信息，包括职业、家庭状况、网络浏览记录、交易营销、个性化推荐信息、客户生命周期管理信息等。

（2）云计算在金融科技的应用

1）金融行业上云首先着眼于互联网金融和辅助性业务系统。

金融行业 IT 系统建设的历史较长，系统复杂性强，云化迁移仍需逐步进行。金融机构使用云计算技术，通常采取从外围系统开始逐步迁移的实施路径。在部署顺序上，优先部署开发测试环境，其次部署生产环境。互联网金融、辅助性业务优先使用云计算架构，核心业务最后考虑上云。

金融机构一般会选择从渠道类系统、客户营销类系统和经营管理类系统等辅助性系统开始尝试使用云计算服务。因为这些非金融的辅助性业务系统安全等级较低，不涉及核心业务管控风险，进而可以提升系统管理的灵活性，降低运营成本，同时也大幅提升了相关用户体验。此外，互联网金融系统优先应用云计算架构，包括网络支付、网络小贷、P2P 网贷、消费金融等业务，这些系统基本全部需要重新建设，历史包袱相对较轻。

2）运维管理系统的云化建设也逐步被金融机构采用。

运维管理是银行 IT 系统稳定运行的根本保障，业务系统的集中使企业 IT 运维管理压力积聚。因此，金融机构需要从整体调整运维体系，通过云计算构建统一的自动化运维平台。运维对象由运维物理硬件的稳定性和可靠性演变为能够自动化部署应用、快速创建和复制资源模板、动态扩缩容系统部署、实施监控程序状态，以保证业务持续稳定运行的敏捷运维。同时，开发、测试、运维等部门的工作方式由传统瀑布模式向 DevOps（研发运营一体化）模式转变。DevOps 打通了运维管理体系，海量数据计算、存储、应用和安全等多种需求出现，运维需借助现金的自动化运维管理模式来实现大体量下的系统管理。

3）混合云是中、大型金融机构上云的首选方案。

不同类型的金融机构对云计算的应用路径也存在较大差异。技术实力和经济基础比较强的大型金融机构由于传统信息化基础设施投入大、有专职技术部门、安全要求更加谨慎等，比较偏向于采用混合云的部署方式。混合云兼有私有云和公有云双重特性。私有云的部署具有一些核心业务系统，存储重要敏感数据，一般采用购买硬件产品，虚拟化管理解决方案、容器解决方案、数据库软件、运维管理系统等方式搭建，在生产过程中实施外包驻场运维、自主运维或自动运维方式。

4）小型金融机构更普遍使用公有云。

小型金融机构技术能力和综合实力相对较弱，通常采取公有云的方式。通过金融机构间的基础设施领域的合作、资源等方面的共享，在金融行业内形成公共基础设施服务、公共接口服务、公共应用服务等一批技术公共服务。小型金融机构一般购买云主机、云存储、云数据库、容器 PaaS 服务、金融 SaaS 应用等服务。

（3）人工智能在金融科技的应用

人工智能因其突出的数据分析、知识提取、自主学习、智能决策、自动控制等能力，可在金融科技产业中的网络防护、数据管理、信息审查、智能安防、金融风控、舆情监测等网络信息安全领域进行实践。金融科技机构在安全领域主要采取如下措施。

1）网络防护应用是指利用人工智能算法开展入侵检测、恶意软件检测、安全态势感知、威胁预警等技术和产品的研发。

2）数据管理应用是指利用人工智能技术实现对数据分级分类、防泄露、泄露溯源等数据安全保护的目标。

3）信息审查应用是指利用人工智能技术辅助人类对表现形式多样、数量庞大的网络不良内容进行快速审查。

4）智能安防应用是指利用人工智能技术推动安防领域从被动防御向主动判断、及时预警的智能化方向发展。

5）金融风控应用是指利用人工智能技术提升信用评估、风险控制等工作效率和准确度，并协助政府部门进行金融交易监管。

6）舆情监测应用是指利用人工智能技术加强国家网络舆情监控能力，提升社会治理能力，保障国家安全。

（4）区块链智能在金融科技的应用

1）数字票据。

基于区块链构建的数字票据体系呈现去中心化特点，票据业务的个体将参与票据出票、保证、承兑、背书、贴现、转贴现、质押、付款等业务流程。数字票据各参与方就区块链的共识机制达成信任。区块链的分布式结构使数据票据系统具有强大的容错性，有效缓释系统的中心化风险。基于区块链的时间戳机制，数据票据保证信息完整且整体交易流程透明，能够有效避免伪造或变造票据、一票多卖等问题。此外，智能合约能有效控制、约束数字票据的用途、交易条件、交易时间等要素，保证打款背书同步，并满足更为灵活丰富的业务场景，适应票据业务的创新需求。

2）征信管理。

传统征信模式下，由于征信数据流通方、加工方、使用方的分离，征信数据二次交易没有手段稽核及管控，无法实时校验授权真实性的原因，征信数据交易授权长期还停留在纸质协议的手段上。区块链技术的应用能有效改善这些问题。通过搭建私有链和联盟链的形式，由数据供方对征信数据需方授权。在数据采集与加工的过程中，可以对授权文件进行同步流通与校验，从而实现实时校验授权真实性、二次交易稽核及管控的目的。在这种方法搭建的体系中，无须使用方改变现有业务流程，并且授权记录可实时更新。

3）跨境支付结算。

大规模跨境贸易一方面促进了各国经济的快速流通与协作，使资源在全球范围内得到优化配置；另一方面，随着跨境支付结算效率的不断提升，出口企业也出现了大量的海外应收账款、坏账等问题。如何在跨境支付过程中有效降低结算风险，节省支付成本，已成为国际贸易中的一个重要问题。区块链是分布式数据存储、点对点传输、信任共识算法、加密算法等技术的集成创新，具有泛中心化、信任共识、信息不可篡改、开放性等特征，适合应用于交易双方需要高度互信的业务情形。构建基于区块链的跨境支付模式，能够大大降低跨境支付的风险，提高跨境支付的效率，节省跨境支付的成本。

4）供应链金融。

多级供应商在传统供应链金融模式下面临融资难的问题，其原因主要如下：①信息不对称；②信用无法传递；③支付结算不能自动化按约定完成；④商票不能拆分支付，使整张背书转让的场景缺乏；等等。对于多方参与的供应链金融，区块链为解决以上问题提供了很好的方案。区块链将分类账上的货物转移登记为交易，以确定与生产链管理相关的各参与方，以及产品产地、日期、价格、质量和其他相关信息。任何一方都不会拥有分类账的所有权，也不能为牟取私利而操控数据，加上交易进行过加密并具有难篡改的特点，分类账几乎不会受到损害。此外，基于区块链技术的供应链金融业务能大幅减少人工的介入，将目前通过纸质作业的程序数字化。所有参与方都能使用一个去中心化的账本分享文件并在达到预定的时间和结果时自动进行支付，极大地提高效率并减少人工交易可能造成的失误。

5）数字货币。

区块链技术给数字货币带来了机遇与挑战，以目前发展和应用最为成熟的加密数字货币比特币为例。一方面，区块链的不对称加密技术保障了交易信息的安全；在区块链中交易造假难度很大，创造了数字货币交易的信任基础；区块链点对点的交易流通，降低了交易过程中的成本。另一方面，挖矿机制导致大量的耗能；完全去中心化可能不符合我国货币监管机制和要求；为了适应高频交易场景，相关共识机制算法还需进一步优化；随着大量数字货币被盗窃、交易所被攻击等事件的发生，可以看出区块链技术和相关机制在安全方面存在隐患；同时账户匿名、交易匿名等会导致利用数字货币从事洗钱等违法犯罪行为，给监管带来了挑战。

5.2.3 Fintech 标准应用分析

应用标准包括典型场景应用标准和垂直行业应用标准等。典型场景应用包括：智能风险控制、智能安全管理、大数据征信、监管科技等。

1）智能风险控制。主要是将大数据平台的计算分析能力、机器学习或深度学习模型，应用于信贷风控、反欺诈、反洗钱、交易监控、保险理赔等场景。本质上是以数据驱动的风险管控与运营优化。

2）大数据征信。主要是利用数据分析和模型进行风险评估，将依据评估分数，预测还款人的还款能力、还款意愿及欺诈风险。

3）监管科技。监管科技（RegTech）是在金融与科技更加紧密结合的背景下，以数据为核心驱动，以云计算、人工智能、区块链等新技术为依托，以更高效的合规和更有效的监管为价值导向的解决方案。

垂直行业应用标准，将依据基础共性标准、总体标准和典型场景应用标准，面向互联网保险、互联网银行、互联网证券、互联网众筹、P2P、互联网消费金融等重点行业领域的金融科技技术应用，开发行业应用导则、特定技术标准和管理规范，优先在这些重点行业领域实现突破，同时兼顾传统金融行业转型升级的需求，逐步覆盖金融科技全应用领域。

5.3 金融科技产业发展对人才需求分析

尽管金融人才数量众多，但目前国内金融业对人才的需求在结构上不平衡，对高端跨学科人才的需求尤为旺盛。全国金融行业对于金融科技领域跨学科、高层次、复合型人才的需求，预计未来 5 ~ 10 年，缺口将达到 100 万；仅以上海为例，截至 2015 年底，上海金融行业从业人员数量为 35 万，预计

2020 年底将达到 45 万，产业结构对从业人员也提出了新的知识能力需求。

结合行业的发展，以及相关标准的调研，发现对金融科技人才所需要的知识和技能要求也更加标准化，具体如下。

5.3.1 宏观层面解读人才需求

国际人力招聘公司 Michael Page（中国）发布的《2018 年中国金融科技就业报告》展现了中国金融科技的发展潜力与人才市场所面临的挑战。报告显示，92% 的受访从业者预测金融科技行业未来前景光明，同时受访者认为高素质人才是推动这一行业持续发展的关键因素。然而，92% 的受访金融科技企业发现中国目前正面临严重的金融科技专业人才短缺问题。

Michael Page 华北和华东地区董事总经理 Rupert Forster 对金融科技行业的就业形势持乐观态度："金融科技领域对具备人工智能、机器学习和深度学习等相关技能的人才需求正不断增长，而这些技能在金融科技行业之外的其他领域也备受青睐。来自多个领域的人才争夺将导致市场上金融科技人才的缺口进一步扩大。"

该报告调查范围涵盖中国科技最发达的上海、北京和深圳，受访对象包括 734 位雇主与员工。调查发现，企业雇主在金融科技人才招聘方面正面临挑战。85% 的受访雇主表示他们遇到招聘困难，45% 的受访雇主表示他们面临的最大招聘困难是难以找到符合特定职位需求的人才。要长期留用金融科技专业人才也并非易事，47% 的受访从业人员表示，他们在过去 12 个月内有跳槽经历。

Rupert Forster 在解释人才危机时表示："雇主的需求与人才供应之间的落差并非金融科技行业特有的现象。我们发现很多领域都存在这个问题，这是现代中国市场快速发展与创新特质的一大体现。而一家成功的企业往往具备能够实施内部人才培养计划的能力。"

金融科技行业通常面临能否跟上高新科技发展步伐的挑战。EMQ 联合创始人兼首席执行官刘御国（MaxLiu）表示，他们希望招聘态度端正、具有灵活性的求职者，同时具备独立思考能力与积极的问题解决能力的金融科技求职者也具备相当优势。

为了吸引顶尖金融科技人才，了解其选择雇主的驱动因素也非常重要。受访的金融科技从业人员表示，他们的首要驱动因素包括：职业发展前景（29%）、企业文化（24%）和薪酬（17%）。其中，44% 的受访从业人员表示，他们期待换下一份工作时，薪资涨幅在 21% ~30%。

“为缓解金融科技领域严重的人才短缺问题，一些公司也会选择来自其他行业背景的人才。对于这些跨行业就业的人才而言，这些公司是否能够提供富有竞争力的薪酬、员工福利及强大的技术平台是关键。与此同时，他们也会将一些较为软性的评判标准纳入考量，如雇主品牌形象、企业价值观以及工作环境与文化。此外，我们也发现，传统金融服务市场中具备必要高新技术技能的人才正在开始转向金融科技领域。” Rupert Forster 说。

5.3.2 数据角度分析人才需求

现阶段金融类岗位的工作内容大致可以分为传统金融类岗位和金融科技类岗位。金融科技作为新兴行业，虽然属于金融业范畴，但是从具体业务范畴来看，传统金融类业务和金融科技行业的业务有着很大的不同。其中金融科技类业务主要是通过互联网平台、IT 技术、大数据分析等科技手段，让金融资本能更高效地服务于企业。

金融科技的发展主要经历了三个阶段，即金融 IT 阶段、互联网金融阶段、金融科技阶段。前两个阶段主要依靠技术的创新，而第三个阶段主要是技术与金融体系的深度融合。

本章选取金融类招聘数据进行建模分析，样本量共有 48885 条，其中通过岗位性质这一字段对岗位进行关键词提取，如数据、金融、场景、量化、信贷等关键词，将金融科技类岗位提取出来，对两类不同岗位进行分析。其中薪资水平是我们的研究对象，作为因变量；自变量选取 9 个水平，其中反馈率和工作经验为连续型变量，公司规模、岗位、地区、学历、编程能力、金融类证书、公司性质为离散型变量。通过对不同岗位影响因素的分析，找出影响金融科技类岗位薪资的影响因素，然后进行分析，找出影响程度较高的影响因素（表 5.2）。

表 5.2　金融科技类岗位薪资的影响因素分析

变量类型		变量名	详细说明	取值范围	备注
因变量		薪资	单位：元	>	分类模型中为 0—1 变量（以 10000元为分界，0 代表低薪资，1 代表高薪资）
					线性回归模型中取薪资的平均值
自变量	离散型变量	公司规模	定性变量（4 水平）	小规模（>100）、中规模（100~1000）、大规模（>1000）、未知	以公司人数上限为判定标准
		岗位	定性变量（2 水平）	金融科技类、传统金融类	金融科技类岗位有 3251 个（关键词：数据、IT、工程师、量化）
		地域	定性变量（9 水平）	北京、上海、杭州、深圳、济南、广州、深圳、西安、贵阳	2000~6000
		学历	定性变量（5 水平）	大专、本科、硕士、博士、不限	大专学历岗位：22240 个 本科学历岗位：14042 个 硕士学历岗位：619 个 博士学历岗位：34 个
		编程能力	定性变量（2 水平）	要求编程能力、不要求编程能力	需要编程能力的有 1258 个岗位
		金融类证书	定性变量（2 水平）	要求证书、不要求证书	需要证书的有 4431 个岗位
		公司性质	定性变量（6 水平）	民营、上市、股份制、合资、国企、其他	民营有 25230 家、上市有 3882 家、股份制有 8471 家、国企有 4753 家、合资有 3348 家

通过选取多元线性回归模型进行模型拟合，再通过多元线性回归，分别对金融科技岗位薪资和传统金融岗位薪资进行建模，找出显著的影响因素。对于求职者而言，可以以此了解目前金融行业招聘的薪资特点，并且结合自

身的特点和能力，在求职过程中做出有针对性的准备，对于了解当前金融市场的人才结构、人才需求具有着十分重要的意义。

从金融科技的发展历程来看，全球金融科技的产业中心主要分布在英国、美国、新加坡、澳大利亚和中国等。而在 2016 年的前 9 个月，中国金融科技公司获得的融资占据全球金融科技公司融资总额超过 50%；依据京东金融研究院数据，2016 年，中国首次超越美国位列全球第一并且是 2016 年唯一金融科技融资额有所增长的地区。

对金融科技相关岗位职责关键字的提取如图 5. 4 所示。

图 5. 4　提取岗位职责关键字

从岗位要求来看，金融科技类岗位与传统金融类岗位的技能要求及业务内容是不同的。直观地从招聘数据看，金融科技类岗位对于应聘人员的数据、编程能力有较高的要求；从业务内容上看，金融科技类岗位以平台搭建、算法及产品设计为主，而传统金融类岗位更多的是从业务出发，业务内容以合规、销售、研究类为主。因此，不同岗位决定薪资高低的影响因素是不同的。

再进一步对金融科技相关岗位名称进行文本分析，得到相关岗位分类与薪资范围，如表 5. 3 所示。

表 5. 3　金融科技相关岗位数据分析　　单位：元

分类	最低薪资（平均）	最高薪资（平均）	占有率（%）
风险控制	7949	12764	12. 2
数据分析	12127	20223	12. 5

续表

分类	最低薪资（平均）	最高薪资（平均）	占有率（%）
产品	9284	21003	25.8
运营管理	6938	12102	23.5
技术支持	92392	16729	24.8
客户服务类	6203	9382	1.2

5.3.3 企业走访分析人才需求

根据相关资料，金融科技行业人才缺口超过300万，复合型人才“一将难求”，风控岗位的人才需求尤其突出。主流招聘网站数据显示，2017年金融行业风控岗位招聘需求量较2016年同期增长超过20%。智联招聘最新发布的《2018年夏季中国雇主需求与白领人才供给报告》显示，人工智能等金融科技越来越为社会各界所接受，随之而来的是对金融科技人才的巨大需求。

通过走访主流的金融科技企业，以及和相关用人单位进行深度交流，发现金融科技人才不仅仅需要具备互联网思维及相应的技术知识技能，更需要了解金融方面的知识及业务。互联网人才有别于传统人才需求架构，需以迭代思维等思维模式与新型知识技能相结合。

BOSS直聘研究院研究认为，目前有三类岗位的人才紧缺：第一类是有前沿技术背景的复合型金融人才。随着大数据、人工智能、云计算、区块链等新兴技术对金融行业的重新赋能，科技成为金融行业发展创新的重要元素，金融人才需求正在经历一轮快速变革，行业需求的不是金融、经济领域的专业性人才，而是具有金融相关知识，并能通过技能手段使金融科技持续发展的复合型人才。第二类则是金融管理人才。2018年以来，我国金融行业中，管理类职位人才供需比不足0.8。“目前金融管理人才招聘难度最大，我们发现每个管理职位招聘所需平均时间成本是行业均值的3倍，拥有金融管理经验，且工作经验大于5年的求职者在金融行业非常抢手。”第三类则是拥有国际职业水平资格认证证书的专业化金融人才。

填补复合型专业金融科技人才最有效的方法无疑是依托高等院校的培养。2016年，全国有6所高校（电子科技大学、安徽财经大学、安徽新华学院、铜陵学院、云南财经大学和广东金融学院）申报互联网金融专业获批，而单独设置金融科技专业并获批的院校目前还属于空白。2018 年，据不完全统计，已有 19 所本科院校增设该方向专业。高等院校对专业复合型人才的培养，为行业发展提供了重要保障和支撑，而懂得人工智能在金融行业的应用将成为金融科技人才培养的重要内容。

除此之外，在金融行业，精英人才留存难度也有所提升。虽然金融行业依然是整体薪资水平最高的行业之一，但与科技行业相比，其薪资优势逐年下降。有数据显示，2017 年至 2018 年 4 月，有 34% 在上海金融行业从事大数据、算法研发等高级技术类工作的求职者转行至互联网科技领域，转行比例较 2015 年提升 2. 2% 。随着人工智能、区块链等行业人才身价急剧飙升，如何避免高端金融人才特别是金融科技类人才流失至新兴风口行业，是金融机构需要考虑的问题。不仅如此，人工智能领域或对未来金融行业人才变化产生重要影响。BOSS 直聘研究员表示：“人工智能技术对金融行业的快速渗透，将导致简单重复类型岗位面临越来越高的被替代风险。”

2018 年 4 月，波士顿咨询公司与中国发展基金会共同发布最新报告《取代还是解放：人工智能对金融业劳动力市场的影响》预计，到 2027 年，中国金融业约有 23% 的工作岗位将被人工智能影响，影响方式为岗位消减或转变为新型工种，其中银行、保险及资本市场的工作岗位消减比例分别为 22% 、25% 及 16% 。可能面临岗位消减的，包括银行业中营销与销售、风险管控与审核、客户管理与服务等环节；保险业中营销与销售、核保定价与承保、保单管理与服务以及理赔环节；资本市场中销售交易以及清算结算环节。未来以银行柜员、理财顾问为典型代表的金融业基础岗位的招聘需求增幅将会有所放缓，侧面反映出国内金融行业中，基础流程类型岗位将受到新兴技术的猛烈冲击。BOSS 直聘研究认为“具有颠覆意义的技术变革一旦突破转折点，进入黎明，将迅速改变现实”。

通过调研相关市场报告，“在替代部分工作岗位的同时，人工智能也将为金融行业创造技术型、运营型和业务型三类就业岗位，同时对未来人才的创造力、情感沟通能力、解决复杂问题能力提出了更高的要求。这些从思维品质和综合素质出发的非应用性能力培养，应该是高校在调整人才培养方案中需要重点思考的方向”。

5.4 对应人才标准所需知识结构体系

结合行业的发展和对人才需求的分析，需要对毕业生构建复合型人才的知识能力体系，让学生能适应现代金融科技服务业的发展，并胜任“互联网+”环境下金融科技行业相关岗位的就业需求。整体专业设置目标为：通过金融学科与现代信息技术手段深度融合，提升金融服务效率；专业人才培养方案中配套实操环节，用以指导和培养学生在“数据挖掘与分析运用”“宏观经济和金融基础”“金融业务逻辑理解”“前沿技术支撑”等方面的实战能力。

5.4.1 复合型人才概述

首先，金融科技复合型人才能够同时掌握金融业务知识和互联网技术。金融科技利用互联网、信息通信等技术实现资金融通、支付、投资、中介服务等，需要人才具备互联网和金融两种属性（知识和技能），既要掌握数据的量化分析、金融产品的定价及风险防范等金融业务知识，又要具备互联网思维，对互联网有全面和深入的了解。

其次，金融科技复合型人才既具备创新思维又兼有实践能力。金融科技由金融的创新而产生。为了适应瞬息万变的互联网技术发展与金融创新，需要人才除了具备专业基础知识和技能外，还必须有获取新知识的能力和创新思维；不仅需要主动学习和掌握互联网、金融等领域新的发展方向及成果，还需要将这些学科的知识与技术结合起来，创新业务发展模式。

最后，金融科技复合型人才兼备风险意识和法治思维。金融行业风险的隐蔽性、传染性、广泛性及突发性等特点存在于金融科技领域。在鼓励创新发展互联网金融业务的同时，互联网金融行业的从业人员尤其是管理人员应该将风险控制作为一项重要工作，必须具备各种风险意识，强化自身对技术风险、市场风险、业务操作风险、流动性风险等互联网金融常见风险的应急防控能力，在风险发生时能够有效地保护互联网金融消费者的相关权益。

5.4.2 金融科技知识框架与人才培养

金融科技作为一门交叉型学科，最早是以金融工程为基础专业，然后基于金融产业的变革而逐渐兴起的学科。金融科技专业方向的学科虽然在各高校中得到越来越多的重视，却缺乏对互联网思维、数据思维、数理基础的重视，需要将这些技能进行有机结合，以更好培养优秀的金融科技专业人才。

（1）以工学思维构建人才培养体系

在“以工学思维培养金融技术人才”的教育理念下，从致力于提升学生的金融思维与工程技能、培养金融科技专业复合型人才出发，构建与遵循了如图5.5所示的人才培养体系。

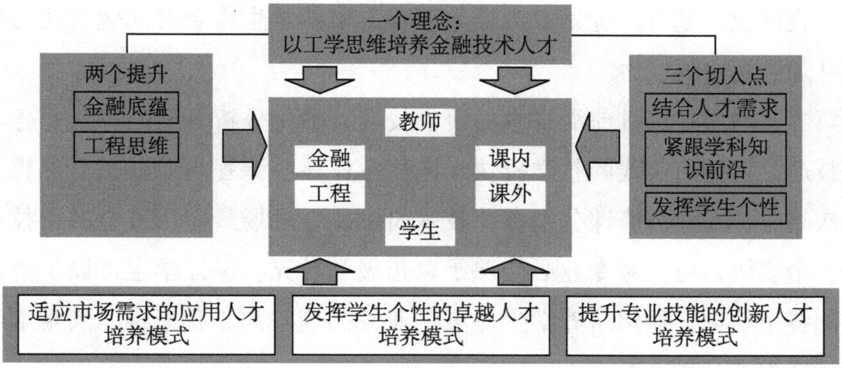

图5.5　人才培养体系

（2）人才培养体系实施建议

1）立足学科特点，确立“以工学思维培养金融技术人才”的教育理念。

作为一门交叉型学科，金融科技强调利用工程化手段解决金融问题。立足这一点，金融科技专业方向通过调查研究、了解社会对专业人才的需求，紧跟学科前沿，并结合人才需求，注重发挥学生个性，在人才培养方面提出“以工学思维培养金融技术人才”的教育理念，不仅帮助学生掌握扎实的金融理论基础，拓展金融业务应用场景，还更加重视对学生工程思维的培养。

工程思维是在工程的设计和研究中形成的思维，是一种筹划性思维，是运用各种知识解决工程实践问题的核心思维。围绕这一理念，结合金融一体化的国际金融科技发展的大趋势，要求学生在掌握扎实的基础经济学、金融学知识的基础上，精通数学、统计学、大数据分析、产品设计及计算机软件技术开发等知识，帮助学生强化工程思维，培养金融科技专业复合型卓越人才。

2）紧扣培养目标，注重学生金融业务底蕴与工程思维的提升。

通过近年来的教育实践摸索和总结，金融科技专业对人才培养方案逐步优化，加强了实践环节的建设，致力于提高学生的专业素质和应用能力，逐步缩小专业人才培养与社会需求之间的差距。具体包括以下两项措施。

第一，招收理科生源，增加数学和信息类实验课程的比重。数学知识和计算机信息技术是金融科技人才不可或缺的，也是进入金融科技领域的主要门槛。基于此，金融科技专业从生源入手，仅招收理工科学生，并增设数据分析、程序设计基础、金融大数据等课程，培养学生将金融问题转化为技术问题并加以解决的能力。

第二，增加计算机前沿技术的研发技能、量化分析等金融场景业务与金融科技产品设计与实践的教学模块，深化专业核心课程与专业拓展课程之间的层次划分。专业选修课分别覆盖技术研发、金融场景应用及金融科技产品设计三个模块，可以对专业必修课予以拓展和补充，保证学生可以了解金融学科的各个领域，强化培养学生对金融业务的理解和工程思维，满足学生的个性发展需求（图 5.6）。

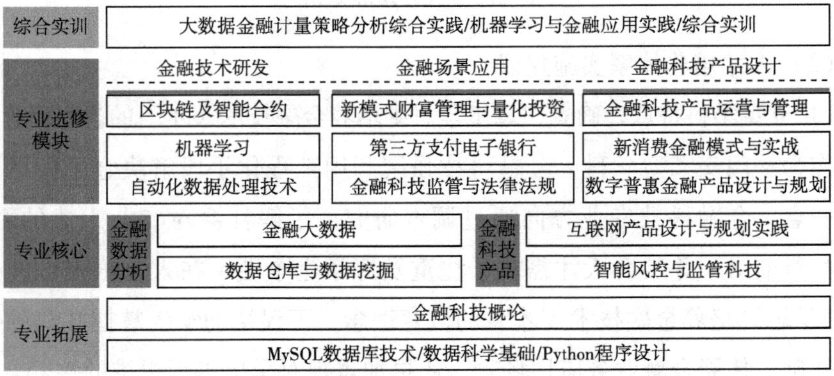

图 5.6　金融科技专业方向课程框架示例

3）依托不同层次，实践复合型卓越人才培养模式。

在人才培养模式具体落实方面，金融科技主要以结合市场人才需求、紧跟学科知识前沿和发挥学生个性三方面为切入点，对复合型卓越人才培养模式进行实践。

适应市场需求变化的人才培养模式实践。金融科技专业每两年召开用人单位代表参与的培养方案研讨会，基于市场需求，对课程设置进行改革，对课程设置的比例关系、配合关系和内在结构的科学合理性展开深入研讨和实践，优化教学体系。同时，为了能让学生更全面地了解金融科技产业的发展情况，开拓实习实训基地，为培养学生实践操作技能与实习就业搭建良好平台。

发挥学生个性的卓越人才培养模式实践。为了充分发挥和利用成绩突出的学生的个性与特长，提高人才竞争力，针对“精英”学生，采取“卓越人才培养模式”，即从大一或大二开始配备产业导师，采用研究型、探究式教学方式，实行个性化培养，注重培养学生的学习能力和创新意识；同时，在实习基地聘请合适的管理人员担任校外导师，为学生进行专门指导，着力培养学生的实践能力和组织协调能力。

提升专业技能的创新人才培养模式实践。倡导启发式、讨论时、情景式、问题式及协作互动式教学方法，在课堂内外为学生举办结合教学内容的学科前沿报告活动，帮助学生了解专业知识最新前沿与动态。结合实验室条件对学生进行具体问题的实训模拟、实验方针和实战训练。鼓励和辅导学生参加全国金融科技相关竞赛，增强学生的动手实践能力和数据分析能力。

5.4.3 人才培养层次细分

金融科技人才培养目标定位于培养从事金融科技行业，具备行业职业道德与专业知识的跨学科高素质人才；培养学生系统掌握金融基础知识和数据科学原理，理解互联网商业形态下金融业务交易结构和定价原理，能够应用大数据分析技术和工具，进行模型算法实验和量化分析，结合金融业务设计思路进行策略创新。面向金融产品设计、金融运营和量化策略分析方向，培养学员解决实际业务问题的综合能力，使他们具备金融科技前沿视野。人才培养策略分为三个层次（图 5.7）。

本专业毕业生经过 5 年左右的工作实践，预期达到如下目标。

1）遵纪守法，具有良好的职业道德和职业素养，适应社会的能力和意识强，有能力服务社会。

2）具备较好的数据科学与大数据技术所需要的相关学科的基础理论和大

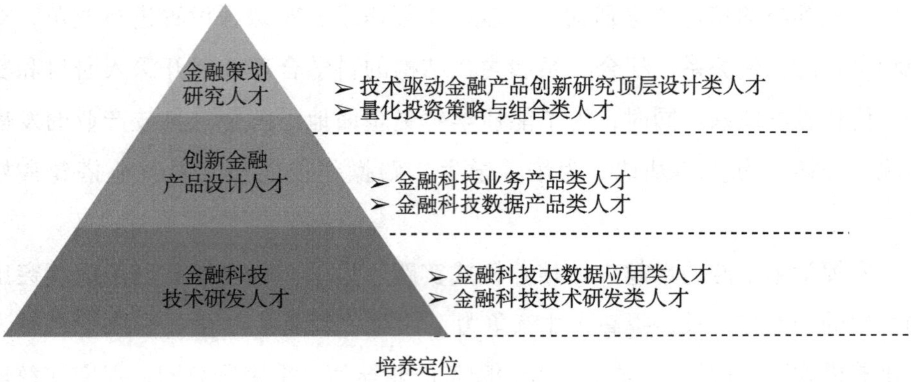

图 5.7　人才培养策略

数据采集、存储、处理、分析与应用的基本理论知识，具有良好的学科素养和工程开发素养。

3）具备较强的金融大数据项目的数据分析、价值挖掘、业务应用的能力，具有较好的创新意识。

4）具备较好的口头和书面表达能力、团队协作能力，能在团队中有效发挥作用。

5）可持续发展能力强，有能力继续学习新知识和新技术，以适应社会不断发展的需要。

6）具备良好的职业道德，系统掌握投融资管理的业务创新和技术支撑两方面的能力，以及量化交易技术与操作、金融产品设计与定价、金融风险管理与金融大数据领域的知识和技能，成为具有较强的从事金融行业工作能力的高层次应用型金融专业人才。

5.4.4　岗位职责对标课程内容

以京东为例，针对京东招聘的岗位进行拆解和分析，把工作中的部分知识和技能要求嵌入相对应的课程里进行分析。

对相关职责中的热词作分析，对所需知识、能力、素质进行汇总，并与相关教学课程内容匹配（图 5.8）。

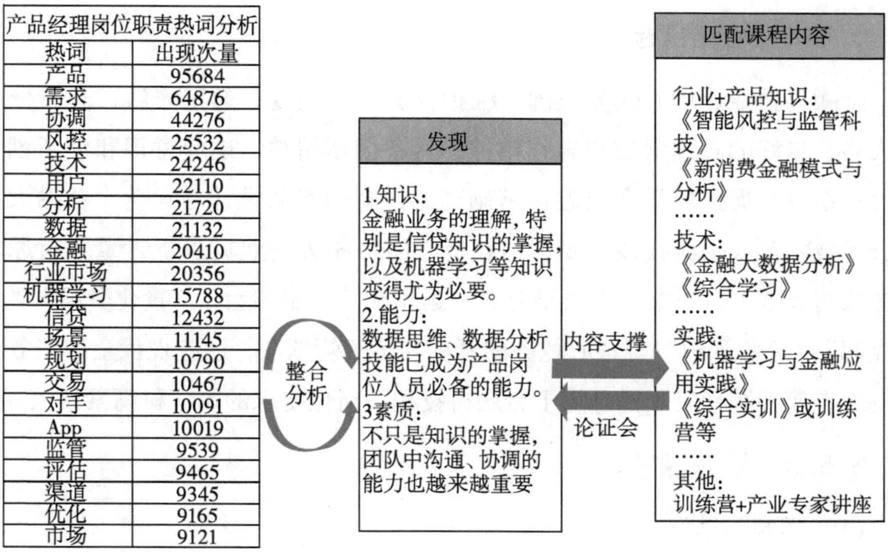

图 5.8　热词匹配

5.5　结合国家金融科技教学质量标准的建议

依据教育部《关于全面提高高等教育质量的若干意见》的要求，为推进金融科技高等教育的发展，保障并提高专业教育水平和人才培养质量，制定本标准。

本标准是全国高等学校金融科技本科专业教学质量的基本标准。各相关高校可以在本标准的基础上，根据自身学科优势、培养方向、专业定位、办学特色和区域需求，细化各项要求，制定学校标准。学校标准不得低于本标准的基本要求。

5.5.1　适用专业范围

（1）专业类代码

金融学类（0203）。

（2）本标准适用的专业

金融科技（020310T）。

5.5.2 培养目标

金融科技专业培养热爱祖国，维护社会主义制度；遵纪守法，具备健全的人格、良好的心理素质与合作精神；具备创新精神、创业意识和创新创业能力；系统掌握经济学和金融学基础理论，金融产品设计与运营、金融大数据分析技术等金融科技核心知识与技能，能将相关商业场景下计量分析原理及方法与大数据分析技术有机结合，并运用到“产品设计”“量化分析”“风险控制”“运营管理”等核心业务的开展与运营管理中，适应现代金融服务业的发展需要并胜任互联网环境下金融科技相关岗位要求的跨学科高素质人才。

5.5.3 培养规格

（1）学制与学位

金融科技本科专业的基本学制为4年，可实行弹性学制，但修业年限不少于3年。允许保留学籍休学创新创业。

学生完成培养方案规定的课程和学分要求，考核合格，准予毕业。符合规定条件的，授予经济学学士学位。

（2）素质要求

具有良好的思想政治素质和道德修养，较为全面的社会人文知识和良好的职业道德素养，品行端正，身心健康，积极进取，有很强的责任心和敬业精神，能积极适应并融入社会。

（3）知识要求

牢固掌握本专业必备的基础理论、专门知识，具有熟练从事本专业实际工作的基本技能和现代管理技术。系统掌握经济金融、信息管理、数据分析等方面的基础知识、理论及技能，初步掌握区块链、人工智能基本概念与方法，熟悉相关的方针政策和法律法规。

（4）能力要求

1）基本能力。能够熟练运用英语，具备听、说、读、写的基本能力，具有以英语为工具处理金融科技事务的基本能力；计算机应用能力强，能够利用现代信息技术、财务和计量软件，处理专业领域的实际问题；掌握科技文献检索的方法与技能，具备基本的科学研究能力。

2）实践能力。具备良好的实践能力，并在实际工作中体现出创新精神。具备较强的独立思考能力、沟通表达能力及文字表达能力，有良好的团结协作精神。具有终身自我学习、获取知识的能力。

3）专业能力。具备金融市场分析能力、金融产品创新能力、数据分析处理能力和区块链、人工智能运用能力，具有从事金融市场分析、新金融产品设计、金融业务管理决策等方面工作的专业水平与能力。

5.5.4 课程体系

（1）总体框架

金融科技本科专业课程体系包括理论课程、实践教学和毕业论文（设计）三个部分。其中，理论课程包括通识课程、专业基础课程和专业课程。专业课程包括专业必修课程和专业选修课程。实践教学包括社会调查、社会实践和专业实践。鼓励学生利用课余时间开展社会调查活动，参加学科竞赛及创新创业实践项目，提升社会、行业、专业认知水平。专业实践包括专业实验、实训和实习。

实行学分制的学校，学生毕业时应取得 160 学分左右。鼓励适当控制理论课学分，扩大实践类环节的学分。学分具体构成：思想政治理论课、通识课 60 学分左右；专业基础课 24 学分左右；专业必修课、选修课 32 学分左右；实践课 40 学分左右。课堂教学可按 16～18 学时 1 学分，实践环节按 32～36 课时 1 学分。

未实施学分制的学校，应折算后满足上述要求。

（2）课程设置

1）理论课程。

①通识课程。通识课程除国家规定的教学内容（包括思想政治理论课）外，主要还应包括自然科学、社会科学、人文学科、体育、外语等方面的知识内容。其中，数学类学分安排 15 学分左右。各高校、各专业可根据国家规定和具体办学定位和培养目标均衡设置。

②专业基础课程。金融科技本科专业应至少包含以下 6 门专业基础课程：宏观经济学、微观经济学、金融学、高级程序开发语言、统计学、会计学。

各高校可根据实际情况，在此基础上另行安排其他课程。建议开设的其他专业基础课包括但不限于计量经济学、金融数据库技术、数据科学、金融工程等。

③专业课程。专业课程分为专业必修课和专业选修课，总学分合计 32 分左右。

金融科技本科专业学生应完成 20 学分左右的专业必修课。专业必修课主要包括金融科技概论、金融数据库技术、区块链技术与应用、互联网金融风险管理、金融工程、数据科学、第三方支付与电子银行、数据分析技术等。部分课程可与专业基础课程权衡考虑。

专业选修课程设置范围可包含投资学、数据仓库与数据挖掘、机器学习、期货与期权、金融研究方案、统计分析软件、金融信息安全、信用评级、程序化交易、互联网应用开发、网络金融产品设计等。同时，鼓励学生跨学科选修。

2）实践课程。

金融科技本科专业应注重培养学生的实践动手能力。教学方案中应设置丰富的实验教学内容，建立相应的实践教学环节，培养学生创新性思维，激发创新灵感。实践教学包括社会调查、专业实践和社会实践等。其中专业实践包括专业课实验、专业类实训和专业类实习多种形式。条件允许的高校应适当增加实践教学的学分和课时数。

①专业课实验。专业课实验是指在部分专业课程教学过程中，将需要通过实验教学讲授的内容在实验室中完成。实验项目分为验证类、操作类、设计类等。通过对实验环境、仪器、工具、软件的接触和使用，强化学生对知识的理解和掌握。

②专业类实训。专业类实训是依托实务部门或者是在模拟环境下开展的综合性、专项性的实践教学活动，是专业课实验的延伸。专业类实训对于学生串联专业知识点，综合运用专业知识、方法、技术解决业务问题，提升学习效果非常重要。

③专业类实习。金融科技本科专业学生毕业前应至少完成 8 周专业类实习，在与专业相关的真实工作岗位上进行实务操作。专业类实习应安排在大学高年级进行，可以一次性完成，也可分为 2 个阶段完成。实习过程要求有

完整的实习记录，实习完成后须完成一份不少于 3000 字的实习报告。

另外，近年来学科竞赛已成为实践教学的重要手段和途径，也是提升学生创新能力、综合素养的重要媒介，建议通过设置学分、折算学分、奖励等方式鼓励学生参与各类学科竞赛。

（3）毕业论文

金融科技本科专业人才培养方案中应设置论文、方案、技术报告撰写等训练内容。学生毕业前，必须完成一篇不少于 8000 字的毕业论文（设计）。毕业论文（设计）合格，方可申请学位。

论文选题须符合金融科技本科专业培养要求，结合专业特点和研究兴趣，紧密联系现实金融科技问题，具有一定理论意义和实用价值。毕业论文（设计）的文档须符合规范化要求，严格遵守学术道德和学术规范。

毕业论文（设计）应由具有讲师及以上职称的教师指导，提倡聘请金融科技实务部门具有中级以上职称人员共同指导。

5.5.5 师资队伍

（1）规模与结构

金融科技本科专业是面向新兴行业的复合型专业，对师资队伍提出了较高的要求。专业任课教师人数充足，生师比一般高于 15∶1，有学术造诣较高的学科或专业带头人；每门专业必修课程至少配备两名专任教师；对于应用性、实践性较强的专业课，建议聘请金融科技界专家参与教学过程，形成校内校外相结合的师资队伍。

专任教师应保持合理结构。讲授专业基础课和专业必修课的教师应具有硕士以上学历，年龄结构合理，学科背景合理。具有博士学位的教师比例不低于 50%，双师型教师占比不低于 50%，校外实务专家占比不低于 20%。

（2）背景与水平

专任教师应具有良好的金融学或者信息科学专业教育背景，且两类教师比例恰当，知识结构合理。通过岗前培训、骨干研修、老教师传帮带等方式提高教师教育教学能力。建立专任教师到对口实务部门挂职锻炼制度，鼓励引进有金融科技从业经验的人才从事教学工作。

教师应具有高尚的师德；了解教育心理学基本知识，掌握教育教学基本原理和基本方法。具有较强的自学能力，跟踪行业科技前沿，具有一定的科研创新能力，善于将教学与科研相结合。

（3）教师发展规划

开设金融科技专业的高校应兼顾培养与引进，建设高水平教师队伍。有条件的学校应该积极开展产教合作，引进校外行业专家，或推进对外合作，引进国际化师资。学校应鼓励校内部门合作，加强部门师资交流，培养年轻教师、培养复合型教师。学校还应形成教师发展和激励机制，稳定教师队伍，发掘教师潜力，全面推进教师队伍建设，建立一支成熟稳定、积极进取、能力突出的教师队伍。

（4）教师行为规范

从事金融科技专业教学的教师应符合《中华人民共和国教育法》《中华人民共和国教师法》《中华人民共和国高等教育法》对教师行为规范的基本要求。

5.5.6 教学条件

（1）信息资源

开设金融科技本科专业的高校，学校图书馆应具有较完整的金融科技专业各领域数量充足的图书、刊物和资料（包括电子资源），能够为本专业师生提供便捷的信息查询、图书借阅等服务。

专业信息资源应保持适当的更新速度。有条件的高校应建立金融科技专业资料室，并保证必要的图书资料采购经费。

（2）教学设施与实习基地

开设金融科技专业的高校应至少建设有一个适当规模的专业实验室，同时配备可与其他相近专业共享的虚拟仿真实验室、创新创业实验室等，促进实验教学环境共享。

专业实验室要求座位充足，不得少于一个自然班的学生数。配备实验教学必需的硬件设施和工具软件。实验室应具有良好的网络环境，为师生快捷使用远程资源提供便利。

学校应该为金融科技本科专业学生提供稳定的校外实习基地，为学生提供充足的专业见习机会。实习基地以金融科技行业领域的机构为主，以政府、事业单位为辅。

（3）教学经费

各高校每年投入的办学经费必须满足办学要求，其中专业建设经费的投入不低于教育部高等学校本科教学评估的合格标准，专业建设经费主要用于课程建设，教材建设，教学大纲编写，专业实习基地、专业实验室、创新创业实训室的建设，实习指导，学生实习补贴，教学设备运维，教学质量监控等。

新办专业建设经费的投入应优先考虑师资队伍、专业实验室、图书资料、教学管理等环节。

5.5.7 教学规范

（1）教学计划

教学计划是保证教学质量和人才培养规格的重要文件，是组织教学过程和安排教学任务的基本依据，应该保持相对稳定，并适时修订。执行过程中如有变动，应有规范的论证和审批手续。

（2）教学大纲

教学大纲是实施教学和组织考核的依据。列入教学计划的各门课程或实践教学环节，应该在开课前制订科学合理的教学大纲。教学大纲的内容视课程性质而定，一般应包含课程性质、先修课程、课时数、教材及参考书、各章节知识点、教学手段与方法、考核方式等。教学大纲一经制订，教师在教学过程中必须严格执行，考试范围不得超出教学大纲。教学大纲的修订必须有规范的论证和审批程序。

（3）课堂教学

课堂教学是教授基本理论、基本知识、基本方法的主要途径。各高校应该制定政策和创造条件，鼓励教师积极探索、改革和运用先进的教学方法，以提升教学效果。鼓励开展启发式、讨论式、项目式教学方式，提高学生的参与度。倡导小班化教学，倡导将学术前沿成果、行业最近动向引入教学，倡导聘请实务精英参与教学。

教师在课前应该按照教学大纲做好备课，制作教案。根据课程需要，教师可通过习题课、讨论课等形式进行课程辅导。有条件的学校应倡导教师开展课外坐班答疑和自习辅导。

（4）课外实践

课外实践是课堂教学的延伸，是教学活动的重要组成部分。金融科技本科专业须制订课外实践教学计划，有组织地开展实践教学活动，巩固课堂教学效果，提升学生专业知识运用能力，培养创新创业能力。教师应积极参与指导学生课外实践活动。

（5）成绩考核

成绩考核是教学过程的重要环节，金融科技本科专业应该根据课程的性质和具体情况，在课程教学大纲中制订相应的成绩考核要求和考核方法。成绩考核一般由平时考核和期末考核两部分组成，鼓励采用灵活多样的考核方式，注重学生运用专业知识分析问题、解决问题能力的考核。适当增加平时成绩在总成绩中的比重，平时成绩可由出勤、作业、课堂表现、项目等多种内容组成，建立平时成绩过程化管理机制。

（6）教材选用

思想政治理论课按相关要求选用教材。通识类课程和部分专业课鼓励选用获得省部级优秀教材奖的教材，或获得国家规划立项、省部级精品教材立项的教材。

部分专业课和实践类课程也可选用国外引进的优秀教材，或由知名专家学者编写的、经过多次修订的教材，尽量控制自编教材的使用。没有教材的，要求教师编写书面讲义。

所有教材的选用必须经过审核，保证社会主义办学方向，保证教材选用过程的规范性和科学性。

5.5.8 质量保障体系

（1）教学过程质量监控机制要求

各高校应对主要教学环节（包括理论课、实验课等）建立质量监控机制，使主要教学环节的实施过程处于有效监控状态；各主要教学环节，应有明确的质量要求；应对课程体系设置和主要教学环节教学质量建立定期评价机制，评价时应重视学生和校外专家的意见。

对培养方案制订、教学大纲编制、教材选用、课堂教学、课程考核、实验教学、专业实践与实习、毕业论文（设计）、学生课外科研训练、实验室建设、校外专业实践与实习基地建设等主要教学环节和教学场所，以及教风学风，应有明确的质量标准和教学要求，监督和保障到位。

（2）毕业生跟踪反馈机制要求

应建立毕业生跟踪反馈机制，及时掌握毕业生就业去向和就业质量、毕业生职业满意度和工作成就感、用人单位对毕业生的满意度等；应采用科学的方法对毕业生跟踪反馈信息进行统计分析，形成分析报告，作为质量改进的主要依据。

（3）专业的持续改进机制要求

应建立专业持续改进机制，针对存在的教学质量问题和薄弱环节，采取有效的纠正和预防措施，进行持续改进，不断提升教学质量。

定期举行学生评教、同行评教和专家评教活动，及时了解和处理教学中出现的问题；定期开展专业评估，及时解决专业发展和建设过程中的问题；定期举行毕业生、用人单位意见征求活动，吸纳行业、企业专家参与教学指导工作，形成定期修改、完善培养方案的有效机制，促进教学质量不断提高，确保培养的人才适应社会需求。

校企合作中，慧科的教学质量保障制度（图 5.9），从教学资源、质量监控、教学过程等方面保证学院的教学质量。

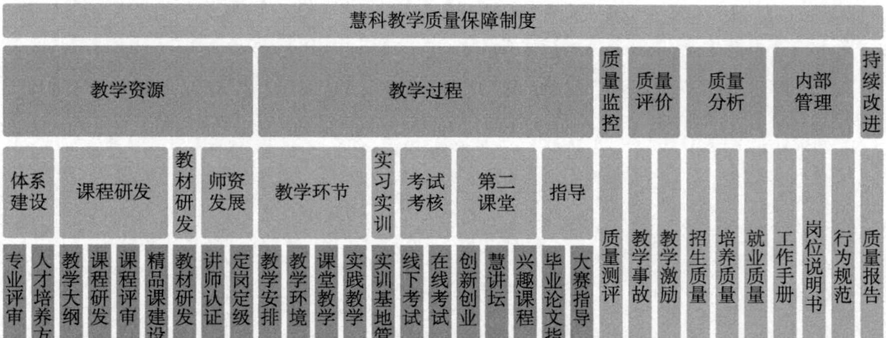

图 5.9　慧科教学质量保障制度

5.5.9 小结

结合教育部对人才培养的要求和产业对人才的需求，发挥学院的专业优势进行专业定位，设计出专业建设质量标准。同时，以专业质量标准为导向，配置校内经费、教学设施等资源，调整师资、人才培养、校企合作、课程建设、教学过程管理、质量评价及改进、科研、服务社会、就业等，保障专业内涵和支持专业持续改进，以获得具有竞争优势的办学成果。

第6章

金融科技行业人才评价体系研究

随着金融科技产业的快速发展，行业对复合型金融科技人才的需求日益增大。为满足社会对金融科技人才的需求，高校设置相关专业，培养相关人才责无旁贷。但金融科技这个目录外专业刚于2018年实现第一届招生，对于金融科技专业人才培养方案的制订、人才培养质量的评价等问题还需要更深入地探讨。本章的研究主要包含以下四个问题：国内外金融科技产业分析；金融科技人才需求分析；金融科技人才评价体系；金融科技人才培养路径。

6.1 研究背景及概述

6.1.1 项目研究背景

大数据、云计算、人工智能、区块链等信息技术的快速发展与成熟，加之IT基础设施建设的不断完善、移动设备的普及应用，使科学技术与金融业的融合发展呈现出新的业态，同时也产生了一个新的词汇——金融科技。现在，金融科技已成为全球金融业关注的新元素，金融科技领域中的企业正依托大数据、人工智能信息技术颠覆、重塑传统金融行业运营模式。

金融科技的发展浪潮席卷全球，其中就包括中国。在《2017全球金融科技100》报告中，毕马威和风险投资公司指出，在全球范围内最具创新性的金融科技公司中，前十名里中国的金融科技公司占五席。

人才永远是最具活力的生产要素，是金融科技发展得以突破的主体。作为一个新的领域、新的行业，金融科技人才引进和培养是一个亟待解决的问题。据普华永道金融科技企业调研结果显示，71%的受访企业认为金融科技人才的引进存在很大困难，并且这个缺口可能在近几年内都难以弥补。目前金融科技人才的主要来源无外乎是金融机构自己培养和高校培养，而高校一般是在市场有相应的人才需求后才开始设置相关专业。金融科技专业的设立源于财经行业，尤其是金融领域对兼具信息科学技术和金融业务知识人才的迫切需求。但金融科技人才应具备的知识体系、技能，以及如何培养尚无成熟的体系标准。

因此，需要深入探讨金融科技专业人才培养方案的制订、人才培养质量的评价，以及人才培养的路径问题，这是“金融科技行业人才评价体系研究”的出发点。

6.1.2 金融科技内涵

金融科技领域是目前全球投资领域增长最快的热点，其行业分布主要集中在借贷和财富管理，其他覆盖领域包括保险、支付、众筹、外汇和货币、房屋中介、零售银行和征信等，尤其在小额融资方面，金融科技具有较高的可行性。目前，金融科技领域中的金融产品不断丰富和创新不断推进，引起金融行业、政府和社会在业务创新、运行管理、风险管控等方面的广泛关注。

对于金融科技专业词语的解释，目前学术和实务界都没有形成一个权威的界定。全球金融稳定理事会（FSB）将金融科技定义为：通过技术手段推动金融创新，以此形成对金融市场、机构和金融服务产生重大影响的业务模式、技术应用和流程、产品。其他一些金融监管机构，如国际证监会组织、美国国家经济委员会、英国金融行为监管局、新加坡金融管理局等，分别从范围、应用、影响、业务模式等方面对金融科技的内涵予以解读。

位于爱尔兰都柏林的国家数位研究中心将金融科技定义为一种“金融服务创新”，即在金融服务业中，使用科技和创新型的商业模式。金融科技增加了金融服务的受众数量，提高了金融服务频率，降低了金融服务成本，扩大了整个金融服务市场规模。

王阳雯（2018）认为金融科技是指应用在金融领域的技术，其对商业模式的创新既包括持续性创新又包括破坏性的创新。这个产业的参与者既有成熟企业，又有初创企业。其含义可从金融、科技、商业模式等不同角度进行解读。

技术视角。金融科技是金融领域的技术解决方案，包含所有能够给现有金融服务带来创新的事物，尤其是那些能够快速给产业带来变革的技术（Hayen，2016）。

产业视角。金融科技是利用技术改进金融活动的新的金融产业（Schueffel，2016）；金融科技产业是一个由一群使用新技术来支持金融服务的企业组成的，这些企业的商业模式具有基于信息通信技术的创新性和破坏性（Nicoletti，2017）。

柏木亮二（日）（2019）对金融科技含义的演变过程进行了梳理，金融科技最早是指“将计算机应用到金融市场”（2000 年以前）；然后偏向于指“金融领域的先进 IT 服务”（2012 年左右）；现在演变为“颠覆传统金融服务方式的新兴产业”（2013 年以后）。

6.1.3 金融科技与传统金融的关系

从服务的角度来看，金融科技行业与传统的金融行业是良好的互为补充的关系，而非颠覆关系。

在国内，由于金融抑制带来的普惠金融不足，目前以互联网金融为主要业态的金融科技发展得如火如荼，这种金融科技提供的金融产品和服务并未颠覆现有的银行、保险等传统金融业，而是两者互为补充，共同服务社会；在美国，由于金融供给充分且监管严格，金融科技则主要是为银行未覆盖到的客户或市场服务，双方共同合作，形成一个全覆盖的市场。

对于金融科技与科技金融，王阳雯（2018）认为，两者关注的焦点不同。金融科技的焦点是金融，它把技术看作是提高金融效率的途径，旨在解决金融服务中效率提升的问题。而科技金融关注的焦点是技术，它把金融看作支持前沿科技的手段，旨在解决前沿科技的资金困难问题。

但是，金融科技由于其在金融服务中的智能性、便捷性、低成本的特点，不可避免地给传统金融业带来影响。面对冲击，中、美的传统金融业均在内部开展了金融科技创新或与金融科技公司合作或直接投资金融科技公司，以应对未来的发展。

6.1.4 金融科技与互联网金融的关系

美国没有互联网金融这一概念，相对应的行业名称是 Fintech（金融科技），主要指利用云计算、大数据、移动互联等信息技术手段开展的低门槛金融服务行业。例如，美国的在线投资理财平台 Wealthfront，通过技术创新使财富管理、投资理财标准化、在线化、批量化，在提高效率的基础上降低成本；英国首家手机银行 Atom，已经实现了通过手机、电子邮件、网页聊天工具或社交网络等方式，为用户提供全天 24 小时手机银行服务。

中国流行互联网金融这一称呼，但在经历了互联网金融前期的野蛮式成长之后，金融科技有逐渐取代互联网金融的趋势。金融稳定理事会指出，金融科技是指技术带来的金融创新，它能创造新的模式、业务、流程与产品，从而对金融市场提供的服务和模式产生重大的影响。目前，国内业界普遍认识到，没有技术支撑的互联网金融将不可持续，已经有越来越多的互联网金融巨头转身布局金融科技，于是京东金融、蚂蚁金服、腾讯金融等强势的金融科技公司出现了。此外，部分第三方支付、P2P、保险、证券企业等正在向金融科技转型。

王阳雯（2018）在对金融科技和互联网金融区分的过程中，认为两者有很强的重合度，但并非完全相同。金融科技在覆盖面、创新程度与参与主体上比互联网金融更进了一步。金融科技和互联网金融的发展不能被完全割裂，有的互联网金融公司逐步升级为金融科技公司。互联网金融和金融科技更像是金融领域变革的不同阶段。互联网金融是金融业在互联网技术快速发展过程中的服务手段升级，金融科技则是各种信息技术深入金融行业后带来的金融思维和模式的变革。

6.2 金融科技产业的发展现状

6.2.1 金融科技产业的行业分布

互联网等新兴技术在金融领域以其独特的经营模式和价值创造方式，不断创新金融服务，推出新的金融产品，影响和改变着金融业务，改变金融行业的生态格局，使金融科技领域展现出蓬勃发展的新局面。

金融科技公司运用信息科技等新兴技术为金融行业提供服务、提高效率、降低成本，其涉及的领域众多，以前 50 名金融科技公司的行业分布及所占比例为例，如图 6.1 所示。

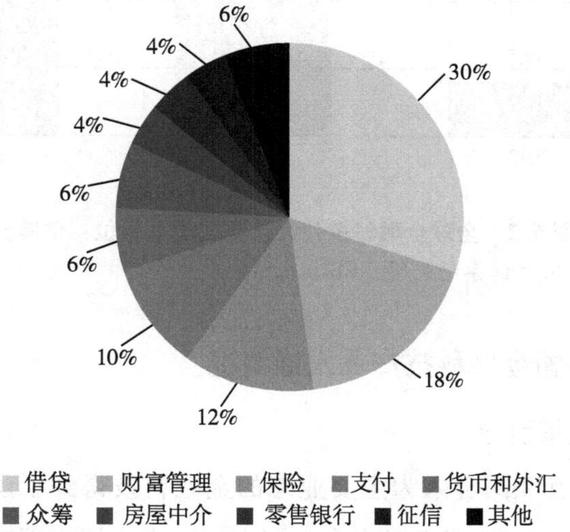

图 6.1　金融科技公司行业分布

资料来源：川财证券研究所、H2 Ventures。

6.2.2　全球金融科技产业发展情况

根据 FinTech 行业研究报告，2017 年上半年，全球风险投资机构对 FinTech 企业的投资金额达到 80 亿美元。2016 年全球 FinTech 公司的投资价值，相较于 2015 年增长了 75%。根据 CB Insights 的数据，金融科技领域在全球的融资规模快速增加，2013 年达到 40.5 亿美元；2014 年融资 122.1 亿美元，是 2013 年的 3 倍（图 6.2），其中 11% 的资金属于 A 轮投资。可以预见，金融科技领域的融资额将会保持快速增长。

在 Fintech Innovators 发布的 2015 年金融科技百强榜单（FINTECp00 2015）中，金融科技主要集中分布在美国，英国、中国也是投资热点。在美国，除 Lending Club、OnDeck、SoFi 等新兴金融科技企业外，传统企业如 Goldman Sachs（高盛）、Fidelity Investment Group（富达）等顶尖金融机构也加大力度，向金融科技转型。

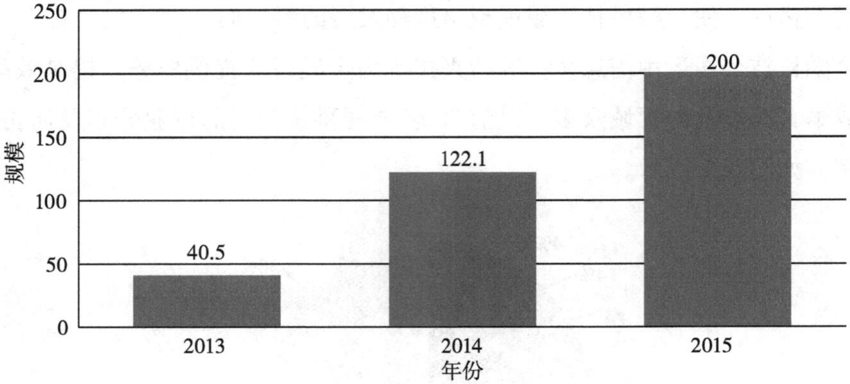

图 6.2　全球金融科技公司融资规模（单位：亿美元）

资料来源：川财证券研究所、CB Insights。

6.2.3　中国金融科技产业发展情况

（1）政府政策引导

在国内，以互联网金融为主要业态的金融科技得到了国家层面的政策引导。李克强于 2014 年 3 月 5 日在十二届人大二次会议上明确提出促进互联网金融健康发展、扩大跨境电商试点等；2015 年 4 月，李克强在政府工作报告中进一步提出“互联网 +”行动计划，强调互联网与各行业深度融合。

2014 年 8 月，在《关于促进本市互联网金融产业健康发展的若干意见》中，上海市政府明确提出“支持高等院校、专业机构加强互联网金融领域人才培训，探索开展从业人员资质认证，对有关培训认证费用可给予适当补贴”。

2015 年 7 月，中国人民银行等十部委联合发布《关于促进互联网金融健康发展的指导意见》，国内的金融科技市场在迎来规范发展的同时，开启了有序竞争的新时代。

2017 年 5 月 15 日，中国人民银行成立金融科技委员会。其成立是基于金融科技是技术驱动的金融创新，为金融发展注入了新的活力，也给金融安全带来了新挑战。委员会的成立旨在加强金融科技工作的研究规划和统筹协调。中国人民银行金融科技委员会将组织深入研究金融科技发展对货币政策、金融市场、金融稳定、支付清算等领域的影响，切实做好中国金融科技发展战略规划与政策指引；进一步加强国内外交流合作，建立健全适合中国国情的金融科技创新管理机制，处理好安全与发展的关系，引导新技术在金融领域的正确运用；强化监管科技应用实践，积极利用大数据、人工智能、云计算等技术丰富金融监管手段，提升跨行业、跨市场交叉性金融风险的甄别、防范和化解能力。

中国人民银行金融科技委员会2019年第一次会议于3月8日在北京召开。会议指出，在新一轮科技革命和产业变革的背景下，金融科技蓬勃发展，为金融业转型升级提供源源不断的动力。2018年，中国人民银行认真落实党中央、国务院决策部署，加强金融科技研究规划和统筹协调，强化金融科技创新规范引导，稳妥推进人工智能、云计算、大数据等新一代信息技术在金融领域合理应用，不断提高金融科技应用与管理水平，推动金融科技成为服务实体经济、防控金融风险、深化金融供给侧结构性改革的重要力量。

2019年8月，中国人民银行印发《金融科技（FinTech）发展规划（2019—2021年）》（以下简称《规划》），明确提出未来三年金融科技工作的指导思想、基本原则、发展目标、重点任务和保障措施。《规划》指出，金融科技是技术驱动的金融创新。到2021年，建立健全我国金融科技发展的“四梁八柱”，进一步增强金融业科技应用能力，实现金融与科技深度融合、协调发展，明显增强人民群众对数字化、网络化、智能化金融产品和服务的满意度，推动我国金融科技发展居于国际领先水平，实现金融科技应用先进可控、金融服务能力稳步增强、金融风控水平明显提高、金融监管效能持续提升、金融科技支撑不断完善、金融科技产业繁荣发展。

《规划》确定了六个方面重点任务。一是加强金融科技战略部署。二是强化金融科技合理应用。三是赋能金融服务提质增效。四是增强金融风险技防能力。五是强化金融科技监管。六是夯实金融科技基础支撑。

（2）产业蓬勃发展

中国作为金融科技的投资热土，其金融科技公司引领世界。根据2015年金融科技百强榜单，众安保险排名金融科技百强榜第一，8家中国公司进入百强榜。

同时，金融科技涉及的细分领域发展迅猛，到2014年底，相关的产业规模已经突破10万亿元，其中第三方支付交易金额9.2万亿元；众筹100亿元，基金销售6000亿元，金融机构创新2000亿元，财富管理规模100亿元。

在银行方面，股份制银行对金融科技非常重视，一些银行已经将金融科技上升到了战略高度。例如，招商银行就将自己直接定位为金融科技银行，并且在该领域投入巨资。招商银行和兴业银行在运作模式上最为先进，市场化程度在国内所有商业银行中最高。

目前，中国一些互联网金融公司纷纷转型金融科技，涌现了京东金融、蚂蚁金服、众安保险、陆金所、腾讯金融等引领行业的金融科技公司，一些第三方支付、P2P、保险、证券等公司也纷纷加入金融科技阵营，发展态势良好。仅以京东金融为例，京东金融先后投资了ZestFinance、聚合数据、数库、聚信力等多家金融科技公司，同时还不断与国际最前沿的金融科技公司接触，以期实现快速发展。

6.3 金融科技产业人才需求分析

6.3.1 市场急缺性分析

随着互联网金融的快速发展，在金融科技大规模扩张影响下，金融科技人才出现行业性的数量短缺。相关资料显示，金融科技人才的总缺口将会超过300万。从金融科技人才的需求来源看有以下几点原因。

1）传统金融机构在金融科技业务发展过程中，对人才的需求量不断加大。传统的金融机构如银行、证券、基金等，在信息科技的带动和竞争的推动下，开启了向金融科技模式的转型，虽然他们本身已经有了金融人才储备，但是缺乏既懂得金融又懂信息科技的复合型人才。

2）电子商务公司等转型金融科技企业过程中也增加了对人才的需求。以阿里巴巴、腾讯和京东为代表的电子商务公司，不断向金融方面扩展，成立自己的金融科技公司，如蚂蚁金服等，公司不缺乏科技人才，但是在贷款审核、金融分析等方面缺乏金融人才。随着金融科技业务发展的深入和规模的扩大，对金融科技人才的需求瓶颈越来越突出。

3）大数据、人工智能的快速发展也影响对金融科技人才的需求。近年来，大数据应用快速发展，大数据在金融领域主要应用在征信、保险和证券投资等方面，在分析客户偏好、风险管理等方面取得了成功，进而对金融数据分析员这个岗位的人才产生了巨大需求。

6.3.2 市场所需岗位分析

金融科技是一个金融与信息科技相交叉的行业，需要复合型人才。中国智库发布的《2016 年中国互联网金融人才白皮书》指出，行业中 85% 的人才都是从其他行业跨界转换而来，汇聚了计算机、金融、管理等专业的人才，且人才均为净流入，其中有 34. 8% 的人才在行业中从事的是工程或信息技术，说明在金融科技行业，信息科技技术对于互联网金融行业的发展十分重要。

有关报告数据显示，金融行业人才需求主要表现为对金融领域的科技人才的需求。从中国互联网金融的职位需求来看，根据众达朴信的金融行业人才紧缺度报告显示，和其他行业只有某几个岗位稀缺度在 70% 左右相比，金融行业有 10 个金融科技类的岗位的稀缺度在 70% 以上，如图 6. 3 所示。

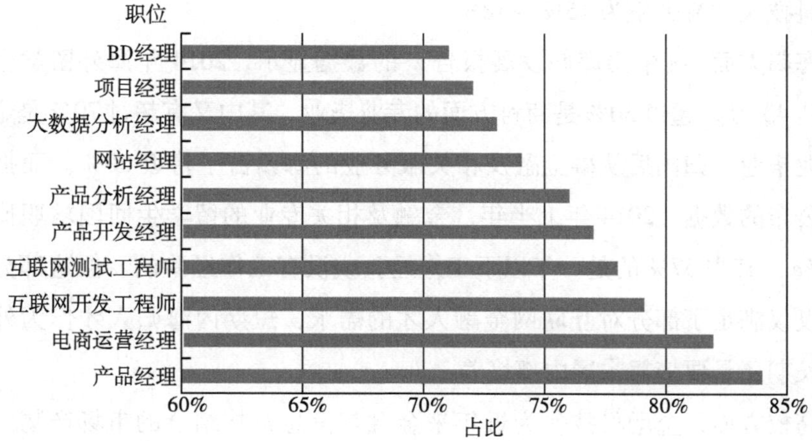

图 6. 3 金融科技人才的职位紧缺示意图

据资料统计，全国金融科技企业的高管需求率每年在 4. 2% 左右，风控、技术、营销岗位人才需求率每年分别在 21. 1% 、16. 45% 、58. 3% 左右。而随着移动应用和大数据的逐渐普及，新兴金融行业对移动端开发、金融产品设计、大数据分析等技术人才的需求也在增加。

6.3.3 市场需求人才的供给现状分析

普华永道通过对超过1300名全球金融科技相关领域的受访者进行调研，发布了《2017年全球金融科技调查中国概要》。该概要指出，在金融科技的竞争浪潮中，金融行业目前存在金融与科技相结合的复合应用型人才。在普华永道的调查中，有超过71%的中国受访者认为人才短缺是个很大的问题，并且招聘或留住人才很难。

目前业内金融科技人才的供给主要有三个渠道：一是互联网企业公司人才储备，二是海归外援，三是高校培养。

国内如阿里等少部分互联网企业未雨绸缪，通过招收应届毕业生并进行培训等方式培养了一批金融科技人才，但更多的互联网金融公司是新近诞生并迅猛发展起来的，缺乏人才储备，必须依靠市场招聘，因而产生了激烈的人才竞争，也导致金融科技人才的流失率比传统领域要高。资料显示，每年金融科技人才流失率为15% ~18%。

海归方面，《中国海归发展报告》的数据显示，2014年海外留学生归国人数达43万，超过50%是商科方面的专业毕业，其中又有超过70%是金融相关专业毕业，归国后从事金融及相关服务业的海归占了将近50%。而据智联卓聘公布的数据，2014年上半年，金融及相关专业的留学生回国求职比例上涨14%，其中57%的是一年以下工作经验或没有工作经验的。但这部分留学生也仅仅满足了部分对互联网金融人才的需求，短期内海归人才作为外援可以，长期还是要依靠本国内部培养。

高校方面，金融科技作为近年来金融与信息科技结合的市场产物，其专业人才培养是一个新兴的领域。目前国外如麻省理工、爱尔兰国家学院等已经开始培养金融科技人才；国内部分高校也已经开始以互联网金融为主进行人才培养。一方面，清华大学、北京航空航天大学、北京大学、中央财经大学、北京理工大学以及武汉大学等一流高校以专业硕士为培养对象，探索擅长在互联网时代从事金融和企业管理工作的高端人才培养模式；另一方面，人民大学、西南财经大学等在本科专业人才培养中设置相关的专业方向进行探索。此外，河北金融学院举办“互联网金融特色班”、浙江金融职业学院举办“微贷网订单班”等，采取校企联合培养的订单模式，面向社会培养互联网金融人才。但这些人才的培养目前仍然无法满足社会的需求。

6.3.4 国内专业设置情况

（1）金融科技专业——上海立信会计金融学院

上海立信会计金融学院金融科技专业是2018年教育部设置的首个目录外专业。

培养目标：本专业培养具有诚信品质、实践能力、创新意识、国际视野，具备从事金融科技类工作职业道德和金融科技产品创新行业认知，系统掌握经济学和金融学基础理论、金融产品设计与运营、金融大数据技术与分析等金融科技核心知识与技能，能将相关商业场景下计量分析原理及方法与大数据分析技术有机结合，并运用到“产品设计量化分析”“风险控制”“运营管理”等核心业务的开展与运营，适应现代金融服务业的发展需要，并胜任互联网环境下金融科技相关岗位要求的跨学科高素质应用型人才。

培养特色：本专业将金融学与信息管理、数据分析紧密结合，实现学科交叉与融合，注重理论教学与实践教学相结合，采用“通识课平台+学科基础课和专业技能课+企业商业项目实习”的应用型人才培养模式。

培养要求：掌握本专业必备的基础理论专门知识，具有熟练从事本专业实际工作的基本技能和现代管理技术。系统掌握经济金融、信息管理、数据分析等方面的基础知识、理论及技能，熟悉相关的方针政策和法律法规；具备金融市场分析能力、金融产品创新能力、数据分析处理能力和软件开发编程能力，具有从事金融大数据分析、区块链构建、人工智能开发、机器深度学习等方面的专业水平与能力；能够熟练运用英语，具备听、说、读、写的基本能力，计算机应用能力强，能够利用现代信息技术、财务和计量软件处理专业领域的实际问题。

学位授予：经济学学士学位。

（2）金融科技专业——中央财经大学

中央财经大学金融科技专业是2019年刚获教育部批准设立的专业。该专业注重经济学与金融学、统计学、计算机技术尤其是软件编程、大数据、区块链、人工智能等多学科交叉知识的学习和掌握，突出现代科技在金融领域融合应用的教学与研究，培养适应当今金融科技发展所需的复合型专业人才。

培养目标：旨在培养具有全球视野，系统掌握经济金融学和现代信息科技理论知识，熟悉金融实务操作，熟练掌握信息科技、数据科学、算法和智能技术，具有较强的实践能力和创新精神，能够适应银行科技、智能投顾与程序化交易、保险科技、监管科技等领域需要的金融精英人才。

培养要求：该专业学生应系统掌握经济学、金融学的基本理论和基础知识，掌握金融分析与现代信息科技，尤其是大数据、区块链、人工智能等前沿科技的基本技术，具备从事金融实务的科学素养和基本技能；把握金融学科的理论前沿和发展动态；熟练掌握一门外语，具有专业阅读能力和基本的听、说、写、译能力，能利用外语获取专业信息；熟练开展计算机编程，具有将科技手段应用于金融服务的能力；具有较强的实践能力和创新意识，具有良好的综合素质。

学位授予：经济学学士学位。

6.4　金融科技人才评价体系

6.4.1　评价的意义

金融科技专业是近两年才开始设置的目录外专业，人才如何培养是目前专业迫切需要解决、探讨的问题，而其中对于金融科技专业人才的评价尤其重要。人才质量培养的评价在高校教学中扮演着越来越重要的角色，是本科评估（审核评估或专业合格评估）中的重要内容，与教育改革息息相关，是专业教改的导向与依据。

科学的人才评价是检验专业人才培养的成果、纠正人才培养过程中出现的问题的重要依据。因此，构建人才评价体系，为客观、全面地评价金融科技专业人才培养质量提供依据，具有重要的现实意义。一方面，使金融科技专业的教育改革拥有明确的目标。通过专业人才评价体系，可以诊断金融科技人才培养质量，从而及时调整学生培养方案（包括课程设置、教学内容和方式等），可以使社会对专业人才的需求能够及时反映在学校对专业人才的培养环节中，实现社会与学校专业无缝衔接。另一方面，构建人才评价体系，学生可以对标金融科技企业岗位要求的人才特征和其他要求，发现自身存在的不足。这样，可以使学生有明确的学习动机和清晰的学习方向。

6. 4. 2　金融科技人才评价体系构建

（1）评价体系构建的原则

金融科技专业人才是在了解金融业务知识的基础上，掌握科学技术的应用型人才。“复合性”是这类人才的突出特点，同时，市场的不断变化对从业者的素质的要求也在不断调整。因此，对金融科技人才的评价还应遵循全面性和动态性。

1）复合性：在这个数据化、网络化及金融资源化不断发展的时代，金融科技领域迫切需要培养出同时具备管理、金融、信息科技及法律等综合知识的复合型人才。这类人才需要拥有敏锐的互联网思维，包括行业融合思维、信息碎片化思维、大数据思维和以客户为中心的体验式思维。

2）全面性：所设计的人才评价要素要相对全面，能反映金融科技人才综合素质的完整内涵，既包括扎实的知识能力，还应具备突出的个人品质，强烈的创新实践意识和能力，以及责任担当等综合素质。其中，把人才的创新实践能力放在首位。

3）动态性：金融科技专业人才评价主要是为了促进人才培养质量的提升，使培养的学生与社会市场岗位顺利衔接。随着金融环境的不断变化，市场对金融专业人才的专业能力等要求也会有所改变，因此评价指标体系的设计也应具备灵活性和开放性。

（2）金融科技人才评价体系

根据金融科技领域对人才的需求，以及目前设置金融科技专业的高校的人才培养规格，本章从金融科技专业人才的知识、创新实践、素质三个模块着手，构建金融科技人才的评价指标体系，如图 6.4 所示。其中，知识模块包括基础知识和专业知识；创新实践模块包括组织管理能力、社会实践能力和科创能力；素质模块包括心理素质、品德素质和体能素质。在二级指标下，还包括 20 个三级指标因素。作为评价的标准，该指标体系强调金融科技领域专业人才在掌握扎实的知识、具备良好的素质基础上，具备创新实践能力的重要性。

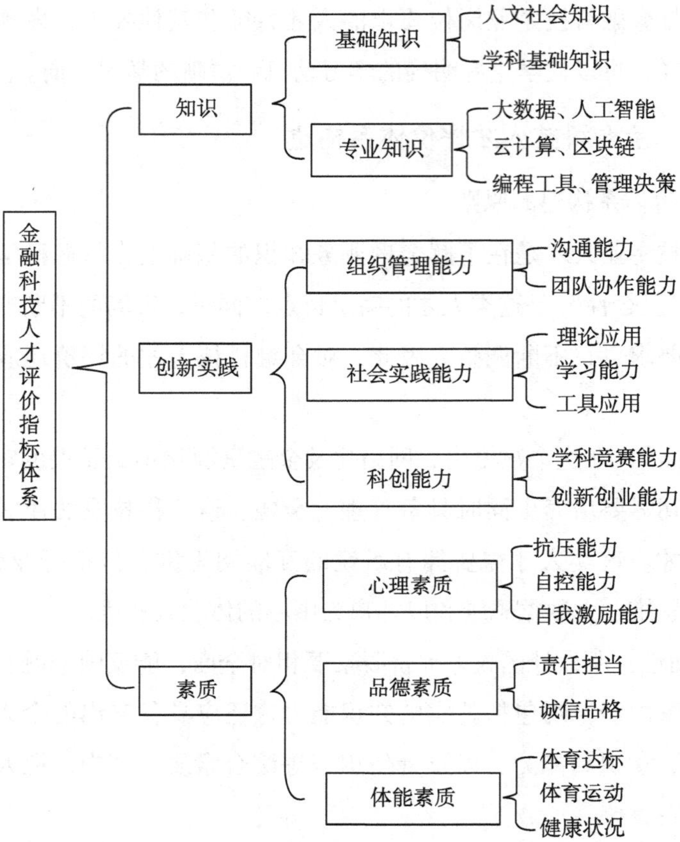

图 6.4　金融科技人才评价指标体系

1）知识模块。

《金融科技（FinTech）发展规划（2019—2021 年）》强调金融科技人才的培养，并在“强化金融科技合理应用”中明确提出“科学规划应用大数据”“合理布局云计算”“稳步应用人工智能”“加强分布式数据库研发应用”“健全网络身份认证体系”等核心内容，以全面提高金融科技应用水平，将金融科技打造成金融行业高质量发展的“新引擎”。

参考国际通行的考试体系，国际金融科技师协会与国内行业协会共同打造金融科技专业能力培养体系与能力评价认定标准，推出相应的金融科技专业能力认证证书。根据国际金融科技师协会设定的金融科技专业能力评价标准体系要求，证书持有人需具备多方面的知识和技能：“A、B、C、D、E、F”都要学。其中，A 是指人工智能（Artificial Intelligence）；B 是指区块链（Block Chain）；C 是指云计算（Cloud Computing）；D 是指大数据（Big Data）；E 是指用户体验（Experience）；F 是指业务方面，即金融（Finance）。在此基础上，证书持有人还要能熟练运用编程软件并具备一定的金融英语基础，以及相应的职业道德。从这些需要掌握的知识和技能来说，金融科技人才首先要掌握科学技术，尤其是信息技术，是复合金融业务与信息技术的人才。

相对于传统金融人才的培养，金融科技人才更要强调自身知识面的拓展，不仅要掌握金融专业知识，还应更多地了解其他领域的知识与业务，能将跨领域、跨行业的业务知识融合。基础知识和专业知识，不仅包括学生培养方案中的学科基础知识、业务知识和技术能力等，还包括人文社会、金融、财务、会计、法律、大数据、人工智能、云计算、编程工具、管理决策知识等。管理决策是知识模块中需要关注的方面，主要是针对学生数据分析能力的培养，通过知识的传授和训练，使学生掌握从数据到方案的全过程能力。课程设置方面包括概率论、统计学、数据库原理、数据挖掘算法、数据分析与实践等，这些知识技能的学习与学生职业规划息息相关。

2）创新实践模块。

创新是企业发展壮大的灵魂，这就要求金融科技人才在具备基本的知识能力（如人文社会、业务知识、专业技能）后，提升学习能力、社会实践能力、应用能力，以及科创能力。

金融科技专业的人才培养当然与国家保持一致，强调创新精神和实践能力的培养。

创新实践能力强调具备创新的精神和能力，拥有扎实的基础知识和良好的综合素质，具备打破常规，对所拥有的知识和技术及方法等进行归纳和分析并有所突破和发现的能力。创新型人才在各行业中应具有敏锐的洞察力、强烈的创新意识和创新能力、扎实的专业知识，并能够创造性地解决问题，取得创新成果。

金融科技领域快速变化与发展，市场竞争日益激烈，从业者应具备创新精神、创新意识和创新能力。但传统金融人才的培养过多强调金融知识传授与固定的金融模式的训练，缺乏应用创新实践能力的培养。另外，突出的社会实践能力也是金融科技专业人才应该具备的。科学技术在金融领域的广泛应用，使对金融科技人才实际操作能力的要求不断提高，要求从业者了解金融专业理论知识，并理解要实现的各类业务功能。从业者还要拥有较强的理论应用能力，掌握专业工具使用，并能将这些知识和技能有效运用到实际工作中，解决组织的实际问题。目前，金融科技领域开始意识到培养具有创新实践意识和能力的金融复合型人才的重要性。

实践是人类改造客观世界的一切活动，理论来自实践，培养学生的科创能力，还需回到实践中去。学生在课堂上掌握理论知识，通过对这些理论知识体系的重构应用，可以强化学生对专业的了解并加深对知识的掌握，提升学习的主动性。科创比赛提供了一个学生运用理论知识的实践平台。通过比赛，学生能主动学习、充分发挥自己的创造力，并能在比赛中培养合作与竞争的工作意识。

3）素质模块。

知识是基础，创新实践能力是将知识转化成生产力的关键，而金融科技人才转化能力的关键来自素质驱动。金融科技人才除了具有强健的体魄外，还应具有强大的心理素质和高尚的道德情操。

心理素质：是在社会实践中经过训练后体现的性格品质与心理能力，是面临复杂情况时的心理表现。心理素质主要包括面临压力局面时的抗压能力和自控能力，以及在挫折环境下的自我激励能力。

品德素质：主要包括责任担当和诚信品格。

责任担当：党的十八大明确把“培养学生社会责任感、创新精神、实践能力”作为党的教育方针。社会责任是每个人应该自觉承担的责任和履行的义务，是实现个人价值和社会价值的精神纽带。有学者研究认为，我国大学生参加公益活动的频数、类型及动机与社会责任感的培养具有明显的正相关性。大学本科四年是大学生价值观形成的重要时期，学校需要支持、鼓励学生作为志愿者参与到社会的服务活动中去，培养担当社会责任和服务社会的能力。

诚信品格：《论语》曰“民无信不立”，诚信是社会主义价值观中的基本要素，是我们每个人的立身之本，是我们民族的传统美德。诚信和信用是金融业的基石，诚信教育对于财经类专业人才而言具有特殊意义，加强诚信教育是塑造学生诚信品格的重要途径。

体能素质：“身体是革命的本钱”，这句话说明了身体素质的重要性。常年的高负荷、高强度、高竞争工作状态是金融科技领域从业者的常态，没有健康的体魄和良好的运动习惯，就难以胜任金融科技行业的工作。

6.5 金融科技专业人才培养路径

6.5.1 金融科技专业人才培养——校企共建

2017 年 12 月 5 日，《国务院办公厅关于深化产教融合的若干意见》（以下简称《意见》）发布。《意见》指出：深化产教融合，促进教育链、人才链与产业链、创新链有机衔接，是当前推进人力资源供给侧结构性改革的迫切要求，对新形势下全面提高教育质量、扩大就业创业、推进经济转型升级、培育经济发展新动能具有重要意义。《意见》认为，应充分调动企业参与产教融合的积极性和主动性，强化政策引导，鼓励先行先试，促进供需对接和流程再造，构建校企合作长效机制。深化产教融合的主要目标是，逐步提高行业企业参与办学程度，健全多元化办学体制，全面推行校企协同育人，用 10 年左右时间，使教育和产业统筹融合、良性互动的发展格局总体形成，需求导向的人才培养模式健全完善，人才教育供给与产业需求重大结构性矛盾基本解决，职业教育、高等教育对经济发展和产业升级的贡献显著增强。

上海立信会计金融学院的专业培养途径是产教融合，中央财经大学的金融科技专业人才培养采用的是传统的专业培养模式。这是不同高校根据自身的条件做出的选择。对于刚设置的目录外专业而言，校企合作是一个适合金融科技专业人才培养的模式。

（1）组织机构和运行方式

学校与企业联合成立专业建设领导小组，由学校领导、学校职能部门领导以及企业高管参加，负责双方协调沟通。

学院与企业成立专业建设工作小组，由学院领导、企业部门负责人参加，负责具体事务工作。

由学院专业教师与行业师资联合组建教学团队，除企业兼职人员外，企业选派企业员工全职加入学院，承担教学任务。

通过与企业的深层次结合，利用企业产业链优势及技术优势，共同开发金融科技专业课程体系、规划设计实训室，将金融科技行业相关的先进技术引入实训课程教学。同时，双方在教师培养、教学资源开发、就业平台搭建、创新创业等多方面积极开展全方位的合作，建立健全产教融合、校企合作的运营机制。

（2）教学方法与课程设置

企业从教学计划、教学内容、教学过程、教学评价方面全程参与校企人才联合培养，包括职业素养课程、专业课程、实践课程三大模块，其中企业以行业的实务项目为基础，开发金融科技行业相关的职业素养和实践课程，制订不同阶段的教学内容，包括实训方案。通过 2 ~ 3 年的合作及能力传递，随着学院教师能力的提升，企业所承担部分课程将逐渐由学院教师进行教授，并提供匹配课程体系的实验环境，企业后期主要负责项目实战课程的教授。

专业课程内容的设计与职业标准相对接，学生在学校完成专业课程的学习后，学生实践能力的培养通过校企联合培养模式进行。将企业的运营模式移植到专业教学中来，实现教学模式的创新、教学模式与业务的结合，以企业在金融科技领域的实际项目为背景，培养学生的实践能力。

在共建过程中，牢牢把握“校企融合、双证融通”。引入企业的企业文化，强调课程与职位的对接、认证与教学的对接，将企业的实际业务操作与金融科技专业人才培养体系相融合；以学生为中心，结合更多的授课方式（MOOC 在线学习、课程精讲、案例研讨、实战演练等），吸引学生主动参与；通过学生训练和业务操作中的表现，综合判断学习效果，在满足专业建设需求的前提下，形成“场景化、标准化和案例化”的人才培养模式，推进专业与产业对接。

借助企业的资源及技术优势，结合对岗位技能要求的分析结果，设置对应的课程目录，以此制订金融科技专业的人才培养方案及教学计划。双方共同选编教材及参考资料，完成教学大纲及其他教案。根据双方的教学资源优势，将专业的部分课程置换成企业的课程，并联合开展课程评估、课程结构调整、课程内容完善、课程资料归档等工作。

围绕金融科技产业发展与需求，在校内建设校企合作金融科技人才实训基地，同时由企业承担学生的认知实践、小学期实践、毕业实践等校外实践任务，以项目驱动教学，通过分析完成该实训项目所需要的知识和技能，达到提升学生专业技能的目的，使学生更接近企业用人需求。此外，企业需为学生提供专家讲座、参观交流、就业平台搭建等服务，提升学生的综合素质，提高学生的就业率及专业对口率。

1）专家讲座。由企业技术专家或实务专家提供专业讲座，介绍相关行业发展趋势及技术热点。

2）参观交流。组织学生到企业或与企业紧密相关的产业链各组织进行参观交流，学习企业文化，明确职业目标。

3）就业平台搭建。搭建校企就业平台，共享企业就业资源与学生就业信息。

学生在校企合作培养过程中要实现三个转换：学习内容的转换，从注重理论内容到注重理论与实践相结合内容的转换；学习方法的转换，从书本知识到实践中自主学习的转换；角色的转换，从学校人到企业人的转换。

（3）教学管理

1）学生实训考核。

通过考试了解学生的能力水平，形成具有针对性的培养计划，并按照严格的教学计划进行理论结合实践的培训和模拟项目开发，合格学生将按照标准流程向优秀企业推荐录用。每个实训活动都有标准化的策划、筹备、实施和总结活动，在各阶段中还有严格的里程碑管理、例会等项目管理活动，以确保学生在实训活动中能力得到真正的提升。

实训结束后，针对教学内容，以项目组为单位对实训学生进行技术考核，得出技术分数，结合整个实训过程中的出勤情况、教师评价等综合评定，得出学生的实训成绩，汇总得出《实训成绩报告》，成绩合格者颁发相应证书。

2）教师考核和学生评价。

所有教师，包括企业的实训教师都要参加上海立信会计金融学院教学效果评价。教师年终考核按上海立信会计金融学院人事处教师考核的相关规定考核。

（4）师资队伍建设

建立校企合作的“双师”队伍：

引进：引进1~2名具有国内领先水平并对金融科技专业有深入了解的专业带头人，引进3~4名专业基础扎实，具有创新能力和发展潜力，行业实务知识丰富的青年拔尖人才，提升团队的实务能力。

提升：提升学院专业教师的行业实务能力，安排实务能力不足的教师进企业进行实务操作能力提升，培训期间的工作内容包括学生培养方案制订、定岗实践、企业培训（含证书认证）等。

企业全职参与教学：在企业兼职师资队伍的基础上，每年企业选派员工全职参与学校的应用型人才培养，全程参与课程内容设置、教学、实践指导。

（5）校企合作办学目标

1）形成应用型人才的职业化实务培养模式。

由传统的“理论+实验”的教学模式向“知识+技术+职业素养+实务项目实验”的职业培养模式转变。与企业合作，注重课程的技术应用性，突出实务案例分析和管理决策教学。拓展学生的职业素养、思维与知识面，使学生在知识、创新实践能力、素养方面得到提高，最终形成具有自主学习发展、自主开拓生存能力的新型人才的培养模式。

2）注重企业实际项目的实践训练，提升学生解决实务问题的能力。

由行业导师提供实践项目，内容来自企业实际，形成课堂讲解→案例研讨→实验训练→行业验证的顺序，并循环推进，注重培养学生发现问题、研究问题、解决问题和评价问题的意识和能力，使学生的实务动手能力得到提高。

3）形成一批校企合作的面向金融科技人才培养的课程。

鉴于金融科技专业设置时间不长，学科或专业课程的研发显得尤为迫切。结合金融科技产业发展趋势，借助行业及企业背景和实务，校企共建开发自主品牌课程，包括学生的职业素养类系列课程、基于证书的实践类课程、金融产品设计课程、金融数据分析课程等，这些课程除了传统理论部分，更多的知识点存在于行业实践中，因此非常具有共建的必要性和实践意义。

4）形成注重实践结果的考核评价方式。

根据课程特点采用研究报告、案例成果等多种形式不同的考核方式，考核内容参考行业岗位的任职要求，注重考核学生学习能力、职业能力和综合素质；注重“双证融通”，鼓励学生参加职业资格考试，取得行业认证，可直接替换对应的课程，从而形成实践型的考核评价方式。

5）进一步培养学生的行业职业素养和团队合作沟通能力。

金融科技专业人才是复合型人才，培养过程中需关注学生除知识、能力外的职业能力和行业素养的培养。组织学生前往行业机构实践，开展行业素质等的训练，引导学生参加行业的社会活动，使学生提前感受职业环境，培养学生的行业综合素养，以及社会责任担当意识。

6）获取职业证书，提升学生的就业能力。

对于如何培养金融科技专业人才，国际金融科技师协会认为，培养复合型金融科技人才可以采用培训 + 证书认证的模式进行。参考 CFA、FRM 等国际通行的考试体系，国际金融科技师协会将与国内行业协会共同打造金融科技专业能力培养体系与能力评价认定标准，推出相应的金融科技专业能力认证证书。

学生通过行业实践，可进一步获得企业证书，提升就业能力。通过岗位的实践训练，也可使部分学生直接就业或被企业推荐就业。

6.5.2 人才培养质量保障体系

人才培养质量保障体系是闭环的，是为了确保面向金融科技专业人才培养目标的培养方案可以有效实施，如图 6.5 所示。

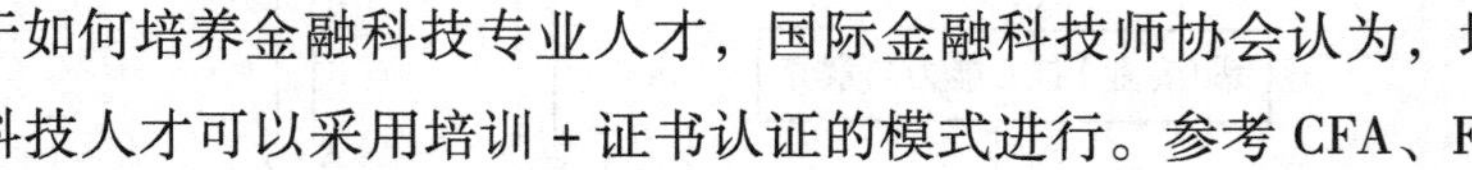

图 6.5 质量保障体系与人才培养方案

教学质量对于高校而言，可谓是生命线。建立科学、合理、完善的教学质量保障体系是进行动态教学管理和提高教育教学水平的重要保证。一个全面完整的教学质量保障体系包含校、院和系（专业）三个级别，需要分别制定不同层级的教育目标及学生毕业时应具备的基本素养与核心能力目标。教学质量保障从政策的制定到管理形成一个系统，政策制定由上而下推动，教学质量管理由下而上逐级进行审核与监控。校级教学工作委员会定期审核院级教学单位的核心能力质量管理及教学质量建设成果，院级教学单位定期审核与监督系级教学单位的基本素养与核心能力、能力指标、课程规划、教学质量管理作业及教学质量建设成果。人才培养目标实施路线如图 6.6 所示。

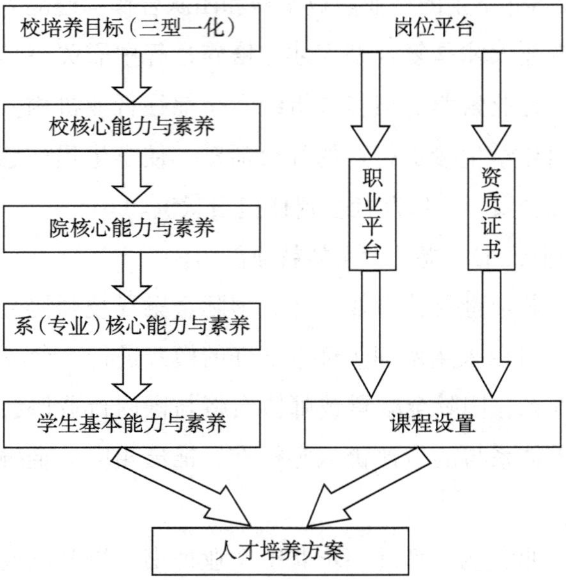

图 6.6　人才培养目标实施路线图

系（专业）需要完成教学质量保障的工作要点与应填写的表格和报告如表 6.1 所示。

表 6.1　系（专业）工作要点与表格/报告

工作要点	表格/报告名称
制订系级培养目标，并经校教学工作委员会审议通过	系（专业）培养目标表
制订课程学习地图（由系内所有老师共同完成）	系（专业）课程学习地图
制订职业发展路线图（由系内所有老师共同完成）	系（专业）职业发展路线图

续表

工作要点	表格/报告名称
制订系毕业生基本素养与核心能力学习地图（由系内所有老师共同完成）	系（专业）毕业生基本素养与核心能力表
分析院、系培养目标	学院与系（专业）培养目标表
分析系培养目标与毕业生基本素养与核心能力关联	系（专业）培养目标与毕业生基本素养与核心能力关联表
分析院系毕业生基本素养与核心能力关联	学院与系（专业）毕业生基本素养与核心能力关联表
制定系毕业生基本素养与核心能力和能力指标	系（专业）毕业生基本素养与核心能力和能力指标关联表
列出毕业生可从事的工作名称	系（专业）毕业生工作岗位表
分析学生毕业可从事工作的名称	系（专业）毕业生职业方向表
分析系毕业生从事各项工作的任务与技能	系（专业）的任务与技能分析表
汇总系毕业生应具备的任务与技能	系（专业）毕业生所需任务与技能汇总表
分析各工作任务所应具备的基本技能	系（专业）毕业生基本技能表
分析各工作任务所应具备的专业技能	系（专业）毕业生专业技能表
分析毕业生核心能力与从事各工作任务所应具备的一般及专业技能，并经系部讨论通过	系（专业）毕业生能力与技能对照表
分析毕业生技能与课程	系（专业）技能与课程对照分析表
制订系人才培养方案	系（专业）人才培养方案
完成教学质量保障所需资料，在召开系部会议后，提交院党政联席会议通过	系（专业）年度教学质量保障实施计划

制订的学习地图，以上海立信会计金融学院的信息管理与信息系统专业为例，如图 6.7 所示。学习地图明确专业培养目标、对应的教学模块，以及模块包含的课程及其归属等。

人才培养质量保障体系的有效实施，除了学校、学院和系部制订出各种路径图，填好各种表格外，还要重视师资队伍的建设。这包括“双师型”队伍建设，要求教师指导学生参加科创比赛，同时引进行业经验丰富的人才，帮助和指导学生“双证融通”、制定职业规划等。

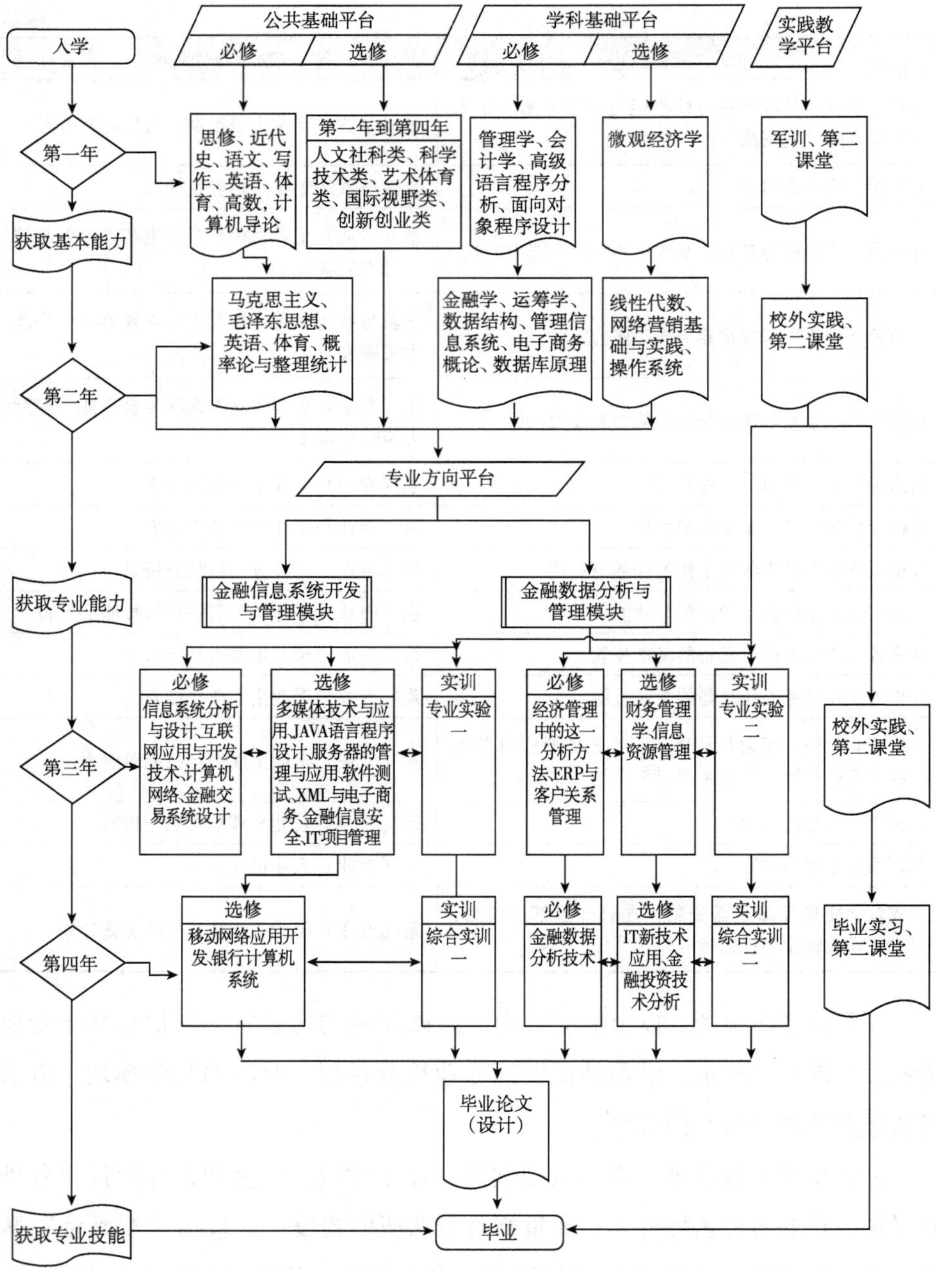

图 6.7　学习地图（以信息管理与信息系统专业为例）

第7章

校企合作培养金融科技人才的教学团队建设研究

本章将针对校企合作培养金融科技人才的教学团队建设展开研究，充分挖掘在校企共建共管办学过程中教育教学团队建设存在的问题，主要考查方向包括目前体制下的教学模式和企业运营模式、校园和企业缺少联动等方面的问题，并结合国内外相关研究和经验，通过搭建共享、互动式的教学平台，探讨相应的解决方案或优化建议，主要包括六个方面：从社会需求出发构建“双师”结构教学建设思路；在“双师”教师选择策略上需要选择懂企业、懂教育，有责任、有义务的教师；在“双师”教师培养策略上要加大兼职人才引进，分步构建“双师型”教学团队；在“双师”制度优化策略上要制定教学团队考核制度；在“双师”管理与运行策略上建立跨单位的管理运行机制；在“双师”教学技能优化策略上要妥善处理教学与科研的关系，从而保证校企合作教学“双师”结构师资团队的充实性、稳定性，更好地将理论性和实践性应用型教学融合起来，从而实现培养理论基础扎实、实践能力专业的高素质应用型人才的目标。

7.1 研究背景及概述

7.1.1 研究背景

随着科学技术对人类社会的巨大冲击和推动，金融科技在世界范围内掀起瞩目浪潮，人们对于金融科技在社会发展过程中发挥的重要作用基本已经达成共识：金融科技将成为经济转型和金融业升级的必经之路。借着互联网技术的东风，中国已经成为全球金融科技赛道中的领跑者。花旗银行2016年的研究报告显示，中国金融科技企业超越美国和英国，已成为获得投资金额最多的国家。英国《经济学人》杂志也曾发表题为《金融科技，中国成为领导者》的文章。

国内金融科技产业在近些年的迅猛发展，使我国对于金融科技人才的需求呈日益上升态势，高等教育中传统的金融学人才培养方案已远远不能满足当前社会对金融科技人才培养的需求。为了推动学校乃至全国范围内的金融科技学科专业建设，2017年1月，上海立信会计金融学院举办金融科技人才培养创新论坛，与教育部产学合作协同育人项目唯一官方合作单位——慧科集团签订校企战略合作协议，筹建全国首个金融科技学院。2017年9月，学院金融工程专业（金融科技方向）获批上海市应用型本科试点专业，同月，首届金融工程专业（金融科技方向）学生入学。2018年3月，金融科技专业的申报材料获教育部审批，标志着全国首个金融科技专业落户我院。

作为国内高校金融科技专业建设的领航员，上海立信会计金融学院定位为探索校企合作培养应用型人才的试验田，坚持高起点、高标准，采用校企“双主体”共建共管模式，整合金融、科技以及金融科技领域知名企业资源，着力在大数据、区块链、人工智能等与金融科技相关的新兴技术学科中实现产教的深度融合，力争建设成为全国办学理念先进、专业（方向）新颖、体制机制灵活、人才培养模式独特、人才培养效果突出的应用技术型本科转型改革示范项目。

7.1.2 研究意义

（1）理论意义

本文建立在现有国内外相关研究文献、当前培养金融科技人才的团队建设现状基础上，分析在校企合作培养金融科技人才的过程中，团队建设存在的一系列问题。首先，校企合作构建“双师型”教学团队可以有效解决单一型教师队伍问题。从建立教学团队的角度弥补了教师单干的劣势和不足，从“双师型”角度上看，可以增强教师的理论和技能操作能力。其次，校企合作构建“双师型”教学团队可以推进构建现代职业教育发展体系。“双师型”教学团队以教学团队建设为抓手，深化校企合作、工学结合，最终达到产教融合的目标，实现学校人才培养与社会劳动力需求无缝衔接。最后，校企合作构建“双师型”教学团队可以推动高校调整完善高校治理结构。校企合作“双师型”教学团队的建设涉及高校人事制度、科研考核制度、教学考核制度等方面，是一个综合系统工程建设，以“双师型”教学团队为突破口，对完善高校治理结构具有重要意义。

（2）实践意义

校企合作教师团队在人才培养中具有非常重要的作用。首先，增强人才培养的适用性。校企合作教师团队在课程设置和教学方法上，突出金融科技领域的专业知识和技术应用能力的培养，提高学生的岗位技能水平。在课程设置的调整方面，根据合作企业提供的工作岗位说明书，进行工作岗位剖析，分解出工作岗位核心能力与素质要求，并按照实际工作任务、工作过程和工作情景组织课程，开发专业教学标准，形成以任务引领型课程为主体的课程体系，使“以行业用人需求为导向，以能力为本位，以学生为中心”的课程观不再仅是理念倡导，而是能真正落到实处。校企合作模式的课程设置调整和专业教学标准开放增强了人才培养的适用性。其次，提升毕业生的企业认可度。学校每年召开校企合作研讨会，共同探讨人才培养问题，使学校的专业设置、培养目标更有针对性。“2 + 1”工学结合的培养模式使培养方案更具有针对性，目标岗位群和工作内容更明确，使毕业生职业综合素质与技能水平显著提高，岗位动手能力大大增强。从 2017 年起，参与校企合作的本科学校的就业、签约率连年领跑同类院校，并且保持逐年上升。（慧科教育科技集团提供的数据）签、就业率比例客观上说明学校毕业生素质强，适应企业、市场需求，得到用人单位认可。而这些成绩的取得，与校企合作教师团队建设的有益探索是分不开的。

本章通过分析当前校企合作培养金融科技人才的团队建设过程中存在的问题，力求探索出能够解决或优化现有问题的方案或建议，为金融科技学院建设一支优秀的复合型教师人才团队提供参考依据，并在校内乃至全国高校形成示范性作用，这对校企合作培养金融科技或其他“新工科”专业人才的团队建设具有积极的实践指导意义。

7.1.3 国内外研究综述

我们从校企合作办学研究、金融科技人才培养等角度收集整理了国内外相关领域的发展历程、现状以及研究文献和成果，进行了提炼、分析和总结，旨在提供启示，为接下来的研究以及对策建议的提出奠定理论基础。

(1) 国外相关研究

关于校企合作办学，或者说产学研合作，国外已有较长的发展历史，也有许多值得借鉴的经验。在世界经济发达的国家和地区，产学研合作的模式已经得到社会广泛认可，且较为普及。

1984年，美国颁布了国家合作研究法案（National Cooperative Research Act, NCRA），从而推动形成了战略研究合作伙伴关系（Strategic Research Partnerships, SRP）。该合作伙伴关系包括企业、大学和政府研究机构之间的任何一种公私合作关系，目的是促进知识和技术在大学、政府研究机构和企业间的快速流动和扩散。

美国加州大学伯克利分校的David A. Hodges教授在关于“产学研合作和初创公司”的报告中提到，产学研合作成功的因素主要包括：①参与者有共同经验基础；②校企双方有共同认可的现实目标；③校企双方有频繁的沟通；④有行业和政府等多个赞助商；⑤在知识产权（专利）上有议定的政策；⑥有长期（3~5年）的共同承诺。其中，参与者有共同经验基础的内涵是指学校教师有一定的行业经验，行业代表有在相关专业领域的学习经历，有暑期实践、工作机会推荐给学生，行业定期派送员工驻校，学校教师在行业兼职，将学校和产业的参与者融入会议和其他教学活动中。校企双方有共同认可的现实目标：毕业生在该专业领域得到良好教育；产业应用需求驱动科学研究。与工作挂钩：从基础到应用；大学和行业的团队协作；毕业生可以得到具有吸引力的工作机会。

德国闻名中外的双元制教育，其中一元主要以传授给学生专业知识为目标，而另外一元即让学生接受技能训练，学生在上岗前必须先经过这两元的训练，这种模式不仅融合了企业的需求，而且全面培养了学生的职业能力，对学校和企业间的连接极具意义。

日本于 1933 年成立了全国性的按重要课题划分的“产学合作研究委员会”，1960 年后，由于日本对大学、政府研究机构和产业界之间的合作极力推崇，成立了全国范围内的行业研究协会。1996 年，日本颁布的科学技术基本规划中，指出产学研合作是加强国家研究开发能力的关键策略。由此可见，日本对于产学研合作是极为重视的。

日本对于金融教育始终持非常重视的态度，在针对幼儿的早期教育中就加入了金融知识。日本高等教育学府的教育理念是“在尊重学生意愿兴趣上培养其综合能力”，如著名的早稻田大学，在其商学部综合教育课程模块中设置了“思想与艺术”“人类与环境”“社会与历史”“科学与技术”四个模块，包含 100 门以上可以选择的课程，另外还开设有 20 多门综合教育专题讨论课程，目的在于开拓学生的思维，培养综合素质。

由上述可见，发达国家在人才培养方面非常注重教育和实践两方面的深度结合，强调培养学生的综合素质和学习能力。对于金融专业的学生，以日本的经验为例，也提倡在实践的基础上了解金融，注重培养拥有复合型知识体系的人才，这都是值得我国教育工作者借鉴的。

（2）国内相关研究

随着我国经济社会的快速发展，对于高新技术人才的需求也持续上涨。为了应对新一轮科技与产业的各种变革，2017 年 2 月以来，“新工科”研究实践活动不断开展和推进，国务院于 2010 年发布《国家中长期教育改革和发展规划纲要（2010—2020 年）》，提到“充分发挥高校在国家创新体系中的重要作用，鼓励高校在知识创新、技术创新、国防科技创新和区域创新中做出贡献”。从中可看出我国推进高等教育产学研结合工作的决心。产学研结合是高等教育院校发展的必经之路，这种模式将助力高校培养出专业知识扎实、具有创新精神且有较高实践应用能力的复合型人才，对于推动社会的经济文化发展有重大意义。

周玲等（2014）指出，教学团队的建设是教学质量的重要保证，而教学团队建设过程中不可或缺的一个关键要素就是产学研结合。新时代对于高等教育的要求，早已不局限于理论知识的传授，而更加强调培养创新型、技能型人才，因此，教师的职责也不能只停留在课本知识的讲解上，而要引导学生学以致用，指导学生动手实践，这就要求青年教师完成从单一理论型教师角色向“双师型”教师角色的过渡和转型。在这个转型过程，往往需要企业平台的辅助和支撑。同时，企业虽然拥有丰富的实践经验、科研项目、技术和专业实务从业人员等产业相关资源，但缺乏具有学术背景的人才。通过校企合作，可合理有效地将学校和企业双方的资源融合在一起，优势互补，建设一支优良的产学研教学团队，这是优化提高教学质量以满足社会对人才需求的重要途径。

高红等人（2011）在关于校企合作团队建设的研究中，指出由于学校和企业的性质完全不同，在进行合作的过程中，双方人员在工作作风、工作方式、价值取向、文化氛围甚至个性特点方面都存在较大差异，合作过程中不可避免地会遇到各种各样的问题，因此，如何管理和加强团队建设是校企合作过程中需要着重思考和切实解决的重要工作。该研究建议，在进行团队建设的过程中，一要确立清晰明确的愿景和目标，在设计愿景和目标时，要坚持明确性原则、激励性原则、可行性原则、共识性原则、可持续性原则；二要形成良好的团队氛围，倡导团队尊重员工的自我价值，把团队价值和员工自我价值相统一，提高团队整体的工作效率；三要建立健全有效的管理制度和激励机制，包括团队纪律、合理分权、有效的激励约束机制等；四要重视对团队成员的学习培训，提高团队的整体素质和竞争力；五要注意发挥管理者的表率作用和自省能力；六要发挥团队核心人物的作用，解决信任的问题；七要建立交流任职的机制，让学校和企业双方的成员有机会和条件到对方的单位交流任职。

以上是国内关于校企合作教学团队建设的相关研究。再把目光聚焦于我国高校金融人才的培养。孙方娇（2013）指出，随着科技和金融的不断深度融合，很多金融问题都涉及更多其他的学科，而不单单局限在传统的金融学领域。这种趋势就要求高等教育在培养金融人才时不能纯粹只教授金融知识，而要将与金融相融合的交叉学科知识，特别是计算机和网络应用这些对当今金融运作产生重大影响的新技术、新知识纳入金融学的体系中。总之，社会和产业的发展趋势已经对金融人才的知识结构和应用能力提出了更高的要求，高校金融专业的人才培养目标应当是培养出满足现代金融行业发展需要的复合型金融人才。在这样的时代背景下，高等教育需要做到与时俱进，对金融教学进行全面的革新，对金融人才的培养有新的定位，满足市场化、科技化和国际化的要求，除了理论教学上的革新外，也要注重实践教学，把能力培养作为主要的教学目的。高校可以成立金融模拟实验室，引进先进技术和应用软件，创建与金融实务信息同步的多功能模拟实验室，让学生通过实践，深化对理论知识的理解和吸收，锻炼实际应用能力，为就业打下基础。

何琳玲（2011）在分析了现有科技金融服务体系人才培养现状后，也认为目前人力资源的能力和素质无法跟上时代需求，因此在对人才进行培养时，需要从人才队伍建设、人才激励机制、人才素质培养等多个方面进行改革。王竹和陈鹏军（2018）指出我国金融服务现在存在“金融服务人才结构性短缺、金融人才服务意识有待提高、金融人才服务技能亟须增强”等问题，而导致出现这些问题的因素之一就是高校对于金融人才的培养方式与金融实务出现了脱节。高校金融教育过于偏重理论讲授，基础服务教育缺失，且由于教材的迭代周期过长和教师知识结构与行业脱离等问题，在人才培养方面具有严重的时滞性。校企合作正是对症下药解决上述人才培养与金融实务脱节问题的良方。通过学校和企业的合作，可以促进学校资源和企业信息、技术、资本的对接，使学生有更多机会在就读期间就接触到金融实务，这对于激发学生职业兴趣、帮助他们摸清职业定位都很有意义。王竹等的研究中也提到了校企合作的三种典型模式，一是实训基地，由企业投资提供贴近行业的硬件和软件，学生可以在基地进行各种模拟演练，为将来接触实务奠定基础；二是校企课程合作，这种模式下，既可以安排学生去所合作的企业接受企业培训，也可以让企业里的人员来学校讲课；三是“订单班”，这是一种定向培养模式，其培养人才的方案完全依据企业需求制订和实施，学生毕业后也可免于择业，是培养技能型人才的一种模式。另外，刘培欣和唐五湘（2014）在其研究中，提出通过环境改善机制、建设投入机制、人才培养机制、人才流动机制、人才评价与激励机制等方式进行科技金融人才的建设。

（3）国内外研究述评

通过回顾国内外关于高等院校校企合作和现代金融人才培养的相关研究和经验，可以梳理总结出如下论点。

随着科技和金融的深度融合，高等教育对于金融人才的培养需要进行全面革新，其中关键是要注重对学生综合素质的培养。新时代背景下需要的人才不仅要具备扎实的理论，还要有创新精神和实干能力，因此高等教育的人才培养方案中应当加大培养学生实践应用能力的课程比重。

这种革新和转型仅仅依靠学校一己之力可能需要一个极其漫长的周期，校企合作的模式则可以通过优势互补、彼此赋能，更高效地达成，所以，校企合作模式是如今国家大力推动“新工科”学科建设背景下的必然趋势。

不过，由于学校和企业的性质、特点存在诸多差异，在进行校企合作团队建设的过程中也势必会遇到许多问题，而教学团队的搭建质量又直接关乎学校的教学质量，并影响人才培养目标的达成，因此必须引起重视并加以研究，相关学者也就此问题提出了一些建议。

本章将结合对目前校企合作教学团队建设的调研情况和现状分析，提出相应的对策建议和改善方案。

7.1.4 研究思路与框架

（1）研究思路

本章首先以校企合作培养金融科技人才的教学团队建设为研究对象，通过资料收集，对校企合作教学团队建设进行介绍，对前人的相关研究进行回顾，在此基础上，阐述校企合作教学团队建设的作用，提出并分析国内在校企合作培养金融科技人才的教学团队建设中存在的问题及原因。在阅读大量文献基础上，对多家国内校企合作人才培养案例进行实地调研，调研其校企合作开展教学团队建设的情况、取得的成效以及存在的问题。通过比较借鉴国外校企合作模式，总结经验，从实际出发，对校企合作培养金融科技人才的“双师型”教学团队建设提出对策建议。研究思路如图 7.1 所示。

（2）研究框架

结合金融科技学院实例，以学院教学团队建设中存在的问题为出发点，从理论和实践两方面分别进行探讨。研究内容框架如图 7.2 所示。

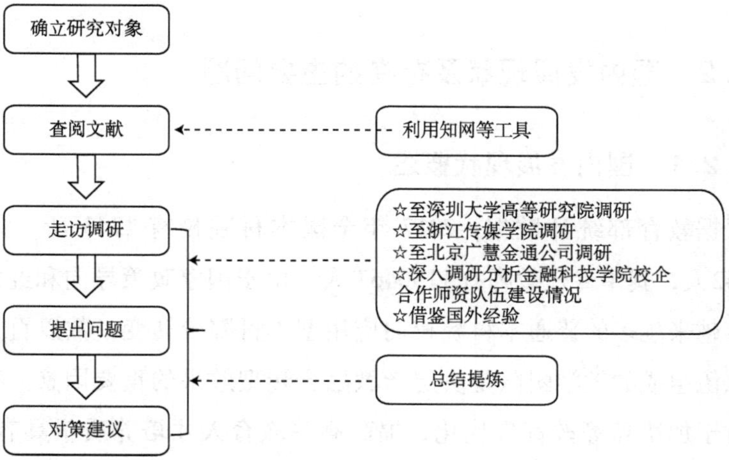

图 7.1 研究思路图

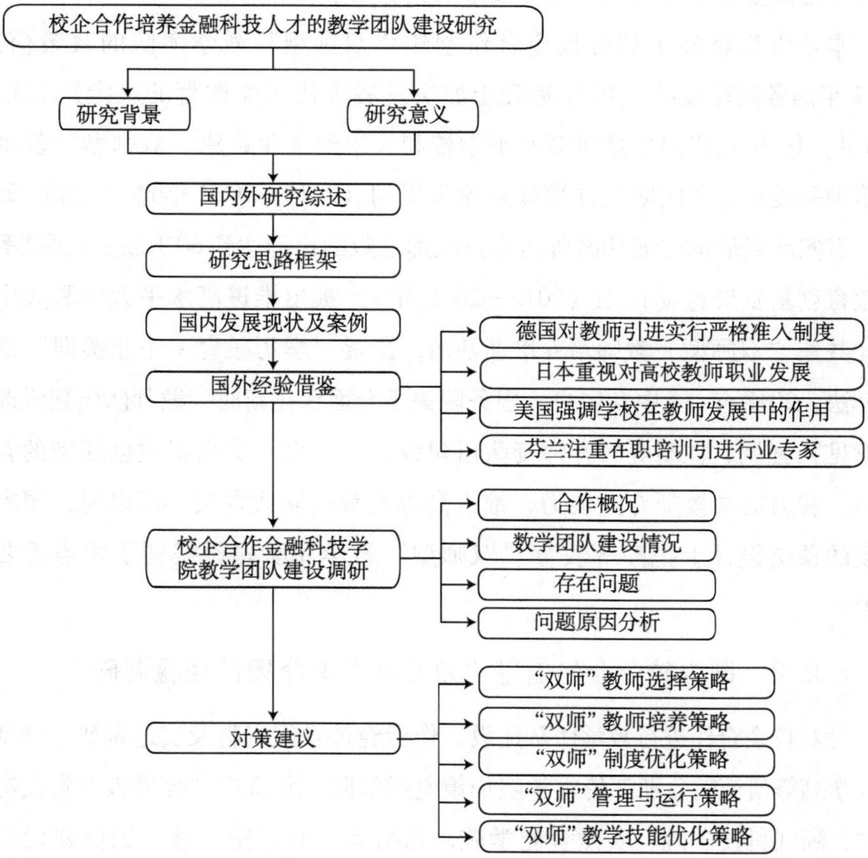

图 7.2 研究内容框架图

7.2 国内发展现状及存在的主要问题

7.2.1 国内发展现状概述

根据教育部统计数据，2017 年全国本科院校有 1243 所，共有教职工 1772342人，其中专任教师有 1150467 人。由于国家政策导向和经济社会发展需要，越来越多的普通本科院校向应用型本科院校转变，数以百万计的庞大教师队伍组成的教学团队是决定产教融合转型效果的重要因素。教学团队的创建对于加快高等教育现代化、提高高等教育人才培养质量具有重要作用。具体到校企合作金融科技人才培养上，校企合作进行“双师型”教育教学团队建设是决定校企合作人才培养效果的关键因素。

本章收集整理了部分校企合作创建“双师型”教学团队的政策信息。2014 年国务院印发的《国务院关于加快发展现代职业教育的决定》（国发〔2014〕19 号）指出要推进高水平学校和大中型企业共建“双师型”教师培养培训基地；《现代职业教育体系建设规划（2014—2020 年）》提出到 2020 年，有实践经验的专兼职教师占专业教师总数的比例达到 60% 以上；《高等职业教育创新发展行动计划（2015—2018 年）》提出推进高水平大学和大中型企业共建“双师型”教师培养培训基地，探索“学历教育 + 企业实训”的培养办法。2018 年，《中共中央、国务院关于全面深化新时代教师队伍建设改革的意见》强调，在高等教育师资队伍建设上，建设一支高素质创新型的教师队伍，着力提高教师专业能力，推进高等教育内涵式发展。可以说，国家在制度的顶层设计上把高等教育“双师型”教学团队建设摆到了相当重要的位置。

7.2.2 国内校企合作创建“双师型”教学团队经验调研

针对校企合作进行教学团队建设，作者经过查阅资料及实地调研，列举深圳大学高等研究院、浙江传媒学院华策电影学院、北京广慧金通教育科技有限公司、浙江科技学院、安徽合肥学院，总结其“双师型”教学团队建设经验做法。

（1）深圳大学与微众银行金融科技方向合作借鉴

深圳大学高等研究院是深圳大学新成立的一个包含本科与研究生专业，侧重跨学科教学与研究的校内综合办学单位。深圳大学结合深圳高新技术产业发展对高素质人才的需求，于 2014 年开办高等研究院首届“理工创新实验班”，2018 年开办首届“金融科技实验班”。目前的教学侧重采用“因材施教，精英教学”的模式，采取校内二次选拔的方式，在深圳大学 2018 级新生中各选拔 60 位优秀学生加入“理工创新实验班”和“金融科技实验班”。

“理工创新实验班”“金融科技实验班”均注重对学生的全面教育，涉及多学科、多领域交叉培养。其中，“理工创新实验班”侧重跨学科教学和研究，在数学与应用数学、物理、化学和生物科学等基础学科及其交叉领域（功能材料、海洋资源与环境、生物技术）开展人才培养和科学研究；“金融科技实验班”侧重应用与实践，课程涵盖数学、物理、化学、生物、科学、计算机、经济管理、金融专业核心模块，培养学生运用现代金融管理知识与计算机技术处理金融科技行业实际业务的能力。

在创建教师教学团队方面，“金融科技实验班”主要有以下几点经验借鉴。

第一，考虑到全部专业基础课和核心课采用英文原版教材，采取中英双语教学，因此所有授课老师均拥有海外留学背景且满足深圳市高层次人才（孔雀计划）的认定条件。

第二，结合金融科技专业实践性强的特点，该校安排业界精英作为业界导师，学生在校学习期间可随时向业界导师咨询，寻求帮助。

第三，由国际师资和具有海外留学经历的教师负责主要课程的授课工作。

（2）浙江传媒学院华策电影学院经验做法

浙江传媒学院华策电影学院为经浙江省人民政府正式批准的中国第一所“混合所有制”本科高等教育试点单位，在体制机制上通过政府牵头，整合互联网新媒体资源，探索政产学研一体化人才培养模式，将产业资源、民营资本与专业教育相连接。具体来说，由华策影视公司进行品牌输入并提供实习实践基地，由浙江传媒学院建设并负责课程及招生计划，由桐乡市人民政府提供教学场地及设施。

在创新高校治理体系、创建“双师型”教学团队方面，浙江传媒学院华策电影学院通过成立公司，由华策影视董事长担任执行董事，浙江传媒电影学院党委书记担任总经理，并聘请执行院长进行学院日常管理。由原浙江传媒学院在岗在编教师进行理论课程教学，在校外实践中配备校外实践导师进行指导。

在建立业界兼职教师的考核评价体系方面，浙江传媒学院华策电影学院对原浙江传媒学院在岗在编教师实行在保留教师事业编制、保持原工资水平基础上，通过编制 B、C 两套绩效工资进行绩效考核的考核方式。

（3）北京广慧金通教育科技有限公司经验做法

北京广慧金通教育科技有限公司创立于 1997 年，总部设在北京，是国内首家开办本科、专科学历层次空乘专业的联合办学单位。公司 20 年专注民航人才培养事业，坚持走“人才共育，专业共建，成果共享，发展共赢”的校企合作办学之路，打造成被业内赞誉的“民航人才教育培养的领导品牌”。首创的民航空乘人才职业能力培养和就业模式，被称为“金通航空培训模式”。公司与合作院校高度融合、资源整合，全程参与空乘专业的招生、教学、管理和就业工作。

在企业参与高校二级学院管理，创建“双师型”教学团队方面，北京广慧金通创新教学管理模式，通过以招生—教学—实习—就业，全程接管、属地化管理的方式参与学院管理。自招生面试开始，广慧金通派驻专职辅导员和专职教师长期驻扎在学院中，并且开发了具有自主知识产权的教材及 CTP 教学软件，在四年的培养计划中，合作院校完成 30 ~ 40 个学分通识类课程，公司投入师资完成 70 个学分专业课程。公司对合作建立的班级提供专职教师，对班级里学生进行准军事化管理，通过协议规定，北京广慧金通承诺学院在校学生按照百分比定向就业。

在建立业界兼职教师的考核评价体系方面，所有合作院校派驻的辅导员、专职教师等团队的考核评价及工资发放等全部由北京广慧金通负责。考核评价一般包括听课、学校评价、学生评教三个方面。

（4）浙江科技学院经验做法

浙江科技学院，前身为成立于 1980 年的浙江大学附属杭州工业专科学校，2003 年 10 月，浙江省轻工业学校成建制并入该学院。1985 年以来，该学院先后执行了浙江省和德国下萨克斯州的教育合作项目、中德两国政府级合作项目，旨在深入学习、借鉴德国应用科学大学办学模式，培养适应中国国情的高层次应用型人才。经过近 40 年的建设，学校已发展成为一所具有学士、硕士学位授予权和外国留学生、港澳台学生招生权的特色鲜明的应用型省属本科高校。

在创建教师教学团队方面，学校在 20 世纪 90 年代参照德国应用科学大学的办学模式，引进了一批具有企业实践经验的“双师型”教师，目前“双师双能型”教师比例为 42% 。在教师发展方面，注重“双师型”教师的服务能力，通过学科建设提高教师的科研水平以及对教学水平的预见性。在教学团队分工方面，除了公共课和基础课（如思政、外语、法律常识等）之外，专业课程设置基本与德国对接，其中 1/3 的专业课程由德方派教授担任，还有 2/3 是参加过德方培训的中方教师，学生实习实训也是由中德双方老师共同完成。

（5）安徽合肥学院经验做法

安徽合肥学院，前身是创办于 1980 年的合肥联合大学；2002 年 3 月，经教育部批准，原合肥联合大学和合肥教育学院、合肥师范学校合并组建安徽合肥学院。2015 年，学院获第四届全国教育改革创新特别奖。2016 年，学院联合德国大陆集团、德国应用科学大学设计“双元制”高等教育专业，探索产教融合新模式。

在教师队伍建设上，学院以学科建设为支撑，以专业建设为龙头，通过国际化组建一批具备较强实践能力的师资队伍，探索模块化教学体系建设，通过模块化的教学体系的构建，不断提高教师的教学能力和产学研合作能力。

（6）郑州工商学院经验做法

郑州工商学院位于河南省郑州市，是 2016 年经教育部批准设立的全日制民办普通本科高校。学院前身为河南理工大学万方科技学院，创建于 2002 年，是河南省第一所本科层次的独立学院。2016 年，学院荣登全国独立学院排行榜第二名；学院转设后，2017 年首次以民办大学参与中国民办大学排行榜评选，荣获 2017 中国民办大学排行榜理工类全国第三名，综合排名全国第八名、河南省第一名；在2018年中国民办大学排行榜上位居全国第七、河南省第一名。

1）郑州工商学院在培养教学团队中面临的现状。

第一，“双师型”教师队伍数量不足。这主要是因为该校的青年教师多为刚毕业的硕士或博士，普遍缺乏行业和企业的相关实践经验和操作技能，难以完全胜任指导和培养高素质应用型人才的重任，不利于应用型人才培养质量的提高。

第二，校企合作不顺利。该校和企业在开展校企合作时还存在较多问题。首先，一些企业认为与该校开始合作在短期内难以实现效益，甚至还可能泄露企业的高精尖技术或商业机密，故而对到企业挂职的教师在诸多方面有所限制，致使教师去企业提高专业实践能力的积极性不高，“双师型”教师的培养途径也受到限制。其次，在该校聘请企业优秀人才到校开讲座、担任教师时，企业也会担心这些活动影响其员工的正常工作，因而并未给予充分支持，导致该校难以聘请到高水平的技术骨干担任兼职教师，从而影响学校“双师型”教师的培养工作。

第三，办学经费不充足。我国高校的办学经费主要来源于政府拨款或学生学费，财政颇为紧张，大部分经费主要用于正常的教育教学活动。该校的办学经费主要依靠收取学生的学费，来源比较单一，无法投入更多经费到教育教学活动之外的其他活动中。而“双师型”教师的培养是一项长期且资金需求量较大的工程，资金缺乏成为高校培养“双师型”教师的一大难题。企业追求的是利益最大化，难以做到义务帮助学校长期培养教师。由于没有足够的财力支撑，该校在校企合作中往往处于不利地位，失去了通过校企合作进行锻炼的机会。

第四，保障机制不完善。该校认为在校企合作培养“双师型”教师的模式体系中，不仅需要校企双方的付出和努力，还需要政府的参与和支持。

2）郑州工商学院随即在校企合作师资培养方面进行了如下尝试。

第一，构建校企合作机制，培养“双师型”教师。充分利用校企合作的资源培养“双师型”教师，一方面有计划地选送教师到企业挂职、顶岗实习，参与企业的生产实践和技术革新或项目开发，使教师能够获得相应的实践经验，掌握企业在生产中运用的新技术，更新教师知识结构，提高教师的实践技能，使其向“双师型”教师转型。同时，制定有效的激励机制，激发教师主动参加“双师型”教师培训，提高其参与实践的积极性，如对在企业进行顶岗锻炼的教师给予一定学时工作量的补助，在职称评审、专业带头人和骨干教师评选及待遇提升等方面优先考虑“双师型”教师等。

另一方面，郑州工商学院也从行业和企业中聘请具有丰富经验和良好实践能力的专家，指导高校“双师型”教师的培养或直接担任专、兼职教师，壮大充实学校的“双师型”教师队伍。

第二，建立校企对话机制，实现校企深度合作。为解决校企合作中出现的诸多问题，郑州工商学院与企业之间搭建一个专门的协商平台，促进学校和企业之间的沟通和协调，提高企业参与校企合作的信心和热情，积极推动校企合作向更好的方向发展。另外，针对企业认为与高校开展合作难以实现效益这一问题，学校运用人才资源及教学资源对企业现有员工进行专业培训，将教师丰富的理论知识与企业员工所掌握的实践技能相结合，实现两者之间的资源共享。同时，该校还推荐优秀毕业生到企业实习和工作，解决企业的人才招聘问题，以此来提升校企合作的意向。

第三，拓宽经费来源，建设校企合作。通过校企合作培养“双师型”教师，可以提升学校师资力量，提高高校教学质量，从而对社会、企业、政府产生积极影响。为了保障有足够的经费投入“双师型”教师的培养，学院拓宽多元渠道增加办学经费来源，一方面多次与当地政府交流，建议加大对应用型本科院校的政策支持，营造公平的政策环境，以构建多渠道筹资格局；另一方面，该校通过学校的社会影响力，争取获得更多的社会赞助。

第四，寻求政策保障，推动校企合作。通过校企合作开展“双师型”教师的培养，同时建议当地政府出面，积极推动并出台相应的政策、法律法规，鼓励企业与校方进行资源互补的合作。一方面，政府应利用其权威性发挥主导作用，勇于承担一定的社会和教育责任；另一方面，政府应出台相关的法律法规，明确学校和企业双方的法律责任，为通过校企合作培养“双师型”教师提供良好的制度保障。

(7) 国内经验调研总结

通过对上述五个校企合作“双师型”教学团队的做法进行对比可以发现，深圳大学高等研究院与微众银行在金融科技方向上合作，引进拥有海外留学背景且满足条件的高层次人才作为“双师型”教学团队的有力支撑，走高大上的路线，团队起点高、发展好，但是需要投入大量的经费。浙江传媒学院华策电影学院、北京广慧金通教育科技有限公司在建立业界兼职教师考核评价上都由合作公司制定评价标准，浙江传媒学院华策电影学院对在编教师另外制定考核方法进行绩效考核，但是每所学校对于校企共建“双师型”教学团队没有一个统一的考核计量标准，这对于校企合作共建教学团队的长期发展是不利的。浙江科技学院、安徽合肥学院通过学习借鉴国外的经验，在构建“双师型”教师时都以学科建设为基础开展教师队伍建设，以学科为中心组建教师团队，但在师资结构、教师能力以及教师角色转换上都需要通过长期的磨合和实践才能达到“双师型”教学团队的要求。

7.3 国外经验做法及启示

7.3.1 德国对教师引进实行严格准入制度

德国的应用科技大学是德国区别于综合性大学和职业学院的一种具有颁发学士或硕士资格的一类学校。德国应用科技大学要求教师理论和实践都具备，既要博士毕业，又要有 5 年以上的实践工作经验，在高校毕业之后至少有 3 年的工作经验，也就是我们所谓的“双师型”教师。在对师资的考核上，应用性的科研能力也是一个重要的考核点，所以德国应用科技大学的老师既要有较高的教学水平，也要具备一定的学术能力。

(1) 德国职业教育“双师型”教师队伍的培训渠道

按照工作岗位和任务的不同，德国的职教教师可以划分为两类：一类是任职于职业培训学校以外的社会培训机构（此类机构多为企业性质）的实训教师；另一类是任职于专门的职业培训学校的教师，由此形成了德国职业教育的“双师型”结构体系。

企业层面实训教师的任职资格及培养。对于实训教师，德国政府对其任职资格进行了明确规定，颁布的《职业教育法》和《实训教师资格条例》要求实训教师不仅要在“品格”和“业务”上满足一定的条件，而且要具备“职业教育学和劳动教育学知识并通过相应考试”。其中，在业务条件方面，规定实训教师需要满足三个条件：一是年龄达到 24 岁且具有相关职业或就业方向的专业培训经历；二是参加国家规定的相关专业的考试并通过，或参与专业考试机构的考试测验并通过；三是必须具备在对应专业岗位上的实践经验。此外，德国政府规定由行业主管部门组建考试委员会，对申请成为实训教师的人员开展职业教育学和劳动教育学的考试。由于实训教师的培养属于继续教育的领域，因此在培养机构方面并无太多限制，既可以是公立或私立的职业培训学校，也可以是行业部门组织的培训机构，以及大型企业内部成立的培训班。在培训内容方面，主要从实训教师的任职资格培训和职业教育学、劳动教育学的知识培训两个方面展开。考虑到实训教师必须紧跟社会发展的步伐，满足企业发展的要求，在一些大型企业，实训教师会定期带薪参加教育培训部门组织的职业技能进修班；而在一些中小型企业，则由企业出资将实训教师派往专门的培训机构进一步深造。

学校层面职业学校的教师及培养。在德国，任职于职业培训学校的教师主要分为理论课教师和实践课教师，由于职业学校的主要工作以理论培训为主，因此学校中的理论课教师要远远多于实践课教师。理论课教师的任职资格需要满足两个条件：一是具有完整的大学 4 年学习经历并在毕业时通过国家考试；二是毕业后接受为期 2 年的预备期教育并在毕业时通过国家考试。具体而言，在 4 年大学教育阶段，主要分为三种培养模式：一是以理论指导为核心的培养模式，通过在大学设置专门培养理论课教师的职业教育专业以提升职教教师的理论素养和专业能力；二是以强化实践为核心的培养模式，强调将理论教育和实践教育相统一，达到知行合一的目的；三是在大学阶段实施职业教育的培养模式，主要针对职业教育专业学生（将来职业方向是教师），内容包括教育学方面的理论、专门职业技能教育及普通的教育副专业等，其中以专门职业技能教育为主要内容。在 2 年的预备期教育阶段，大学毕业生进入教育学院或各州政府指定的职业学校学习，其中接近 2/3 的时间在专业教师的带领下进行见习，剩余时间是到大学或教师进修学院学理论知识。实践课教师在职业培训学校中的数量比例很小，但其在任职资格和培养方面最低需要满足以下条件：一是具有完整的中小学教育和普通职业教育经历；二是必须经历完整的师傅学校和技术员学校的培训，并通过相关考试；三是参加过职业教育学方面的知识培训。

职业培训学校的教师也会定期参加由州政府、地区政府和学校组织的进修活动，其中学校培训更加灵活机动且贴合教师专业实际。因此，很多州政府采取了将经费拨给学校的方式，由学校方面实施继续教育工作。

（2）德国职业教育“双师型”教师队伍的培养经验

建立了完善的职教师资在职培训网络。为了让教师的知识结构和职业技能水平跟得上时代的步伐，德国政府建立了从州到地方再到学校的全方位培训网络，大大提升了职教教师的在职培训效果。首先，州一级的职业培训由州文化部门来举办，对在职的职教教师开展为期 7 天的集中式全天制培训。职教教师要想参加这类培训，必须经过一系列流程的申报。通常而言，教师要根据培训目录选定培训内容，先向本校提出培训申请，申请被学校提交至区政府部门，经过筛检后，确定最终的培训人员，再将培训情况报送给州文化部门下设的教师进修和继续教育研究所，然后由研究所具体组织开展相关培训工作。培训完成后，向各位教师发放培训合格证，作为职称晋升的一项证明条件。研究所还会定期对培训过的教师进行抽查检验，以保证培训的实际效果。其次，地方一级的职业培训由地方政府协同教育部门组织开展，将划定范围内的一些学校联合起来，形成一个培训体系，设置培训网点，其培训教师必须经过州级部门的专业培训后才有资格任职。地方一级职业培训的培训时间设置在 2 天以内，教师无须全天参加，只需利用业余时间就能完成培训。在培训内容上，虽然不同教学网点的侧重点不同，但会根据教师自身的实际情况开展有针对性的培训。最后，学校内部的在职培训是德国职教教师在职培训的重要组成部分，这类培训由学校亲自组织，结合教师的培训需求，灵活地设置培训内容和培训时间，并对培训效果进行检验。

建立了独具特色的教师校本培训。德国向来重视校本培训工作，各个州范围内的校本培训工作频率由各职业学校根据自身情况来决定。校本培训的一大特点是培训方式和时间比较灵活，培训的规模也可自由调整，这些都由学校自主决定。在德国，很多职业院校平均一年要举办至少一次职教教师培训，一般设置在教师的闲暇时间，而且不少院校都采用研讨小组或教育会议的形式来展开。考虑到校本培训更能够紧贴教师工作实际，有利于充分发挥本校的教育资源优势和教师的主观能动性，一些州政府专门向职业学校拨款，增加学校的培训资金，并且对职教教师培训工作实施严格的监督，要求学校必须利用好拨款资金，举办教育日或研讨会议。在德国教育部门看来，校本培训可以帮助学校进一步整合教学资源，满足本校教师的各类培训需求；学校也可以借助这种灵活的培训形式，针对各个教学过程中的薄弱环节举办培训，使教师能够在相互交流中发现问题并及时解决。德国的职业培训学校经过多年探索，在校本培训的开展上积累了很多经验。如今，校本培训已成为德国教师提升理论知识和实践技能的重要平台。

构建了高度融合的校企合作培训模式。早在 19 世纪末，德国政府就已经开始摸索如何将职教教师的培训同企业发展结合起来。大多数职教教师长于理论而缺少实践，拥有丰富实践经验的企业正好可以凭借自身的资源优势来弥补职教教师的不足。为此，德国政府制定了不少关于企业的优惠政策，鼓励企业在职业学校周围办厂。这样一来，职业学校的教师和学生就有了更多、更便捷的渠道来提升自己的实践能力。现实中，德国已经有一些大型企业把自己的厂房设在相关的职业学校附近。职业学校的教师能够借此机会，学习当前企业中的先进经验和操作技术，并及时将新的技术和经验教授给学生。同时，职教教师也可以凭借自己多年的理论知识积累，帮助企业改进生产技术，提高管理水平。一些职业学校与大型企业签订合作协议，教师可以进入企业做深入的进修，了解企业的具体经营模式，同时还可以为企业正在研发的项目提供帮助和支持。

建立了完备的外部制度保障。职教教师在职培训受到了德国政府和学校的高度重视，为了确保职教教师在职教育工作得到有效的贯彻实施，德国 16 个州围绕这一问题制定了相关政策，从政策的高度对职教教师的在职培训进行约束。例如，德国各州的政策中规定教师在正式获得职教教师任职资格并进入专业岗位工作后，必须接受新一轮的“师资培训”，还规定“职教教师有参加职业进修的权利，每个教师每年都可以参加周期为 5 天的进修活动”。这

5 天可以是集中式的，也可以由几个分开的工作日来组成。又如，德国的巴伐利亚自由州就专门制定了《教师培养法》，不仅说明了职教教师参加在职教育的主要目的是适应世界经济发展和劳动力市场的需求，为了长期保持职教教师的教学水平处于一个较高的水准，还规定了每位教师都有权利和义务参加在职培训，并且可以将在职培训同该教师的任务工作量相挂钩等。总之，这些法律、政策保障了职教教师接受继续教育的权利，也明确了接受在职教育的一些注意事项，提高了教师参加在职教育的积极性。

7.3.2 日本重视对高校教师职业发展

日本高校教师发展使用 FD 制度促进教师专业发展。从狭义来讲，FD 制度是提高教师的教学实践、课程把握和教学技能的活动。据 20 世纪 90 年代实施的卡内基国际比较的有关调查表明，日本大学教师对研究的重视要超过对教学的重视。偏重研究的教师，国立研究大学为 91.7%，私立研究大学为 84.7 %，国立一般大学为 80.3%，私立一般大学为 59.6%。但在 2003 年的调查中，认为应该重视教育和重视研究的教师比例各占一半，显示出对教育的重视程度正在上升。

7.3.3 美国强调学校在教师发展的作用

美国没有全国性的高校教师发展法规制度，而是高校根据自身文化传统、学校使命、师生规模等条件，因地制宜地开展教师发展活动和项目。学校在实施项目时，力图将教师发展需要与院校工作重点相结合，实现组织发展与个人发展的有机结合。美国很多学校的教师发展机构隶属于学校行政管理职能部门，处于大学管理的中心位置，通常由教务长和分管学术实务的副校长直接领导，因此他们有明显优点：影响范围可以覆盖全校，直接服务于全校需要，经费有充分的保障等，如图 7.3 所示为美国辛辛那提大学践行的半工半读的合作教育内部管理模式。

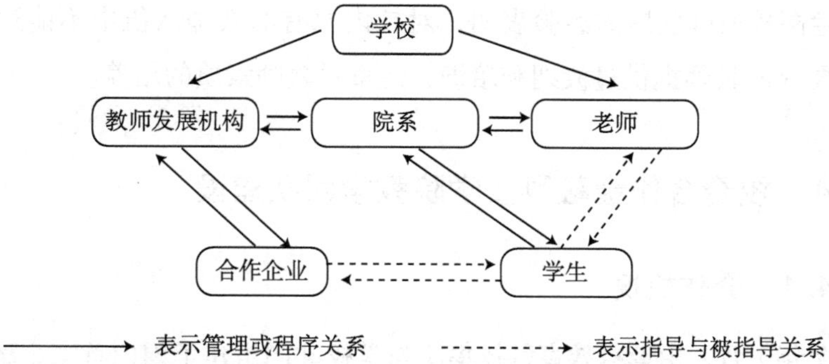

图 7.3　辛辛那提大学合作教育内部管理模式

7.3.4　芬兰注重在职培训及引进行业专家

芬兰多科技术学院是 20 世纪 90 年代芬兰高等教育改革的产物，多科技术学院的定位区别于传统的研究型办学定位。在芬兰，高等教育即大学教育与科研的传统观念中已经取得了社会的广泛认可。

在师资力量上，注重在职培训及引进行业专家。芬兰的高等教育改革启动时间较晚，原有的教师不能达到新的教育教学需求，芬兰政府和教育部门为这些老师提供了 5 年的过渡期和各种培训。同时，多科技术学院还从行业中遴选引进校外专家作为讲师，通过校外专家的引进，既满足了应用型本科教学要求，也加强了与行业企业之间的联系。

7.3.5　国际经验启示

德国高校教师发展的经验表明，“双师型”教学团队建设要坚持严准入，在引进教师、学术带头人、学科带头人时要多方考察，坚持学术能力与实践能力并举，在引进上下功夫。

日本高校教师发展的经验表明，要加强教师的发展与再培训，加强高校与行业企业的关系对接，通过教师践习、培训等，对高校原有的在编教师加强实践能力培训及教学技能培训。

美国高校教师发展的经验表明，学校在师资力量的培养上要掌握主动权，学校要消除“等靠要”的思想，积极主动承担起“双师型”教学团队的发展职责。

芬兰高校教师发展的经验表明，对校内原有的教师队伍中不能达到“双师型”要求的教师提供过渡期和培训，注重对教师素质的培养。

7.4 校企合作金融科技学院教学团队建设

7.4.1 合作概况

2017年1月，由慧科教育科技集团与学校共同组建了国内首家金融科技学院，其2017年10月申报的金融工程专业（金融科技方向）获批上海市应用型本科试点专业，“金融科技专业人才产教融合培养模式探索”项目立项教育部产学合作协同育人项目。2018年3月，金融科技专业获批教育部目录外新专业，成为国内高校第一个金融科技专业。在体制机制上，形成校企联合推进机制；在专业设置上，以前沿专业为导向；在师资队伍上，建设一支稳定的复合型专兼职教师队伍；在实训实习基地建设上，引入创新实验室及实训资源包。

（1）校企合作的必要性

1）教育部推动智能金融领域技术转移和成果转化。

2017年7月，国务院印发《新一代人工智能发展规划》，首次提出“智能金融”的概念，明确了建立金融大数据系统、创新智能金融产品和服务、应用智能技术和装备、建立风险智能预警与防控系统等重点领域工作。

工业和信息化部印发《促进新一代人工智能产业发展三年行动计划(2018—2020年)》，明确将金融列为人工智能产业应用的重要领域。据了解，随着智能化技术的不断成熟及其在金融领域的运用，其应用场景也在不断深化拓展。目前越来越多的金融机构借助智能化技术，实现了金融服务效率和效益的双重提升。

2）引进专业教学运营服务，提升金融科技专业人才培养能力。

教育部进一步明确智能金融是高校“人工智能+”行动的关键领域。金融科技的本科生培养需要具有一定的广度和深度，才能适应这个行业的发展。由于目前的教师学术专业方向与金融科技差异较大，金融学和计算机科学各有专攻。如果教师不太了解金融科技的发展和具体业务实施的细节，很难在教学中突出重点，满足实际产业对人才技能的需求。通过与慧科集团合作，借助具有金融科技产业经验的企业教师共同对课程知识点的理论和应用进行研究和分析，设置相应专业体系课程，以及持续的课程迭代，快速对行业需求做出反应。

（2）校企合作的可行性

1）教育部积极推动金融科技人才培养体系的建设。

2012 年，发布实施新修订的《普通高等学校本科专业目录》，在经济学学科门类下的金融学专业类设置了金融学、金融工程等 7 个本科专业。2018 年初，经审批同意，上海立信会计金融学院设置了全国第一个金融科技专业。自此，金融科技专业正式列入金融学专业类下，越来越多的高校根据国家和区域经济社会发展需要自主设置金融科技专业，该专业在国内得到快速发展。

2）与产教融合经验丰富的慧科集团开展校企合作协同育人。

慧科集团在新工科专业领域与北京航空航天大学、大连理工大学、西安交通大学、厦门大学、上海交通大学、武汉大学、贵州大学、贵州理工学院、成都信息工程等高校开展产学合作协同育人，共建共管的产业化学院活动。在金融科技、金融工程、互联网金融专业方向也与多所国内高校合作。与慧科集团的合作，不仅可以给金融科技专业的学生赋能，也可帮助学校教师更好地了解产业情况。

本科：山东财经大学、山东青年政治学院、山东女子学院、河北地质大学华信学院等。

研究生：中国人民大学、北京航空航天大学、对外经济贸易大学、北京外国语大学等。

7.4.2 教学团队建设情况

（1）建设一支稳定的复合型专兼职教师队伍

联合多位高校及行业专家，包括长期跟踪研究金融领域前沿动向的学者、多年从事金融行业和数字普惠金融行业的企业高管，以及操盘金融创新项目的技术专家及合伙人，将积累的经验经过系统化梳理，整合融入金融科技学院的教学科研中并亲自参与讲授。例如，金融科技专业的专业课、实训课主讲教师共 25 人，其中，校内专任教师 16 人，占比 64%，来自企业的前沿讲座主讲教师9人，占比36%。

1）学校专任教师内涵分析。

学校在进行应用型人才培养中，要求教师既必须具备扎实的理论专业知识，又要具备较强的实践动手能力。从目前学校的教师情况来看，大多数是从高校本科毕业或研究生毕业到学校任教的，缺乏企业经历、专业技能和企业合作能力，对本专业的企业生产流程缺乏实践能力，还需要多增加锻炼的机会，以承担应用型人才培养的教学任务。

2）企业导师型教师内涵分析。

应用型人才培养的最大特征是以学生为中心，由校企教师共同培养，校企共同实施教学运行过程。企业讲师在教学运行中要发挥知识和技能应用的作用。但企业讲师虽然具有技能水平却缺乏驾驭教学运行的能力。企业讲师长期从事金融科技一线业务工作，对业务运营等细节远比学校专任教师把握得更熟练、更准确，但对教学过程的组织能力欠缺。所以，聘用企业讲师担任教师，就要从组织协调能力、教育教学环节、教学方法方式，以及企业工作任务和教学工作任务的衔接能力上进行培养，同时随着时代经济的发展和高等教育的转型升级、技术技能的不断革新，要培养企业讲师摒弃“教会弟子，饿死师傅”的观念。企业和学校要加强对企业讲师的正面教育，树立国家职业教育观，使企业讲师正确树立应用型人才培养的育人观。

（2）师资队伍着力向“双师型”转变

金融科技学院从丰富学科内涵、完善学科发展角度，在师资队伍方面着力加强区块链金融、数字普惠金融和金融安全等金融科技领域的研究，通过校企合作方式重点引进曾在金融业从业、有丰富实践经验的教师，联合高校及行业专家，使其融入金融科技学院的教学科研，并亲自参与讲授。在校内师资队伍的培养上，鼓励支持青年教师到国外深造或到国外金融机构践习，提升熟知国际化金融科技职业教育的师资比重。

7.4.3 存在问题

（1）没有形成校企合作开发课程的教学团队

通过调研发现，很多应用型本科院校在校企合作过程中，还没能真正形成由专职教师和兼职教师组成的校企合作教学团队，没能充分发挥校企合作应有的作用和影响。校企合作育人的体系比较简单，方式集中在学生的实训实习、实践教学、人才培养方案的修订、开展讲座论坛上等。对于适合校企合作开发的课程缺少系统的研究和选择，在课程的教学研究方面，没有真正形成一个教研团队，或者只是流于形式，只在申报教学团队建设项目时临时组建。大多数校企合作开发课程以学校专职教师讲授为主，行业企业繁忙，没法派出专家或者派出时间有限，没能真正组成校企合作课程的教学团队。对课程的教学内容、教学方法、课堂组织和授课的形式缺乏充分的交流和研讨。

（2）校企共建“双师型”教学团队意识不强

部分高校对“双师”结构教学团队的认识还停留在“项目”或“政策”的层面，没有充分认识其对自身改革发展的重要意义。在实际操作的过程中，学校往往把“双师”结构教学团队理解为教师个体拥有“双证”，没有从团队角度理解“双师”的结构内涵。许多教师也认为自己拥有“双证”就具备了“双师素质”，这使“双师”结构教学团队建设变成教师的个人考证。这种结果与“双师型”教学团队建设的初衷南辕北辙。

（3）校企共建“双师型”教学团队的动力不足

对于企业而言，作为市场经济环境下的主体，追求利益最大化是其根本目的，在校企共建教学团队中，企业最愿获得的是学校技术研究支持与人才资源储备。然而，我国高校教师科研能力往往难以满足企业技术研发的需求，培养的学生也往往层次参差不齐，在工学交替或顶岗实习中很难满足企业的岗位需求，这是企业共建动力不足的主要原因。高校动力不足主要表现为教师个体的动力不足，这主要是由于学校没有建立与校企合作相适应的目标管理、考核和分配激励机制，缺乏责、权、利统一的管理制度。

（4）校企共建“双师型”教学团队的相关考核激励制度不完善

“双师型”教学团队的建设离不开政府部门的政策支持与引导，也离不开学校与企业层面的制度设计与对接。在政府层面，主要体现为鼓励企业能工巧匠向学校流动以及鼓励企业与学校协同育人的政策配套措施还不健全。《中华人民共和国公司法》《中华人民共和国职业教育法》等相关法律虽然规定了企业参与职业教育的义务，但缺乏相关的落实配套制度与监督奖惩机制。在学校层面，主要体现为对教师的考核评价往往采取“以论文论英雄”等一刀切的方式，缺乏针对“双师型”教学团队的分类考核评价机制。

（5）校企共建“双师型”教学团队校企管理运行机制不一致

基于校企专业共建联合培养人才的战略框架，校企教学团队要对教学目标达成一致，共同探讨教学实施的内容方法、场地时间、考核评价等体系。在实际中，教学团队的工作囿于校企双方各级管理部门相应的流程和规则，受校内体制的教学考核要求、企业业务发展的项目实践要求的双重制约。在校企合作彼此磨合过程中存在沟通不畅、学校管理不能满足企业要求、企业管理不符合教学要求等问题。

（6）校企共建“双师型”教学团队培训与进修不足

在高校教育工作中，专任教师承担了主要的教学任务，由于高等教育扩招等原因，教师教学工作压力较大，并且由于考核指标的设置，院系着重强调教师的教学科研任务，而忽略了对教师个人未来发展规划，造成高校的教师发展后劲不足，不能有效地适应“双师型”教学团队要求。教学团队组建后教学研讨和教学经验交流不足，教学工作的传、帮、带以及老中青结合衔接不够紧密，团队培训与进修不足。

7.4.4 问题原因分析

（1）校企双方利益目标不同，管理方式不同

学校以人才培养为目标，人才培养的性质决定了它是一项长期的工程，而企业以盈利为目标，盈利的特点决定了企业的短视性缺点，二者的目标不同导致合作的交叉点不足以支撑整个人才培养全过程，这就需要外部政策来激发企业的积极性和主动性。

在调研中发现，企业注重学生的独立思考能力，关注学生的个性成长，而传统高校还是“重教书轻育人”“重智育轻德育”的大锅炉式培养方式，这种理念的上差异，会出现理论与实践环节脱钩的问题。另外，由于我国的企业并没有教育企业的身份，对学生的实践能力并不承担义务，学生实习效果无法保障。在双主体校企合作过程中，企业更多地考虑市场、风险因素，

学校则更多注重长期的积累，学校、企业追求的利益目标不同，对长期合作可能造成不良影响。上海市教育主管部门对高校的学费收费有明确的标准和限额，学校和企业双方尚未进行利益分配，从长期发展来看，会出现企业积极主动性不高的情况。

（2）校企双方管理体制不同，制度保障细化程度不够

在目前的校企合作推进的项目中，学校和企业在管理上各自为政，建立的各种委员会发挥比较多的是沟通协调的作用，没有真正建立起符合双主体校企合作的独立的管理制度和体系。在管理上和体制上的不同，阻碍了校企深度合作的进行。

在探索校企合作过程中，校企合作主体双方共同参与招生、师资互聘、共建课程、共建教材、教育教学评价等，但是涉及成本、利益分配时，按照什么标准、企业导师到校兼职应符合什么标准、企业导师的薪资应该如何界定、企业能享受哪些优惠政策等问题都需要相应的政策制度甚至法律法规来规范。

（3）在校企合作中企业话语权不够

受传统观念的影响，从政府到学校、企业及社会大众，对校企合作培养应用型人才的重要性认识不清晰。政府重视科研人才、学校重视理论教育、企业追求经济利益、社会大众追求高学历，人才培养各个参与者的理念没有统一到应用型人才培养上来，这对形成双主体校企合作的社会氛围造成了不良影响。

虽然双主体校企合作强调发挥学校、企业的双主体作用，但在现行机制下，校企合作的建设经费大多数还是依靠政府财政拨款，来自社会或企业的资金不足。资金来源决定了在合作建设中企业拥有的、能够影响教育教学质量的话语权和决策权不够，不能真正对人才培养的过程起到重要作用，不能确保通过双主体校企合作培养的人才高度契合企业及社会发展需要。

（4）“双师型”教师力量不足

传统教师的引进标准多为博士或者海外留学归国人员，在调研访谈过程中发现，金融科技学拥有理论教学和实践教学能力的“双师型”教师只占教师比例的 1/3，“双师型”教师力量严重不足，培养校内教师具备实践教学能

力需要5年甚至更长的时间。由于校内缺乏符合实践要求的教师，实践授课老师多为兼职老师，质量和可持续性不能得到保障。

(5) 缺乏双主体校企合作的内部评价机制

在调研中发现，企业按照企业的一套管理评价标准，学校按照学校的管理评价标准，在合作中，管理上存在各自为政的情况，对于合作的管理过程和育人成果没有一个统一的内部评价机制，缺乏校企合作育人的内部评价和反馈沟通机制，育人成效缺乏保障。调研中还发现，由于体制机制不健全、制度保障不到位，如缺乏引进企业、行业专家作为老师的激励政策，也缺少企业兼职教师的保障制度等，校企合作企业方参与教育事业多是依靠满腔情怀，在缺乏激励政策和制度保障下，校企合作可持续发展机制有待建立完善。

7.5 建设思路及对策分析

7.5.1 “双师”结构教学建设思路：从社会需求出发

所谓“双师型”结构教学团队，是指由高校专业教师和企业中经验丰富的管理和专业人才共同组成的，致力于课程理论与实践的融合，打造全新人才培养模式的结构化教学团队。在现今国家大力发展职业教育的新形势下，应用型人才在社会上起到的作用越来越明显，同时社会对应用型人才的需求越来越大。对于学校教育而言，教育和教学是为了学生步入社会，走向工作岗位，发挥自己的专业技能。基于校企合作的“双师型”结构恰好具备这样的特点。校企合作一方面以校企合作为平台，以开发、设计和实现专业人才培养方案为中心，进一步以培养相关专业人才为目的，开展相应的学以致用的教学方法。另一方面，企业与学校合作共赢，进一步加强师资团队力量，让实际的教学内容既有理论方面的专业化知识，又有实实在在的经验技术。总而言之，这样的教学模式是理论和实践相结合，并不是传统意义上既学理论知识又学实践知识模式。所以，“双师型”结构教学团队建设应从社会需求出发。

校园与企业的联动性较差，导致学生毕业之后没办法及时适应社会环境和企业工作，而企业也因为一成不变的运营模式，故步自封，双方渐行渐远。在校企合作之后，因为有了师资建设的资源，教学团队的建设变得有的放矢，从而令教学贴合社会需求和企业工作模式。而企业在校企合作的平台上，又可以进一步学习校园中不断更新的专业知识和学术知识，提升企业在日常运营和管理中的有效性和专业性。同时，企业业务骨干在校期间还可以带动学生学习的积极性，带动教师积极学习企业的管理理念和信息化技术，达到互利共赢的目的。这样的“双师型”结构教学团队建设对于学校改革创新和发展有着较好的帮助，对于企业也有着较大的帮助。二者互相交流、共同发展，在显著提升人才的效果的同时，帮助教学团队的成长，也有助于进一步开展相关教学活动和工作。

最后，校企合作发展，互利互赢。就企业而言，只有将优秀的人才和新鲜的血液不断输注到企业中，才可以推动企业的整体发展和改革创新，从而为企业带来更大的发展空间。而就学校而言，学生通过这样的学习，学到的实际知识可以进一步回馈社会。学校的教育成果是给社会最好的答复。学生优秀，也提升了学校的综合能力和社会影响力。

7. 5. 2　“双师”教师选择策略：懂企业、懂教育，有责任、有义务

首先，在金融科技专业校企合作中，在校内教师在选择上，要符合“双师型”教师能力，既能讲解理论知识，又能对实践操作进行讲解。校内教师一定要由具有企业经历的教师担任，即教师要熟知知名企业、掌握一项技能。校内教师要懂得专业建设的内涵，懂得课程标准的设计，懂得项目课程设计，能同企业的生产标准对接，能在两个场景内开展教学环节的设计，创新校企教学方法的联动性，提高教育教学质量。

其次，在金融科技专业校企合作中，在企业教师选择上，不是企业所有的专业人员都适合担任学生导师，要从企业中选择技能精湛、道德修养好、善于沟通的专业型人员。要对选出的企业教师进行相应的教育教学培训，经过相关考核后才能承担教学工作。企业教师要传授学生技能，还要参与学生培养的方方面面，不是简单的“带徒弟”，而是要参与课堂教学设计、专业人才培养标准的分析与制定，以及校企一体化的教材编写等，能

将企业对员工的评价标准、企业生产标准同“学徒制”教学评价标准结合起来。明确企业专家担任教师的工作职责，对应用型教育下的企业教师与学校教师具有同样的要求，作为企业教师要明确自己的责任和义务。

最后，金融科技本科专业是新兴的复合型专业，对师资队伍提出了较高的要求。专业任课教师人数充足，师生比一般不高于1∶15。有学术造诣较高的学科或专业带头人。每门专业必修课程至少配备两名专任教师。对于应用性、实践性较强的专业课，建议聘请金融科技界专家参与教学，形成校内校外相结合的师资队伍。

专任教师应保持合理结构。讲授专业基础课和专业必修课的教师应具有硕士以上学历，年龄结构合理，学科背景合理。具有博士学位的教师比例不低于50%，“双师型”教师占比不低于50%，校外实务专家占比不低于20%。

7.5.3 “双师”教师培养策略：加大兼职人才引进，分步构建“双师型”教学团队

结合我国校企合作发展现状以及“双师型”教学团队构建的复杂程度，分步实施“双师型”教学团队建设。

（1）共享校企合作资源，打造校企合作“专兼结合”教学团队

1）加强内培工作。根据教学及教师发展需要，在教师实践能力上，对现有教师队伍进行职业技能培训，通过采用定期与不定期实践相结合、中长期与短期实践相结合、综合性与单项性实践相结合、脱产与不脱产实践相结合的培训方式，提高现有教师实践能力，在科研项目上鼓励教师进行应用型研究。

2）加大外引力度。通过校企合作平台，引进行业专家，以兼职方式充入教师队伍。设立产业教师（导师）特设岗位，建立业界师资双聘制度，形成校企人才短期全职交流的双向通道，引进教学名师、专业带头人、学科带头人，同时通过兼职方式聘请行业专家和企业高管（图7.4），以带头人为核心力量组建“专兼结合”教学团队，提高校企双方工作人员的互动与交流。同时要加强对兼职教师的管理，明确兼职教师的责任、义务、权利，对他们进行定量考核与动态管理，鼓励和支持兼职教师申请教学系列专业技术职务，

将兼职教师管理纳入专任教师管理范畴，树立其主人翁意识，提高兼职教师的积极性，保证“双师型”师资队伍的稳定。

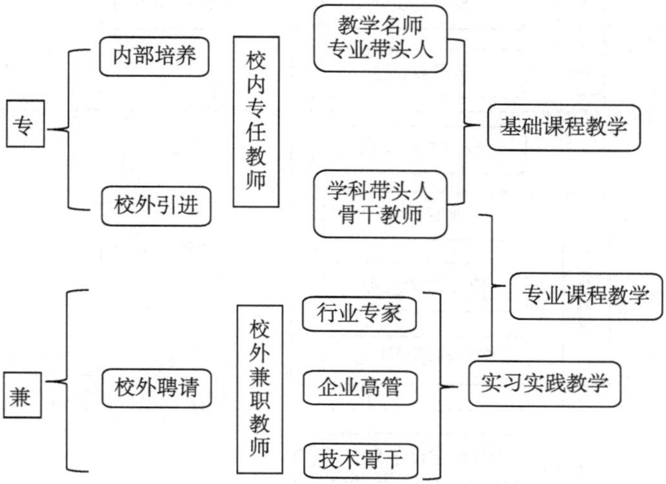

图 7.4　“专兼结合”教学团队架构

（2）依托校企合作平台，优化“双师型”教学团队

双主体校企合作组建“双师型”教学团队，企业全程参与学生培养并全程负责，不仅负责教学，还负责管理、考核与评价，真正让企业发挥教育的主体作用。校企双方无论在领导与管理、师资组成、育人平台建设、团队任务中都相互交融、共同参与，形成以专业带头人为核心，专业骨干为中坚力量，青年教师为后备资源的教学团队，充分利用校企合作平台，不断加强老中青结合的“双师型”教学团队建设。

在师资组成结构上，通过校企共建，师资力量从单一结构向多元结构转型；在教师能力上，利用校企合作的产学研项目平台、学科建设平台、师资互聘交流平台，通过定期培训、企业践习等使教师从理论型老师向应用型老师转变；通过教学模式改革，实现教学方式从灌注式向引领式过渡（图 7.5）。

7.5.4　“双师”制度优化策略：制定教学团队考核制度

（1）完善校企合作“双师型”教学团队考核模式

建立“双师型”教学队伍，关键在于建立起对教师的评价及考核激励制度体系。根据校企合作办学定位和管理目标，制定与校企合作办学定位、发

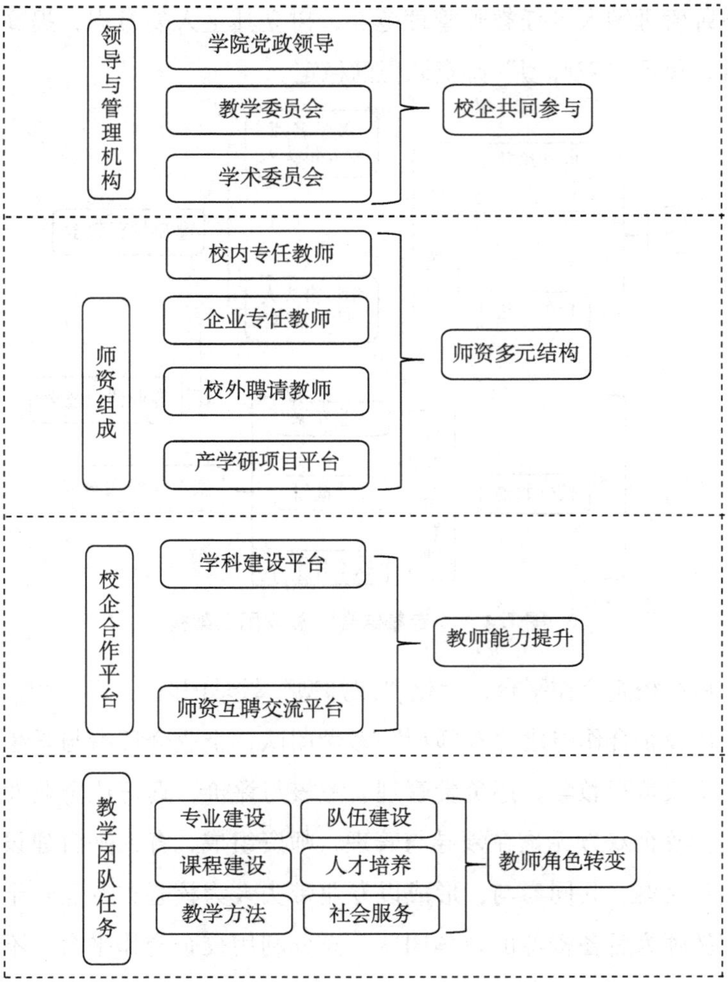

图 7.5　校企合作“双师型”教学团队架构

展战略相结合的考核评价激励制度。

在考核对象上，设置团队考核指标，将个人工作量考核指标换算为团队考核指标，从考核角度加强教学团队合作。

在评价手段上，改变现行的定性考核规定，利用大数据和信息化技术，对教学团队进行量化考核。

在考核内容上，改变现行的教学工作量、科研工作量的考核内容，加入与社会服务、应用型研究等相关的考核指标。

在考核周期上，将教师践习、培训纳入考核周期，鼓励教师通过个人发展提高教学能力。

(2) 完善校企合作“双师型”教学团队激励制度

从目前与慧科校企合作的金融科技专业来看，适合对参与企业课程教学活动的教师，以课时费的形式发放津贴。其激励方面，第一，在校内开展理论实践一体化教学和实训教学，津贴标准参照学校制定的校外代课费标准，学校发放标准以教授、副教授、讲师、助教的标准为依据，企业教师以从业经历、学历、行业等为发放课时费的依据；目前聘用企业相关技能人员担任授课教师的代课费并没有太大竞争优势，未来可考虑依据学校相关标准来进一步激励企业师资。第二，学生在企业跟岗学习期间，可考虑制定跟岗师傅津贴标准，以企业师傅的思想品德、指导学徒态度、指导水平和质量效果、工作量和企业学校对师傅的评价结果为依据，评定出优秀、良好和合格三个等级，支付企业师傅带徒津贴。资金来源可以向学校或金融科技企业申请专项资金。第三，利用荣誉激励措施宣传企业教师的专业技能，通过结业仪式、重大突出贡献表彰大会广泛宣传企业师资辅导学生的培养模式，提升企业教师的职业成就感。第四，对于学校的专任校内教师也要制定“双师”教师的认证标准，明确专任教师在培养学生中的贡献和付出，将专任教师的企业实践、技术服务、项目活动纳入“双师型”教师业务考核，同时作为专业技术职务晋升、津贴发放和年总评优的依据，提高学校“双师型”教师的工作积极性和参与度，为实行应用型的人才培养提供较强的师资支持。

(3) 企业顶岗实践作为考核参考要求，切实提高教师的实践教学能力

根据《教师到企业实践管理办法》的要求，教师每两年要完成 2 个月的企业实践，教学部实行自找实习单位、教学部指定实习单位及选派青年教师参加省级企业实践培训课程等多样化模式。同时，建立教师实践基地，为教师到企业实践提供强有力的保障。“双师”团队中的学校老师可参加学校组织的相关企业教师实践活动。具体做法：由学校合作的企业提供教师实习基地，提供必要的办公用品，配备部门经理或专业技术人员对实习教师进行必要的工作指导。由学校提供必要的资金支持。学校定期选派教师到实习基地实习，教师通过参与企业实际工作，了解企业运营、行业企业的需求，增强教师实际操作能力，积累教学案例。同时，教师还参与企业实习生的管理与指导，

达到资源共享、优势互补。

7.5.5 “双师”管理与运行策略：建立跨单位的管理运行机制

教学团队内部管理与运行机制是教学团队能否健康发展的关键。金融科技人才培养成效的显现需要较长的时间，而培养模式和理念的总结和升华更是一个长时间的过程，因此，为保障教学团队的有序运行，需要建立跨单位的管理运行机制，综合学校、企业不同的管理方式方法。

1）建立校企合作教学团队管理相关制度。依据学校专任教师管理制度和企业员工管理制度，根据校企合作“双师型”教学团队的特点，加强教学团队学习、工作共同体建设，制定适合校企合作教学团队的管理制度，使校企合作“双师型”教学团队管理有章可循。

建议学校和企业共同建立《金融科技专业校企合作章程》《金融科技教学团队“双师”模式协议书》《校企“双师”教育管理办法》《“校企双向工作室”工作管理办法》《“双师”教育教学运行与质量监控体系》等相关管理办法。上述管理办法明确了学校教师与行业企业教师担任“双师型”教师的要求，规范担任“双师型”教师的聘用流程，明确学校教师和企业教师的工作职责。为提高企业教师培养应用型学生的责任与义务，学校与企业教师所在单位达成一致意见，企业教师所承担的教学工作也是其所在单位的工作职责之一，并且建立企业教师和学校教师的评价考核标准，即从思想品德、指导态度、指导水平与质量、学生（学徒）评价和综合评价几个方面对“双师型”的教育教学工作进行评价考核。

2）建立教学质量保障体系。通过把对教学产生重要影响的教学管理活动有机地联结起来，形成一个能够保障和稳定提高教学质量的有效整体，其目的在于持续不断地改进人才培养活动的效果，提高人才培养活动满足社会需要的能力，实现教学质量管理的动态管理与逐步提高。质量保障体系包括四个层面：质量标准、质量保障组织、质量保障制度、质量保障运行机制。

这些标准的建立需要经过专家论证，突出“以学生为中心”的教育理念，突出专业标准和企业用人规格的有效结合。特别是围绕应用型本科人才培养，从金融科技行业人才需求、人才培养目标、课程体系设计、实践教学等方面进行全面论证。慧科教学质量保障制度如图7.6所示。

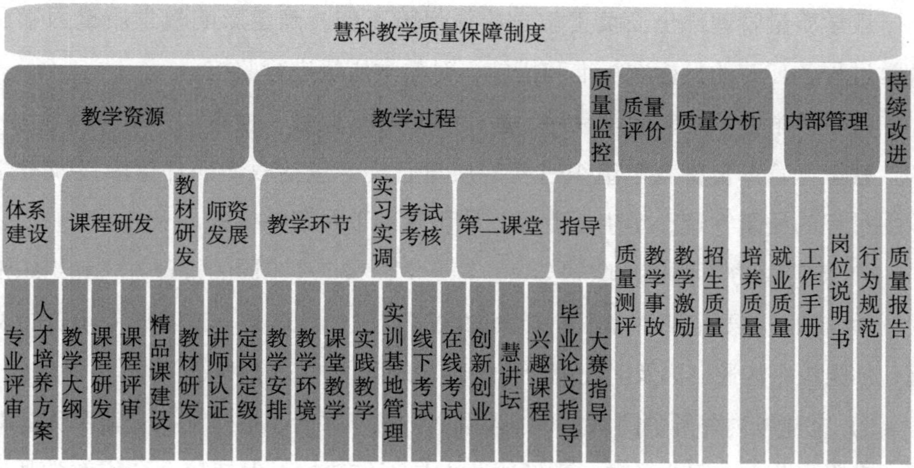

图7.6 慧科教学质量保障制度

进一步打造融“目标—过程—结果—评价—反馈”于一体的教学质量保障体系运行机制，以有效配合并支撑体系的稳定运转（图7.7）。

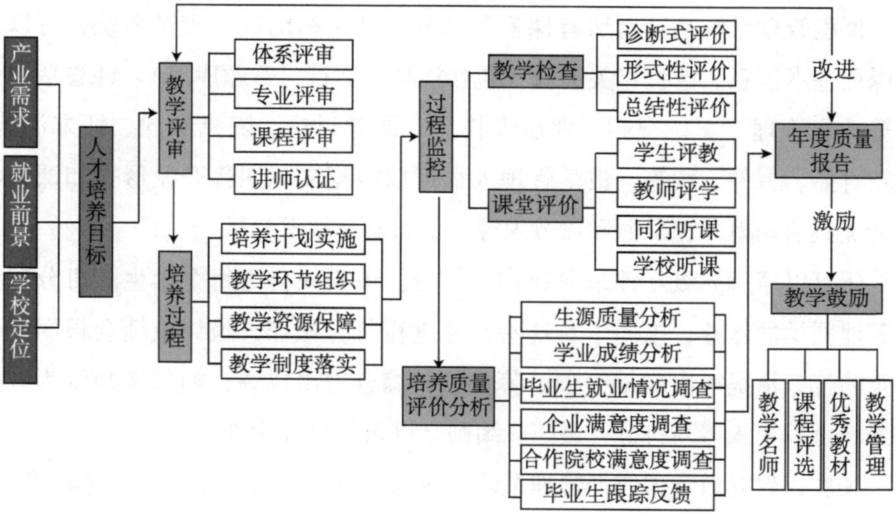

图7.7 质量保障体系

3）建立教学团队协调机构。学习美国设立教师发展机构的经验，建立一个能够对校企合作“双师型”教学团队建设过程进行管理，对建设质量进行内部教学质量保障的机构，并发挥学校、企业沟通协调作用。教学保障组织可以包括教学质量管理部、教研教学专家组、教学运营部。

教学质量管理部全面负责教学质量保障工作，确定影响教学质量因素和教学过程各环节的目标、标准和措施，对教学质量进行监控。

教研教学专家组对教学秩序、教学质量进行监督、检查、评估和指导。

教学运营部负责教学组织过程的质量管理，包括教学条件保障以及教学辅助过程的质量管理，学生就业服务质量管理以及跟踪调查。

4）定期举办不同层次联席会议。鉴于学校和企业不同的管理方式和组织形式，学校和企业要定期举办不同层次的联席会议，针对某一或某些专项进行交流，加强校企沟通，为及时发现合作中存在的问题并及时解决问题提供保障。

5）搭建校内外师资团队共享、互动式的教学平台，通过无碍交流和无缝对接，克服团队人员职业倦怠，激发团队人员工作热情，保持校企合作教学师资团队的充实性、稳定性，更好地将理论性和实践性应用型教学内容融合起来。

首先，建立一个课程管理平台，方便师资团队成员在课程内容共享平台上交流。

课程管理系统是针对所有课程信息及内部结构的统一管理系统，可以完成课程基本信息、课程相关资源（包括视频、文档、习题库等）、课程章节内容等功能管理，支持视频、课后大作业、课堂讨论、随堂测验、期末测验、视频直播、课件下载等，教学管理人员可以根据实际课程开设形式和课堂组织情况灵活调整课程资源和章节内容，从而提升教学效果。

还可以通过同级互评来完成作业打分。该模式会为每个学生随机分配多份其他同学的作业，该同学对这些作业进行打分操作，最终成绩会根据每位学生的打分情况得出成绩模型计算分数，综合得出成绩；如果教师认为分数不当，可以介入参与打分，最终成绩则会以教师打分为准。

其次，建立教学大数据管理系统。该系统可以针对整个学院、单门课程、单个教师或单个学生进行系统的数据分析，通过这些数据分析和报表展示，可以使学校明确如何优化课程内容和课程结构，以及在提高团队师资建设效率方面达到的持续监督教学目的，最终改善教学效果。另外，师资团队中的教师可以对不同班级课程下学生提交的作业进行批改、快速查阅，还可以通过待批改、已批改等不同状态对当前作业进行批阅，团队中的教师可以了解其他教师的工作进度和其他相关教学情况，提高团队教师的教学互补性。

6）充分利用政府搭建校企合作师资培养平台。政府、学校、行业企业共建“双师型”教师培养培训基地，建立高等学校、行业企业联合培养“双师型”教师的机制，切实推进教师定期到企业实践，不断提升实践教学能力。

通过“双师型”教学模式的实施，企业教师和学校教师既承担一定的责任又要担当一定的义务，这就需要企业教师不但参与专业人才培养方案设计，同时思考企业人才需求和学校人才培养的融合度，而且企业教师还要参加专业能力分析和专业课程体系的设计与实施，并进而思考如何发挥自身在传授知识和技能方面的作用，从而形成企业师傅和学校教师相互学习、相互借鉴和共同进步。

学校和企业教师可共同参与的课程研发和实施的相关环节如图7.8所示。

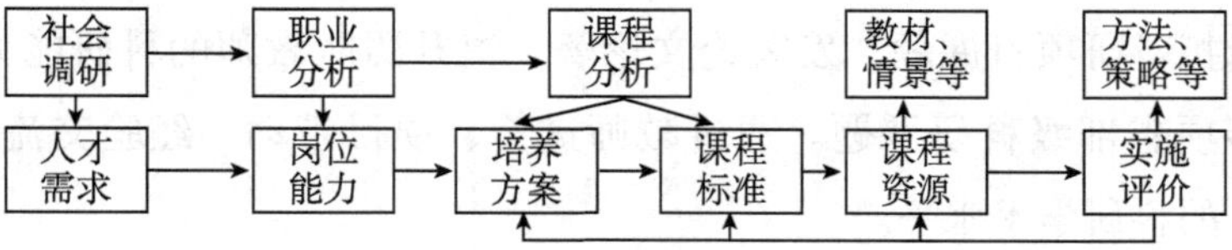

图7.8 课程研发和实施的相关环节

课程研发示例如图7.9所示。

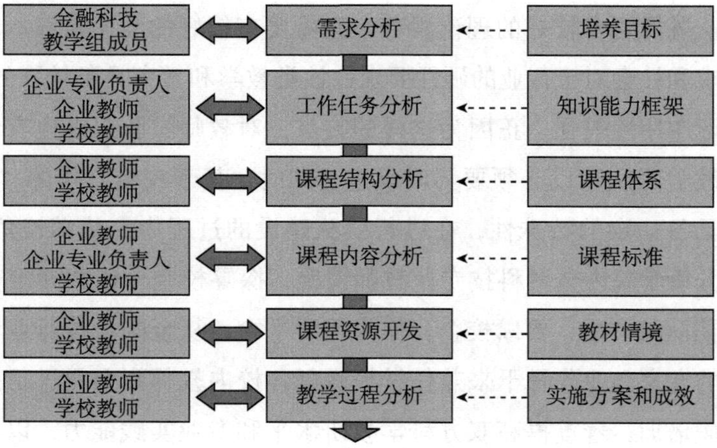

图7.9 课程研发示例

7.5.6 “双师型”教学技能优化策略：妥善处理教学与科研的关系

围绕校企合作建立的“双师型”教学团队以教育教学、完成人才培养为主要使命，通过提高教学团队的教学能力提高教学质量。在实际情况中，教学团队的能力提升往往是同科研结合在一起的，教师团队借助研究了解学科前沿动态，将研究成果应用于教学过程，提高教师能力和教学水平。有了高水平的应用型科研活动的支持，教学团队才会有持续发展的动力。

在具体推动中，“双师型”团队可以考虑有计划地选派教师去外地学习先进技术，进修学历、学位。建设精品资源共享课程，丰富金融科技教学资源，提升教师的教学研究能力。鼓励教师创新教学方法，将先进的金融科技领域知识运用于教学中，培养教师创新教育的能力。组织教师申报各种科学研究课题，承担科研项目课题，发表论文论著，提升团队教师的科研能力，申请并完成多项省部级科研课题。通过教师进修、项目带动、经验交流等方式，提高团队的科研学术水平。

7.5.7 小结

师资团队是高校最为关注的热门话题之一。就金融科技教育而言，高校的师资团队既需要有较好的理论素养，又需要有较好的职业素养。因为行业的特殊需求和社会对于行业的硬性要求，该类教学和教育具备较强的特殊性，教学的实际应用性较强。正因为这样的特点，对教师团队建设也有着高标准的要求。教学团队建设必须要与时俱进。同时，基于校企合作的“双师型”教学团队具备一定的特殊性，在进行团队建设的过程中，从学校角度出发，应该综合分析学院内金融科技专业教师情况，探寻校企合作共同培养“双师型”教学团队的方法；要以校企合作为重要平台，从金融科技行业各大企业聘请相关的专家和业务骨干来兼任学校教师，校内教师到企业进行岗位实际操作和挂职培训，着重提高双方科学教研水平和专业实践能力，以及服务社会的能力。只有提高了内部素质和内部教学质量，才可以进一步完善整个教学团队的建设，提高教学团队的综合能力。在从前的教学模式和企业运营模式中，校园和企业是各自封闭的一个环境，没有过多的交流和合作，学生从校园走进企业，需要在企业中重新学习。企业的工作运行模式往往与校园讲述的及学术界讨论的截然不同，又没办法使其得到改变。

“双师型”教学团队的建设，是为了将专业和社会企业进行联动，多方面紧密合作，从而在开放校园的同时也开放了企业。

第 8 章

金融科技专业建设一流本科研究

8.1　研究背景及趋势

8.1.1　选题意义

当前，以大数据、云计算、人工智能为代表的金融新业态蓬勃发展，社会对金融科技、金融统计等领域的跨学科金融人才迫切需求。根据互联网金融行业协会调查，近年来，社会对金融科技从业人员需求呈爆发式增长，并预计未来 10 年累计需求量将达到 300 万人。上海市金融服务办公室发布的《上海金融领域“十三五”紧缺人才开发目录》，也明确把金融科技等金融人才列为极度紧缺人才。

本校根据《国家教育事业发展“十三五”规划》（国发〔2017〕4 号）、上海市教委关于推进一流本科建设试点的通知精神，以上海国际金融中心建设的需求为导向，结合《普通高等学校本科专业类教学质量国家标准》《上海立信会计金融学院“十三五”发展规划》和《上海立信会计金融学院巩固教学中心地位若干意见》（2017〔16〕号），积极开展金融产品和业务与互联网技术、大数据分析技术交叉融合的金融科技新专业建设研究，加强专业教学质量标准建设，推动现代信息技术与课程的深度融合和共享，搭建综合性、专业化的跨学科实验教学平台，力争使学校成为培养应用型、复合型金融专业高层次应用人才的开拓者和引领者。

8.1.2 相关领域研究现状及趋势

学校拟解决或推进的工作包括如下几个方面。

（1）推进新专业建设

坚持“理论实践结合、校企合作办学”的专业建设思路，主动对接上海金融新业态变化，推进金融产品和业务与互联网技术、大数据分析技术交叉融合的金融科技新专业建设，规划布局一批金融科技专业（方向），如数字普惠金融、金融大数据技术应用、区块链金融等，进一步满足金融科技各细分领域的专业技术人才培养需求。

（2）加强专业教学质量标准建设

依据教育部颁布的本科教学质量国家标准，紧密结合现代金融业发展的行业特性和人才素质要求，定期举行金融科技人才校企联合培养研讨会，企业方提出人才需求，通过校企合作培养，搭建和实施产学研用一体化的校企合作人才培养课程体系，率先制定金融科技专业的教学质量标准。

（3）推动现代信息技术与课程的深度融合和共享

建设质量高、教学效果好、体现立信特色的网络共享课程，搭建智慧学习空间，实现本校跨专业、跨学院、跨校区教学资源共享。注重理论与实践的结合，主要采用案例教学法和模拟教学法开展教学，并积极探索创新教学方法。

（4）搭建综合性、专业化的金融科技实验实训平台

密切对接金融行业的发展趋势，深入调研国内外先进的金融科技等相关领域综合实验室的建设方案，系统规划、全面整合，引进阿里云计算与大数据创新实验室及实训资源、慧科金融科技实境编程实验室及实训资源、蚂蚁金服普惠金融创新实验室及实训资源、钱袋宝移动支付创新实验室及实训资源、慧科精益创业实验室及实训资源、国云大数据金融量化投资实验室及实训资源、京东金融科技产品设计实验室及实训资源、百度金融人工智能创新实验室及实训资源等。

期望整合优质资源，构建校企合作金融科技人才培养课程体系，并探索建设一套常态化的与金融科技专业教学质量相关的标准，最终促进学校金融

科技专业的一流本科建设，也为国内高等院校相关专业的一流本科建设提供理论和实践指导。

8.1.3 研究思路

本章通过文献研究总结归纳国内外对于金融科技专业建设、一流本科建设的相关研究和经验；通过现状调研了解当前学校在建设金融科技专业方面的情况，包括教师团队、学生培养、校企合作以及人才培养方案和教学方法等；结合以上各方面现状，进行相应的问题分析，主要从学校层面和企业层面分析在进行金融科技专业建设过程中面临的问题。在上述研究、调研和分析的基础上，本章尝试提出金融科技专业建设一流本科的思路和对策建议，将主要从理念和目标、教学设计、教师团队建设、教学质量标准、学生能力考核、深化产教融合这六个方面进行讨论。

8.2 文献研究

8.2.1 一流本科建设的相关研究

2015 年 8 月 18 日，中央全面深化改革领导小组会议审议通过《统筹推进世界一流大学和一流学科建设总体方案》，对新时期高等教育重点建设做出新部署，将“211 工程”“985 工程”“优势学科创新平台”等重点建设项目统一纳入世界一流大学和一流学科建设；2017 年 1 月，经国务院同意，教育部、财政部、国家发展和改革委员会印发《统筹推进世界一流大学和一流学科建设实施办法（暂行）》。2017 年 10 月 18 日，习近平同志在十九大报告中指出，要加快一流大学和一流学科建设。

中国教育学会会长钟秉林（2016）指出，“双一流”建设的核心任务和重要基础是一流本科教育。他认为，一流本科教育是建设世界一流大学的重要基础，是建设世界一流学科的重要支撑，一流本科教育质量也是大学办学声誉的重要载体。其提出的建设一流本科教育的实践路径包括：更新教育思想观念，深化本科人才培养模式改革，加强人力资源和物质资源建设，建立科学的教学治理结构和管理运行机制，营造优良的校园文化和育人氛围。

李万龙和赵立婷（2017）指出，建成世界一流大学的前提是建设世界一流的本科教育，建设一流学科教育是建设一流本科教育的重要基础，并且强调人才培养是大学的根本任务，不应一味追求学术成就和现实功利，而要把人才培养放在首要位置，只有如此，才能实现一流本科教育，从而进一步建成一流学科。他们也提出建设一流本科的基本途径，包括：对传统教学模式的改变，以学生为主体，关注学生的个体差异性，进行“因材施教”；对教学过程进行持续优化，改革教学方法，注重师生间良性互动，不断提高教学水平；加强对教师队伍的建设，确保师资队伍的高水平，并建立相应的物质保障机制，提升教学条件，为“双一流”提供强大支撑；重视对大学校园文化的建设和传承，培养创新型人才。

陈德良（2017）也在其研究中探讨了建设一流本科教育的基础和途径，并指出一流本科教育的基础是由以下几方面构成的：①把人才培养和教学放在中心位置，“让科研为本科教学服务，让科研转化为教学内容，让学生参与科学研究，让教师为了教学而研究”。②重视课堂教学质量，其核心包括教学内容、教学方法手段和授课资格三个方面。在教学内容方面，需要解决“水课”问题，把能力培养作为教学的根本目标；在教学方法手段方面，要让教师回归教学研究，把学生作为课堂主体，强调有效且高效的教学方式；在授课资格方面，要鼓励高水平的教师为本科学生上课。③建设一流本科教育的关键是调动教师教学积极性和学生学习积极性。从教师角度来说，必须转变当前高校普遍采取的监控式管理方式，要把服务放置于管理的前端，尊重教师的教学自主行为，提倡将科研成果转化为教学质量，让教学成果的优先级高于科研成果，让教学考核成为科研考核的主导，让教师的个人发展由培养人才的质量决定；从学生角度来说，一方面，要明确兴趣是学习的动力，应当通过各种方式激发学生的学习兴趣，课程设置可以参考国外一流大学，体现课程的广博性和可选择性，以促进学生兴趣为导向；另一方面，对学生的学业评价要摒弃草率的“一次考试下定论”的方式，重视过程性考核，激发学生的问题意识，将考核作为课程教学的一部分常态。

关于一流本科建设的路径，陈德良（2017）在其研究中提出“确立一个目标，突出两项建设，增加三种动力的思路”。确立的目标为“精英人才培养”，并建立与之匹配的人才观、教学观和学习观，引导学生在学习时将理论和实践相结合，课内和课外相结合，线下学习和线上学习相结合。“突出两项建设”针对的是对课程和专业的建设，关于课程建设，要实施一流课程建设计划，对教学内容进行升级换代，全面推进研究性教学，并提到要重视互联网给教育带来的挑战，将“教育+信息技术”的思维转变为“互联网+教育”的思维，实现“互联网”和“高等教育”的深度融合；关于专业建设，需要建立一流的课程体系，搭建一流的师资队伍，并要优化和调整专业结构。“三种动力”指的是教师教学、学生学习、学校管理三个方面的积极性，增强教学的动力。

教育部自2017年2月以来，积极推进新工科建设，发布《教育部高等教育司关于开展新工科研究与实践的通知》《教育部办公厅关于推进新工科研究与实践项目的通知》，一系列举措旨在探索实现我国高等工程教育在新时代的改革与突破，以应对新一轮的科技革命和产业变革，支撑服务创新驱动发展，由此也对我国高等院校一流本科专业的建设提出了新的要求。南京航空航天大学教师跨界发展研究中心的江爱华等（2018）结合南航的相关实践，探讨了新工科视角下的一流本科专业建设问题。他们首先指出了当前本科人才培养中主要存在的一些问题，包括：高校的培养方案和产业实际需求脱节，教学体系和效果无法满足新一轮科技革命和产业变革对创新型、复合型人才的需要；学校没有形成科教互促共进的机制，缺乏与产业紧密结合的科研平台，从而不能获取前沿的研究资源和工程实例，不利于高质量教学的开展；产教融合和校企合作不够深入，对学生创新创业能力的培养缺乏有效载体。基于以上问题，他们提出的改革思路主要有如下几点：跨界思维，对接产业行业、重新构建人才培养方案；创新工程教育，提升教育理念；立足行业、服务产业，促进教学体系与行业应用的契合，提升“新工科”人才培养的针对性和有效性。产教融合，打破校企合作的壁垒，激发企业深度参与人才培养的积极性；进一步挖掘校企合作的深度，拓宽校企合作的广度；学校和企业共同搭建卓越的师资队伍，促进产教的深度融合。创新机制，推进校院管理机制创新，推动教学管理和教学服务重心下移；创新教师发展机制，加速推进适应“新工科”一流本科教育需要的高素质、专业化、创新型教师队伍建设。

8.2.2 金融科技专业建设的相关研究和实践

随着近年来科技和金融的不断深度融合，依靠互联网技术应用的力量，国内金融科技产业迅猛发展，发展态势甚至超越英美等发达国家，这也使我国对于金融科技人才的需求不断增长，高等院校如果故步自封在传统金融学人才培养的理念和方式里，势必将与社会对金融人才的需求严重脱节。因此，越来越多的高等教育工作者开始关注并研究金融科技人才的培养方案，以及金融科技专业建设的相关问题。

西南交通大学的胡霞娥（2016）基于对肇庆市科技人才和金融人才的调研数据，参考深圳培养金融科技人才的先进做法，提出了一些关于金融科技人才培养的设想，主要包括：①基于导向性、科学性、完备性三大原则建立金融科技人才评价指标体系，指标体系的一级目标层为金融科技人才，二级准则层由基本特征、知识水平、能力结构、职业道德四个基本要素构成；②通过建立良好的金融科技人才认证通道吸引人才；③通过金融科技人才培训课程提高自身人才存量；④通过吸引周边金融人才，带动人才发展；⑤从政策上保障高质量金融科技人才的储备。当然，此研究是针对一个城市培养和吸纳金融科技人才的做法，与以高校为研究对象有所差异，所提设想并非完全适用。

唐恩林和华小全（2016）在关于科技金融背景下高校金融教学改革的研究中，指出了当前应用型高校金融教学存在的问题：一是人才培养定位不明确；二是课程设置不科学，和市场需求脱节；三是实践教学占比小；四是金融师资队伍整体素质有待提高，主要指师资实践教学经验和实践操作能力的欠缺，以及对前沿发展没有足够的认识。基于此，他们提出了几点建议：①对金融人才的培养目标进行重新定位，从培养专业知识型人才转变为培养理论与实践并重的综合素质型通才；②对课程体系的设置进行革新，从宏观向微观转变，并引入贴合金融前沿的课程和专题讲座；③提高实践教学质量，构建由实验、实训和实习相结合的实践教学模式，并建立金融综合实验室，加强校企合作，建设校外实习基地；④搭建高水平的师资队伍，完善教学团队的建设规划，重视对教师的实践教学培训，并建立严格的教师考评体系和合理的职称评定制度。

除了相关研究，本书也回顾了当前全世界范围内在金融科技相关专业搭建方面的实践经验。首先放眼全球，佩斯大学、休斯敦大学等美国高校于2016年先后开始了对金融科技相关本科专业的建设工程。佩斯大学建立金融智能分析专业，把大数据金融等课程模块植入专业课程体系；休斯敦大学建立金融科学专业，把金融科技产品设计等课程模块植入专业课程体系。除此之外，美国纽约大学也在2016年推出金融科技方向的MBA学位教育项目，纽约哥伦比亚大学和麻省理工学院等还构建了金融科技在线认证体系，英国斯特拉斯克莱德大学在2017年推出金融科技硕士学位项目。另外，美国金融学科排名前五位的高校在培养金融科技人才方面还采用了俱乐部论坛、职业培训等模式。

目前，国内不少高校已开设互联网金融、大数据金融、金融科技等相关专业（方向），主要聚焦本科教育。教育部于2016年正式将互联网金融专业纳入本科专业目录，电子科技大学、安徽财经大学、安徽新华学院、铜陵学院、云南财经大学和广东金融学院六所高校获批开设。同时，山东财经大学、山东女子学院、武汉工商学院、江西财经大学、五道口金融学院、齐鲁工业大学、中央财经大学等10多所高校在金融工程、电子商务、计算机科学与技术等专业下设置互联网金融专业方向。为了推动学校乃至全国范围内的金融科技学科专业建设，学校于2017年启动设置金融科技专业（方向），并于2018年3月获教育部审批，落成全国首个也是全国唯一一个设置金融科技专业的学校。

整体来看，国内高校本科层次对金融科技专业人才的培养目标为：培养应用型、复合型、掌握金融科技交叉学科知识和技能的中高级专业人才。金融科技本科专业毕业生的适应岗位为：金融机构和数字普惠金融机构前、中、后台综合金融业务的产品设计、交易结构设计、业务规划、技术管理；人才培养方式为通过理论教学、实验模拟教学、专业实践和毕业设计等综合训练，侧重培养学员的专业复合知识和综合能力，学制4年。

8.2.3 小结

通过对国内一流本科建设和金融科技专业建设的相关研究文献以及实践经验进行回顾和提炼，可以得出如下主要结论，作为本研究的理论依据。

1）在国家推进大学的“双一流”建设过程中，一流本科建设是核心任务。

2）在进行专业建设的过程中，首先要对传统的教学目标进行重新定位，切实把人才培养作为首要目标，重视对教学质量的考核和把控。

3）基于当前金融教学与现实需求脱节的问题，需要对课程设置进行全面革新。除了理论教学，还要重视对学生实践能力的培养，实现培养高素质复合型人才的目标。

4）高校可以通过建设金融实验室、加强校企合作等途径，切实提高实践教学的比重和质量。

8.3 金融科技专业本科建设的现状

上海立信会计金融学院金融学专业已有 60 多年的建设历史。目前，学校本科层次设置有金融学、金融工程、信用管理等专业。金融类本科招生面向全国所有省市一本招生，生源质量较好。金融学大类专业累计招生人数和培养人数位列所有专业第二名，是教育部特色专业和市教委本科教育高地专业。金融工程专业于 2006 年开始招生，2017 年 1 月，学校举办金融科技人才培养创新论坛，与教育部产学合作协同育人项目唯一官方合作单位——慧科集团签订校企战略合作协议，筹建全国首个金融科技学院。2017 年 9 月，学院金融工程专业（金融科技方向）获批上海市应用型本科试点专业，同月，首届金融工程专业（金融科技方向）学生入学。2018 年 3 月，金融科技专业的申报材料获教育部审批，标志着全国首个也是全国唯一一个金融科技专业落户我院。

以下将从教师团队、学生培养、校企合作、人才培养方案和教学方法方面对金融科技专业建设进行概述。

8.3.1 教师团队现状

基于校企合作办学的模式，金融科技专业的师资队伍由校内专职师资和企业兼职师资共同构成。

（1）校内专职师资

目前，金融科技专业方向的专业课主讲教师共 19 人，其中，校内专任教师16人，占比84%；企业主讲教师3人，占比16%；校内专任教师16人（表8.1）中，教授4人，副教授8人，高级职称占比75%；博士研究生占比100%；“双师型”教师占比47%；具有海外攻读学历学位、访学、培训进修或工作经历的教师8人，占比50%。企业主讲教师的研究生学历占比88%；9名前沿讲座师资均为企业高管。整体来看，学校金融科技专业方向的师资队伍在学历、年龄和技术职称三个方面的结构分布较为合理。

表8.1　金融科技专业方向校内专任教师情况汇总表

总数	职称结构						学历结构				年龄结构					
	教授		副教授		讲师		博士		硕士		35岁以下		36~50岁		50岁以上	
	人数	比例（%）	人数	比例（%）	人数	比例（%）	人数	比例（%）	人数	比例（%）	人数	比例（%）	人数	比例（%）	人数	比例（%）
16	4	25	8	50	4	25	16	100	0	0	1	6	11	69	4	25

（2）企业兼职教师

与学校进行校企合作的企业方——慧科集团，聘请了包括合作金融机构行业专家在内的十余位学者、讲师，作为合作高校金融科技专业方向的企业教师，依据金融科技人才培养方案中的教学计划实施课程讲授、讲座开设和学生指导等工作。

8.3.2　学生培养现状

2014—2016年，金融工程专业每年招生人数为48人，招生分数在多个省市处于一本分数线以上，生源质量较好。从近几年数据来看，金融工程专业的毕业生就业率稳定在98%左右（表8.2），高于上海高校平均水平。从2016届金融工程专业毕业生就业去向看，出国1~2人，占比约3%；考研7~8人，占比约15%；企业1人，占比约2%；其余均去往金融机构就业，占比约80%。

表8.2　金融工程专业近三年招生及就业情况

毕业年份	毕业生数	签约率（%）	就业率（%）
2016	49	61	98
2015	50	60	98

续表

毕业年份	毕业生数	签约率（%）	就业率（%）
2014	50	59	97

8.3.3 校企合作现状

2017 年 1 月，学校与教育部产学合作协同育人项目唯一官方合作单位——慧科集团签订战略合作协议，采用“双主体”模式，合作共建全国首个金融科技学院，推动金融科技专业方向建设和发展。学院从领导班子、学术委员会、教学委员会的组建，到教学运营管理、学生实习实践和就业的，实现了真正意义上的“双主体”校企合作，成为学校探索校企合作培养应用型人才的试验田。这里从校企合作的组织体制和运行机制两个方面做简要概述。

（1）组织体制

为了提升企业参与高校人才培养的深度和广度，学校和慧科集团积极探索校企双主体管理模式，共同组建金融科技学院。学院院长由主管教学的副校长担任，慧科集团 CEO 担任执行院长，学校选任 2 位副院长，企业推荐 1 位副院长，共同做好学院相关组织协调和推进工作。

（2）运行机制

运行机制主要由“产学合作协同育人”“教学工作机制”“管理工作机制”这三方面构成。

1）产学合作协同育人。2016 年，慧科集团牵头发起成立中国教育创新校企联盟专委会，并与阿里巴巴、百度金融、蚂蚁金服、招商银行等金融科技领域龙头企业建立合作关系，打造了一支拥有丰富产业经验的企业师资队伍，为推动本专业应用型人才培养提供了必要的师资保障。

2）教学工作机制。将金融科技学院的教学任务列入全校教学任务，通过设立“慧科奖教金”等激励政策鼓励和吸引校内优秀教师承担学院的教学工作；采用学校导师和企业导师联合负责制，对学生提供全程的指导；在学生完成课程学习和企业项目实训后，由慧科集团将学生推荐到与本专业对口的企业岗位实习，并对学生进行全方位的职业化指导，确保学生在毕业后能够顺利就业。

3）管理工作机制。学校和企业在管理方面有明确的职责分工，学校主要负责提供基本办学条件、行政管理、学生管理，以及学生在读期间的教学管理，包括教学协调，教师聘请、服务协调，学籍、学位、成绩管理等；慧科集团主要负责提供企业师资、企业课程在校内的执行和保障、学生实习实训实践、创新创业活动和就业推荐等；校企联合共建实验室。适时引入国外知名高校相关专业，推进三方合作。

8.3.4 培养方案和教学方法

（1）人才培养目标定位

本专业培养目标定位于培养具备从事金融科技行业所需的职业道德与专业知识和技能的跨学科高素质人才，培养学生系统掌握经济学和金融学基础理论，以及金融产品设计与运营、金融大数据分析等金融科技核心知识与技能，能将相关商业场景下计量分析原理及方法与大数据分析技术有机结合，针对金融产品设计、金融运营和量化策略分析方向，培养学生解决实际业务问题的综合能力，并具备金融科技前沿视野。

（2）专业核心能力

本专业通过构建学员“应用型、复合型、创新型、国际化”的知识能力结构，融合金融学科与现代信息技术，提高金融服务效率，完善社会征信管理体系，推动小微企业和基层人群获得信用金融服务等多种方式，为金融系统产业升级储备未来人才力量。金融科技方向的专业核心能力及培养途径如表8.3所示。

表8.3 金融科技专业方向核心能力及培养途径

专业核心能力	培养途径
良好的职业操守和诚信品质	坚持“诚信”的办学理念、“立信”校训、“立诚明德，经世致用”大学精神，将“诚信教育”贯穿4年教育全过程，有助于学生形成良好的职业道德
数字普惠金融实务的操作和驾驭能力	通过合作行业专家承担的6门数字普惠金融实务课程教学、“双师型”教师承担的10多门模拟实验实践教学，以及4年连续不断的实习、实训实践和毕业设计（实践）等教学环节实现该能力的培养
金融科技产品设计管理能力	产品设计和流程性设计是金融科技中的一个特色分支。金融科技专业课程体系中，产品规划与管理类课程学分占20%，学生毕业时具备较好的金融科技产品经理的就业基础技能，这是金融科技人才培养的一大特色

续表

专业核心能力	培养途径
金融大数据分析与技术应用能力	通过数据科学相关的递进培养课程，为学生打造坚实的大数据技术应用基础和技术敏感度，彻底解决以往金融学专业类学生对技术的抵触，并打通金融行业应用环节中金融意识与互联网思维之间的壁垒，使学生不需要再通过职业磨炼即可具备金融科技特别是金融大数据分析与预测技术的理解能力
金融科技职业岗位中的学习能力和创新能力	通过指导学生开展职业规划和终身学习教育，课堂教学引导学生自主学习，非标准答案考试等方式，培养学生分析和解决问题的能力。倡导学生在导师指导下开展社会创新实践，每年出版学生创新活动调研报告集。每年举办或参加金融科技类产品创新大赛等，培养学生自主学习和创新能力
金融职业生涯的创新创业相关职业发展能力	慧科集团拟联合复旦大学创新创业学院，引入创新能力培养课程和创业素养培养课程作为通识教育课程模块，并进一步将创新创业教育结合专业教育，形成专创培养新模式：大一、大二阶段着重开展跨学科创客实践教学和体验互动；大三、大四阶段着重通过专创融合，推出大赛训练计划、夏令营、创业孵化辅导等各类教学资源，产学研用一体化，进一步为学生拓宽职业发展空间

（3）适应岗位

本专业实施行业化、职业化的人才培养模式。完成“1 + 2 + 1”的产教融合教育任务后，金融科技专业方向学生可适应的领域内典型岗位如表 8.4 所示。

表 8.4　金融科技专业方向适应岗位

金融子行业	适应岗位（群）（毕业 1 ~ 5 年）	岗位主要描述（子岗位）
银行	商业银行信贷业务、消费金融产品设计、供应链金融产品设计	对私存贷款、对公存贷款、代理业务、结算业务、个人理财服务、金融产品销售、贷款调查、审查、检查和催收等
证券、信托	证券期货经纪岗位、金融产品营销岗位、信托风险管理	市场调查、客户管理、客户资源拓展、产品设计、投资、产品营销、项目调查评估、资产管理、客户理财服务等
基金、互联网理财	量化策略分析师、风控策略经理、信用系统设计师、信用系统架构师、征询数据分析师	投资策略分析、低抵押下的金融风险评估、直接金融的作用范围延展、量化交易预测、反欺诈、信用体系建构和智能合约处理等

续表

金融子行业	适应岗位（群）（毕业1～5年）	岗位主要描述（子岗位）
互联网金融公司、网络信贷公司	互联网金融产品经理、互联网金融运营师、金融资源合作	“互联网+”金融产品管理、交易结构设计、运营流程性设计、运营转化率设计、行业分析与渠道分析等

(4) 毕业要求

本专业学生毕业时需要满足如下要求。

a. 修满并获得本专业人才培养方案规定的160学分。

b. 大学英语四级达到合格标准。

c. 参加阿里云大数据ACF初级认证或微软大数据MCSA初级认证。

d. 参加美国注册金融分析师协会的注册金融分析师（CFA）认证（可选）。

(5) 课程体系

如图8.1所示，金融科技专业方向的校企合作人才培养方案课程体系采用“平台+模块”模式，共设置理论教学、实践教学和综合素质与能力拓展三大平台，平台下设置通识课程、学科平台课程、专业课程、课内实践教学、

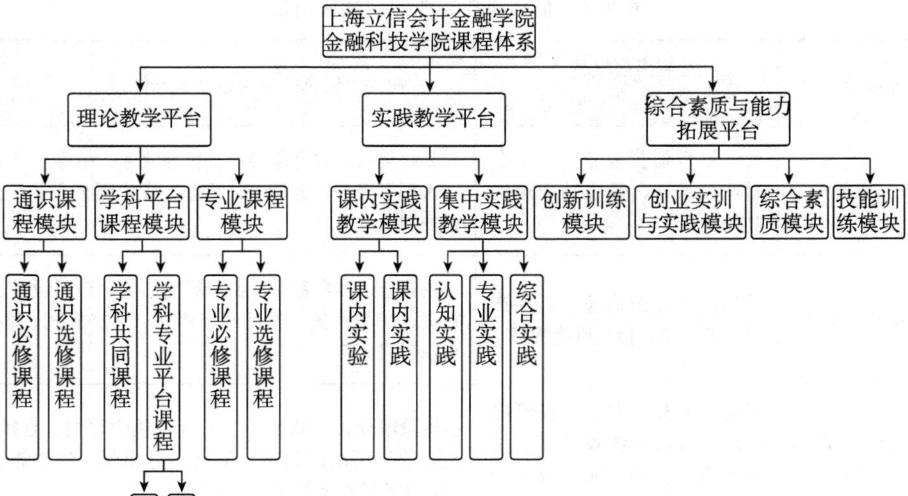

图8.1　金融科技专业方向课程体系

集中实践教学、创新训练、创业实训与实践、综合素质、技能训练九大模块。

各模块和平台学时学分数构成情况、课程体系详见表 8.5 和表 8.6，其中，实验教学学分占比 27.8%，学时数占比 34.4%。

表 8.5　学时与学分构成表

学时数/学时					学分数/分						
总数	其中				总数	其中					
2544	必修课	选修课	课堂教学	实验教学	160	必修课	选修课	集中性实践教学	课内教学	实验教学	课外科技活动
小计	2016	528	1668	876	小计	127	33	10	115.5	44.5	2
占比	79.2%	20.8%	75.5%	34.4%	占比	79.4%	20.6%	6.3%	72.2%	27.8%	1.3%

表 8.6　金融科技专业方向课程体系

课程模块	学分	占比/%	主要课程
通识课	55.5	34.7	法学、英语、微积分、线性代数、概率论与数理统计、计算机基础等
学科基础课	33	20.6	微/宏观经济学、计量金融学、金融学、会计学、投资学、统计学、公司金融等
专业课	27	16.9	金融科技概论、云计算概论、区块链技术及应用、MySQL 数据库系统、自动化数据处理技术、互联网金融风险管理、数据科学基础与 Python 语言、金融大数据、互联网金融运营管理、机器学习基础、数据仓库与数据挖掘、第三方支付与电子银行
实践平台课	44.5	27.8	含毕业实践、毕业实训、毕业论文（设计）等；统计学实践、计量经济学实践、数据科学基础实训、网络爬虫数据采集实践、机器学习与金融应用实践、互联网产品设计与规划实践、数字普惠金融产品设计分解实战、初创企业风险融资规划实践、互联网金融新媒体运营推广实践、新消费金融模式与实践、“互联网 +”供应链金融创新实践；社会调研报告；到合作金融机构实习等

（6）教学方法

在教学方法方面，本专业注重理论结合实践，推动教学过程与实践过程深度对接。学院致力于推动金融科技专业方向的校内专职教师去产业践习锻炼、企业兼职教师来大学深入课堂，同时增加学生的实习、实践和实训机会，提高教师的项目指导能力和学生的就业创业水平。

企业教师实践教学：聘请企业教师、行业专家讲授专业核心课程，同时开展“企业项目实习”等相关实践课程教学，从而实现企业真实实训与校园传统教学的融合，提升学生对企业真实商业项目的认知和实操能力。

校内老师践习培养：定期派遣校内金融科技专业专任教师赴慧科集团、阿里云、蚂蚁金服、百度金融等龙头企业的校外实习实训基地践习锻炼，提高教师实践教学的能力，并通过接触企业真实项目提升对大学生创新创业的指导能力。

学生实习实训：加强与慧科集团、阿里云、蚂蚁金服、百度金融等龙头企业的教学联动，包括企业认知与实践、前沿科技讲座、实践课程指导等，提升企业导师对学生专业能力的熟悉和认知程度；为大三、大四学生进入行业龙头企业实习实训和毕业实习提供平台。

1）主要教学方法。目前，本专业主要采用案例教学法和模拟教学法开展教学。

案例教学法：在部分专业核心课的教学过程中，教师通过具体情境的描述，引导学生针对具体案例进行讨论和思考，激发学生的创造潜能，提高其发现问题、解决问题的能力，通过师生、生生间的交流、讨论，提高学生对问题的洞察力。

模拟教学法：分为模拟设备教学与模拟情景教学两大类。一是将模拟设备作为教学支撑，其特点是不怕学生因操作失误而产生不良后果，一旦失误可以重来，还可以进行单项技能训练，学生在模拟训练中能通过自身反馈，感悟正确的操作要领并及时改正；二是根据专业学习要求，模拟一个社会场景，这些场景具有与现实场景相同的及工作过程，让学生在一个现实的社会环境中对自己未来的职业岗位有一个比较具体的、综合性的全面理解，特别是可以对行业特有规范的理解进行深化和强化，有利于全面提高学生的职业素质。

2）教学方法的思路。除此之外，金融科技专业方向将继续加大教学方法的创新研发力度，提高学生的实践能力。目前已有的关于教学方法的思路包括如下几项。

企业认知教学法：教学实施时间为大一暑假，为期 1 ~ 2 周。安排学生前往金融科技龙头企业和创新型企业参观考察和交流座谈，由企业的技术专家和人力专家与学生分享研发、销售、运营等岗位的工作状态和任职要求，使学生对金融科技行业与职业发展规划有更清楚的认知，更有目的地开展专业课程学习。

Workshop 教学法：以问题为导向，以教师启发、辅助学生共同探讨问题为核心，采用小班授课、小组合作形式，注重学生思维能力、自学能力及自我实践能力的培养和提高。在企业实践技能的培训中应用 Workshop 教学法，通过设定一定的学习任务，将理论知识讲解与小组实践操作训练相结合，由易到难、循序渐进，培养学生自主学习的热情及团队合作精神，提高其独立思考及实践操作能力，实现教学相长。

O2O 混合式教学法：基于计算机网络环境的教学模式，把传统学习方式的优势和 E - learning（即数字化或网络化学习）的优势结合起来，既发挥教师引导、启发、监控教学过程的主导作用，又充分发挥学生作为学习主体的主动性、积极性与创造性，其目的在于融合课堂教学和网络教学的优势，综合采用以教师讲授为主的集体教学形式、基于“合作”理念的小组教学形式和以自主学习为主的教学形式。在这种混合式学习模式下，学生可以选择适合自己的学习方式，开展多渠道、多形式的师生、生生以及人机互动。由于不受时间和地点的限制，学生可以有更多的时间对学习过程进行评价和反思；教师也由原来的课堂主宰者和知识的传授者转变为教学过程的组织者、指导者。

头脑风暴教学法：在部分专业基础课教学过程中，教师引导学生就金融科技相关课题自由发表意见，并且对于学生意见的正确性或准确性，教师不进行任何评价。它是一种能在最短的时间里获得最多的思想和观点的方法。通过这种头脑风暴教学法，可以讨论和收集解决实际问题的建议，通过集体讨论得出结论。

问题发现法：从学生的好奇、好问、好动心理特点出发，以发展探究性思维为目标，以课程的基本架构为内容，在教师的指导下让学生自己去发观、回答和解决问题。运用这种方法，可使学生成为知识的发现者，充分发挥主观能动性，培养学生的探究精神和创造精神。运用问题发现法的一般程序是：首先，提出要解决的问题或创设问题情境，激发学生提出并探究问题的兴趣；其次，学生利用教师和教材所提供的材料，对课题进行分析、思考，提出解答的假设；再次，引导学生展开讨论，验证假设；最后，对争议做出总结，得到原理或概念并检验。该方法有利于培养学生的探究精神，使学生学到科学认识的方法。

8.3.5 小结

本节从教师团队、学生培养、校企合作、培养方案及教学方法这几个人方面对当前金融科技专业建设的工作现状进行了概括说明，在接下来的研究中，我们将分析在金融科技专业建设过程中出现的问题，然后提出建设一流本科金融科技专业的思路和对策建议。

8.4 金融科技专业人才培养面临的挑战

8.4.1 教学过程中学生面临的挑战

1）技术授课课时与金融学专业授课课时的冲突。面对在有限的时间内学习更多的知识带来的挑战。金融科技的本科生必须具有一定广度和深度的知识储备，才能适应这个行业的发展。虽然当前企业可能更多需要的是具有一定技能的学生，但是，如果学生的未来职业生涯需要持续提高的话，那么相当深度的理论基础以及学习能力需要在学校掌握，这些学习在短期内是看不到效果的，但是会影响学生的可持续性发展，这是高等院校教育的比较优势，可以与慧科集团快速对行业的需求做出反应、制定相应的科技系课程的比较优势相结合。但是如何在有限的课时内科学分配这两方面的课程，使学生的学习效果达到最大化，需要在实践过程中进行研究，避免出现学生“什么都懂，什么只懂一点”的现象。

2）大数据的建模技术与建模思想需要大量的案例模拟和练习。企业真实项目参与的资源有限带来的挑战。通过调研发现，学生在企业的实际项目中学习效果最好，而且这可以在相当大的程度上弥补现在的教学设计距离迅速发展的前沿科技和行业需求较远的不足。但是通过慧科集团的调研发现，就大数据方面而言，企业能够提供的经过加工适合教学需求的案例，目前每年的产出可能只有 1 ~ 2 个，并且产出成本较高。在案例教学法中，案例的难度、需要的技术水平、理论基础、知识结构直接决定了学生在案例学习中可以掌握哪种知识技能。

3）金融科技的迅速发展要求更高的创新能力与自我学习的能力，这比传统教学的要求更高。创新能力和自我学习的能力很难量化，却是行业发展和个人发展的决定因素之一。创新能力的必要因素是对金融理论的深刻把握。没有理论基础的支持，很难进行创新。这要求学生认清各种知识的重要性，目光放长远，不仅仅在当前热门的技术和应用上下功夫，更要在基础知识方面打下扎实基础。值得欣慰的是，学生在这一点上认识得比较清楚。调查中，有 70% 的学生认为应加强金融理论的学习，且有 55% 的学生愿意参与教师的科研项目，学习额外的研究生知识。

8.4.2 教学过程中教师面临的挑战

（1）教师必须了解在金融科技应用中金融与科技分别扮演的角色

由于目前教师的学术专业方向与金融科技差异较大，金融学和计算机科业各有专攻。如果教师不清楚金融科技的发展和具体业务的实施细节，很难在教学中突出重点，满足实际需要。比如，信用管理和风险管理中需要对人们的行为模式和风险之间的相关性进行研究和建模。金融理论研究可以包含金融科技对企业成本、效率的改变，进而改变行业的竞争模式和企业的估值；企业通过金融科技的应用能够改变企业的公司治理，等等。相关的研究结果已经开始出现在期刊杂志上。在计算技术上，需要根据金融理论的指导来数据化相关信息。比如，在小额贷款中信用模型的建立过程中，考虑的问题不是违约的可能性而是欺诈的可能性。也就是在经验上发现小额贷款主要的风险来源于恶意欺骗，只要识别出这种类型的人群就可以在很大程度上控制风险，这就是基于一些经济、金融的经验和直觉进行的。

（2）教师的实务经验不足，将会严重影响金融科技专业学生的培养效果

由于教师的教学任务和一些管理事务的工作量较大，很难保证连续几年

时间可以深入教授相同的课程，这就造成了投入的短期化以及长期投入的不经济，对于教师和学生都很难达到结果最优。教师需要深入实务去研究金融理论的应用，而且必须通过学习金融科技的相关技术才能真正体会到理论与实际的融合。这样教师在对学生进行相应实践课程教学的时候，就可以了解学生是理论基础缺乏还是技术水平不足导致的问题，进而进行相应的指导。另一个影响教师在新课程中投入的重要因素是教学与科研的激励机制差异较大。教学本身需要持续不断地投入，且真正高质量的理论结合实践的课程需要不断更新实务领域的发展和学习相关知识技术，这带来了昂贵的机会成本。这一问题需要解决，以促进良性发展。

（3）教师的理论研究工作也需要尝试与金融科技相结合

在教学实践中，如果没有基础知识的积累、金融原理的深入理解和融会贯通，学生无法对新的技术应用形成行业敏感性。这一点在学生尤其是具有实习经验的学生中得到了很高的认可。随着金融科技的迅速发展，教师的科研项目也可以找到很多新的方向，比如，公司治理与金融科技的结合，绿色金融与金融科技的结合，保险与金融科技的结合等，使教师在金融科技专业方向的授课中带给学生新的知识，也促进自己的职业发展，达到师资力量和学生水平共同提高的良性循环。

8.5 建设一流金融科技本科的建议

8.5.1 教学理念和目标

金融科技是指技术带来的金融创新，它能创造新的模式、业务、流程与产品，既包括前端产业也包含后台技术。它以大数据、云计算、人工智能、区块链等一系列技术创新与金融的交叉、深度融合为特点，并全面应用于支付清算、借贷融资、财富管理、零售银行、保险、交易结算六大金融领域，使金融科技行业成为金融新业态。金融科技新业态是推动金融产业转型发展的战略选择。金融科技专业旨在培养一批掌握经济学、金融学基本理论和新兴信息技术，熟悉金融科技行业发展趋势，胜任相关工作岗位的跨学科高素质人才，以满足新时期我国金融科技产业发展对人力资源的需求。

参考教育部《关于全面提高高等教育质量的若干意见》（教高〔2012〕4 号）的要求，为推进金融科技高等教育发展，保障并提高专业教育水平和人才培养质量，主要目标设定如下。

培养热爱祖国，维护社会主义制度；遵纪守法，具备健全的人格、良好的心理素质与合作精神；具备创新精神、创业意识和创新创业能力；系统掌握经济学和金融学基础理论，金融产品设计与运营、金融大数据分析技术等金融科技核心知识与技能，能在相关商业场景下将计量分析原理及方法与大数据分析技术有机结合，并运用到“产品设计”“量化分析”“风险控制”“运营管理”等核心业务的开展与运营管理中；适应现代金融服务业的发展需要并胜任互联网环境下金融科技相关岗位要求的跨学科高素质人才。

8.5.2 教学设计

（1）总体框架

金融科技本科专业课程体系包括理论课程、实践教学和毕业论文（设计）三个部分。其中，理论课程包括思想政治理论课程、通识课程、专业基础课程和专业课程。专业基础课程包括专业必修课程和专业选修课程。实践教学包括社会调查、社会实践和专业实践。鼓励学生利用课余时间开展社会调查活动，参加学科竞赛及创新创业实践，提高社会、行业、专业认知水平。专业实践包括专业实验、实训和实习。

实行学分制的学校，学生毕业时应取得 160 学分左右。鼓励适当控制理论课学分，扩大实践类环节学分。学分具体构成：思想政治理论课、通识课 60 学分左右；专业基础课 24 学分左右；专业必修课、选修课 32 学分左右；实践课 40 学分左右。课堂教学可按 16 ~ 18 学时 1 学分，实践环节按 32 ~ 36 课时 1 学分。

未实施学分制的学校，应折算后满足上述要求。

（2）课程设置

1）理论课程。

①通识课程。通识课程除国家规定的教学内容（包括思想政治理论课）外，主要还包括自然科学、社会科学、人文学科、体育、外语等方面的知识

内容。其中，数学类学分安排 15 学分左右。各高校、各专业可根据国家规定和具体办学定位培养目标均衡设置。

②专业基础课程。金融科技本科专业应至少包含以下 6 门专业基础课程：宏观经济学、微观经济学、金融学、高级程序开发语言、统计学、会计学。

各高校可根据实际情况在此基础上另行安排其他课程。建议开设的其他专业基础课包括但不限于计量经济学、金融数据库技术、数据科学、金融工程等。

③专业课程。专业课程分为专业必修课和专业选修课，合计 32 学分左右。

金融科技本科专业学生应完成 20 学分左右的专业必修课。专业必修课主要包括金融科技概论、金融数据库技术、区块链技术与应用、互联网金融风险管理、金融工程、数据科学、第三方支付与电子银行、数据分析技术等。部分课程可与专业基础课程权衡考虑。

专业选修课程设置可包含投资学、数据仓库与数据挖掘、机器学习、期货与期权、金融研究方案、统计分析软件、金融信息安全、信用评级、程序化交易、互联网应用开发、网络金融产品设计等。同时，鼓励学生跨学科选修。

2）实践教学。金融科技本科专业应注重培养学生的实践动手能力。教学方案中应设置丰富的实验教学内容，建立相应的实践教学环节，培养学生创造性思维，激发创新灵感。实践教学包括社会调查、专业实践和社会实习等。其中专业实践包括专业课实验、专业类实训和专业类实习。条件允许的高校应适当增加实践教学的学分和课时数。

①专业课实验。专业课实验是指在部分专业课程教学过程中，将需要通过实验教学讲授的内容在实验室中完成。实验项目分为验证类、操作类、设计类等。学生通过对实验环境、仪器、工具、软件的接触和使用，强化对知识的理解和掌握。

②专业类实训。专业类实训是依托实务部门或者是在模拟环境下开展的综合性、专项性的实践教学活动，是专业课实验的延伸。专业类实训对于学生串联专业知识点，综合运用专业知识、方法、技术解决业务问题，提升学

习效果非常重要。

③专业类实习。金融科技本科专业学生毕业前应至少完成 8 周专业类实习，在与专业相关的真实工作岗位上进行实务操作。专业类实习应安排在大学高年级进行，可以一次性完成，也可分为 2 个阶段完成。实习过程要求有完整的实习记录，实习完成后须完成一份不少于 3000 字的实习报告。

另外，近年来，学科竞赛已成为实践教学的重要手段，也是提升学生创新能力、综合素养的重要途径，建议通过设置学分、折算学分、奖励等方式鼓励学生参与各类学科竞赛。

3）毕业论文（设计）。

金融科技本科专业人才培养方案中应设置论文、方案、技术报告撰写训练能容。学生毕业前，必须完成一篇不少于 8000 字的毕业论文（设计）。毕业论文（设计）合格，方可申请学位。

论文选题须符合金融科技本科专业培养要求，结合专业特点和研究兴趣，紧密联系金融科技现实问题，具有一定理论意义和实用价值。毕业论文（设计）的文档须符合规范化要求，严格遵守学术道德和学术规范。

毕业论文（设计）应由具有讲师及以上职称的教师指导，提倡聘请金融科技实务部门中具有中级以上职称人员共同指导。

（3）教学规范

1）教学计划。教学计划是保证教学质量和人才培养规格的重要文件，是组织教学过程和安排教学任务的基本依据，应该保持相对稳定，并适时修订。执行过程中如有变动，应有规范的论证和审批手续。

2）教学大纲。教学大纲是实施教学和组织考核的依据。列入教学计划的各门课程或实践教学环节，应该在开课前制订科学合理的教学大纲。教学大纲的内容视课程性质而定，一般应包含课程性质、先修课程、课时数、教材及参考书、各章节知识点、教学手段与方法、考核方式等。教学大纲一经制订，教师在教学过程中必须严格执行，考试范围不得超出教学大纲。教学大纲的修订必须有规范的论证和审批程序。

3）课堂教学。课堂教学是教授基本理论、基本知识、基本方法的主要途径。各高校应该制定政策和创造条件，鼓励教师积极探索、改革和运用先进的教学方法，以提升教学效果。鼓励开展启发式、讨论式、项目式教学方式，提高学生的参与度。倡导小班化教学，倡导将学术前沿成果、行业最新发展引入教学，倡导聘请实务精英参与教学。

教师在课前应该按照教学大纲做好备课，制作教案。根据课程需要，教师可通过习题课、讨论课等形式进行课程辅导。有条件的学校应倡导教师开展课外坐班答疑和自习辅导。

（4）课外实践

课外实践是课堂教学的延伸，是教学活动的重要组成部分。金融科技本科专业须制订课外实践教学计划，有组织地开展实践教学活动，巩固课堂教学效果，提升学生专业知识运用能力，培养创新创业能力。教师应积极参与指导学生课外实践活动。

（5）成绩考核

成绩考核是教学过程的重要环节，金融科技本科专业应该根据课程的性质和具体情况，在课程教学大纲中制订相应的成绩考核要求和考核方法。成绩考核一般由平时考核和期末考核两部分组成，鼓励采用灵活多样的考核方式，注重培养学生运用专业知识分析问题、解决问题的能力。适当增加平时成绩在总成绩中的占比，平时成绩可由出勤、作业、课堂表现、项目等多种内容组成，建立平时成绩过程化管理机制。

（6）教材选用

思想政治理论课按相关要求选用教材。通识类课程和部分专业课鼓励选用获得省部级优秀教材奖的教材，或获得国家规划立项、省部级精品教材立项的教材。选用教材一般应在近四年内修订过。

部分专业课和实践类课程也可选用国外引进的经审定的优秀教材，或由知名专家学者编写的、经过多次修订的教材。没有教材的，要求教师编写书面讲义。

所有教材的选用必须经过审核，保证社会主义办学方向，保证教材选用过程的规范性和科学性。

8.5.3 教师团队建设

（1）规模与结构方面

金融科技本科专业是面向新兴行业的复合型专业，对师资队伍提出了较高的要求。专业任课教师人数充足，生师比一般不高于15∶1。有学术造诣较高的学科或专业带头人。每门专业必修课程至少配备两名专任教师。对于应用性、实践性较强的专业课，建议聘请金融科技界专家参与教学过程，形成校内校外相结合的师资队伍。

专任教师应保持结构合理。讲授专业基础课和专业必修课的教师应具有硕士以上学历，年龄结构合理，学科背景合理。具有博士学位的教师比例不低于50%，“双师型”教师占比不低于50%，校外实务专家占比不低于20%。

（2）背景与水平方面

专任教师应具有良好的金融学或者信息科学专业教育背景，且两类教师比例恰当，知识结构合理。通过岗前培训、骨干研修、老教师传帮带等方式提高教师教育教学能力。建立专任教师到对口实务部门挂职锻炼制度，鼓励引进有金融科技从业经验的人才从事教学工作。

教师应具有高尚的师德；了解教育心理学基本知识，掌握教育教学基本原理和基本方法；具有较强的自学能力，跟踪行业科技前沿；具有一定的科研相创新能力，善于将教学与科研相结合。

（3）教师发展规划方面

开设金融科技专业的高校应兼顾培养与引进，建设高水平教师队伍。有条件的学校应该积极开展产教合作，引进校外行业专家，或推进对外合作，引进国际化师资。学校应鼓励校内部门合作，加强部门师资交流，培养年轻教师，培养复合型教师。学校还应形成教师发展和激励机制，稳定教师队伍，发掘教师潜力，全面推进教师队伍建设，建立一支成熟稳定、积极进取、能力突出的教师队伍。

（4）教师行为规范方面

从事金融科技专业教学的教师应符合《中华人民共和国教育法》《中华人

民共和国教师法》《中华人民共和国高等教育法》中对教师行为规范的基本要求。

8.5.4 教学质量标准

(1) 教学过程质量监控机制要求

各高校应对主要教学环节（包括理论课、实验课等）建立质量监控机制，使主要教学环节的实施过程处于有效监控状态；各主要教学环节应有明确的质量要求；应对课程体系设置和主要教学环节教学质量建立定期评价机制，评价时应重视学生和校外专家的意见。

对培养方案制订、教学大纲编制、教材选用、课堂教学、课程考核、实验教学、专业实践与实习、毕业论文（设计）、学生课外科研训练、实验室建设、校外专业实践与实习基地建设等主要教学环节和教学场所，以及教风学风有明确的质量标准和教学要求，要求监督和保障到位。

(2) 毕业生跟踪反馈机制要求

应建立毕业生跟踪反馈机制，及时掌握毕业生就业去向和就业质量，毕业生职业满意度和工作成就感，用人单位对毕业生的满意度等信息；应采用科学的方法对毕业生跟踪反馈信息进行统计分析，形成分析报告，作为质量改进的主要依据。

(3) 专业的持续改进机制要求

应建立专业持续改进机制，针对存在的教学质量问题和薄弱环节，采取有效的纠正和预防措施，进行持续改进，不断提高教学质量。

定期举行学生评教、同行评教和专家评教活动，及时了解和处理教学中出现的问题；定期开展专业评估，及时解决专业发展和建设过程中的问题；定期举行毕业生、用人单位意见征求活动，吸纳行业、企业专家参与教学指导工作，形成定期完善培养方案的有效机制，促进教学质量不断提高，确保培养的人才适应社会需求。

8.5.5 学生能力考核

(1) 基本能力

能够熟练运用英语，具备听、说、读、写的基本能力，具有以英语为工具处理金融科技事务的基本能力；计算机应用能力强，能够利用现代信息技术、财务和计量软件处理专业领域的实际问题；掌握科技文献检索的方法与技能，具备基本的科学研究能力。

（2）专业能力

1）创新金融基础知识，涉及互联网征信、互联网消费金融、大数据金融、金融系统性风险、金融诈骗识别、互联网金融业法律法规、财富管理、银行信贷等知识。

2）创新金融综合能力，主要考核金融科技创新综合业务能力、金融营销能力、支付业务处理能力等。

3）互联网金融运营能力。主要考核金融科技相关产业链整合运营能力、互联网金融全业态业务运营能力。通过设定的运营指标和运营任务，以不同角色或团队合作的模式完成相关指标和任务。

4）数据分析和处理能力，主要考核大数据在用户管理中所起的作用，对用户产生的各类型数据分析，结合金融行业典型应用场景，对用户的行为偏好进行准确把控。

（3）实践能力

1）建立实验教学制度。实验教学是提高大学生实践能力的重要环节。大学生普遍存在重视理论课、轻视实践课的想法，在实验中学生常常简单应付、敷衍了事。因此，建议学院既要提高实验课在教学中的地位，又要努力摆脱传统实验的简单、枯燥、机械，增强实验的趣味性、综合性、研究性，使实验手段多样化、趣味化、智能化，让学生乐于做实践项目，体验项目实践中的乐趣及成就感。实验教学新制度是在原有实验教学的基础上建立和发展的，将实践内容分为基础型实践、提高型实践、研究型实践。对传统的基础验证性实践进行更新和发展，提高基础实践的起点，使其不仅具有验证性，还有思考性和启发性，提高学生动手、动脑的机会，让学生通过项目实践发现问题、研究问题。提高型实践是为了培养学生的综合能力、设计实践的能力，以及在实践中学习、研究的能力。学生在完成教学要求的基础上可以自己提出问题，设计方案。研究型实践是引入新材料、新结构形式、新型项目实践中的技术实践，面向优秀学生和在项目实践方面具有潜能和兴趣的学生，目的在于开阔其眼界，培养学生应用高新技术及发挥创造性的能力。

2）加强实践教学考核评估制度。要发挥考核评估制度的导向激励功能，调动教师和学生参与实践教学的积极性和主动性，提高实践教学质量。一般来讲，实践教学考核评价体系包括实践教学内容、实践教学方法、实践教学手段、实践教学态度和实践教学效果五个方面，并分项赋分。这种制度可以促使学生重视实践教学环节，从而保证实践教学质量，提高学生的实践能力。实践教学的考核评估制度主要有两种渠道：一是对教师的考核评估。根据制定的实践教学考核评价体系，通过校（院）、系和学生的三级考评制度进行考核。二是对学生的实践技能进行考核。按照实践教学质量要求和考核标准，采取一般考试、重点考试和过关考试的三级考试来检验学生的实践能力。

3）建立实践教学保障制度。建立健全高校内部多部门联动的长效机制，增强校内运行高效性，是培养大学生实践能力的有力保障。健全高校组织机构；明确各部门、人员的职责和分工；建立岗位责任制。总目标和阶段目标的制定；实践计划的安排；大纲、教材的编写；实践教学的检查和效果评价；组织校内外实践教学课程，各个环节紧密有效实施。对执行情况及时反馈，建立完整的监督、制约机制，保障实践教学切实进行下去。加强实践课程成绩的评定工作，明确实践课程的考核办法与标准，将其单独作为一门课程予以考核。建立和完善实践教学规章制度、管理办法和细则，用以规范实践教学，使各项工作有章可循，以实现实践教学管理规范化、制度化。

4）建立高校与企业互动制度。校外基地是实践教学中不可或缺的。高校应坚持让学生“走出去”。高校与企业共同建立的实践教学基地应成为学生接触社会、了解社会、服务社会的主渠道。校外基地可以提高学生切实参与生产、解决生产实际问题的能力。校外实训基地可以使企业与学生达成双赢。对学生而言，接受企业文化氛围熏陶，了解对口专业的工作程序，使其得到实际的技能培训。对企业而言，大学生实习，不仅使企业得到低成本的劳动力，还可以培养潜在的优秀员工。建立高校与企业互动的有效制度，不但可以弥补高校实习设备和场所的不足，还可以使学生在现实的职业氛围中得到锻炼，提高教学质量，培养实践能力。

5）建立长期实践目标。本专业毕业生经过 5 年左右的工作实践，预期达到多项目标。

a. 遵纪守法，具有良好的职业道德和职业素养，适应社会和工作环境的意识强，有能力服务社会。

b. 具备较好的数据科学与大数据技术所需要的相关学科的基础理论和大数据采集、存储、处理、分析与应用的基本理论知识，具有良好的学科素养和工程开发素养。

c. 具备较强的金融大数据项目的数据分析、价值挖掘、业务应用的能力，具有较好的创新意识。

d. 具备较好的口头和书面表达能力、团队协作能力，能在团队中有效发挥作用。

e. 可持续发展能力强，有能力继续学习新知识和新技术，以适应社会不断发展的需要。

f. 具备良好的职业道德，系统掌握投融资管理的业务创新和技术支撑两方面能力，以及量化交易技术与操作、金融产品设计与定价、金融风险管理以及金融大数据领域的知识和技能，具有较强的金融实际工作能力。

8.5.6 深化产教融合

校企合作是一种以市场和社会需求为导向的运行机制，是学校和企业双方共同参与人才培养的教学模式。它的基本内涵是产教合作，双向参与；实施的途径和方法是产学结合，定岗实践；实现的目标是增强办学活力，增加学生就业和自主择业的机会，全面提高学生的素质，适应市场经济发展对高素质人才的需要。

从合作需求来说，有定单教育、学校与企业联合产业共建或企业用人、订单培养、学生择业三位一体等形式。就师资队伍建设而言，有聘请金融科技企业的专业人员和有过从业经历的人员到学校任兼职教师，学校实习教师到企业实践、调查等不同方式，各有所长，重要的是要因地制宜，即根据学院条件、专业要求来决定校企合作的方式。

具体建议如下。

建议可以考虑企业用人、学校订单培养、学生自主择业三位一体的运行模式。企业、学校、学生可以各自作为选择主体。企业有目的地选择学校和学生；学校加强与企业的沟通和交流，培养出高质量的人才；有一定知识能力的学生又可以有目的地选择企业和自主择业、创业。这种三位一体的教育模式，各自利益得到最高体现。它的特点在于，企业用人完全自主，需要哪类专业人才，就可提前介入哪类学校，各方面的投入降低而选择范围扩大，有利于得到更合适的人才。学校则会努力把精力放在专业的建设、高技能人才的培养上，可以根据不同企业用工的需求进行专业的调整，以吸引更多、更优秀的企业参与到校企合作中来，自主性得以体现。高质量的学生对自己的就业选择余地更大，可以有目的地选择企业就业，也可自主创业，就业机会和前景更加广阔。

建议采用“1 年通识平台课 + 2 年学科基础课和专业技能课 + 1 年企业商业项目实习”的应用型人才培养模式，课程涵盖公共基础课、专业基础课、专业核心课、毕业论文写作。

建议与企业依据用人需求的变化和产业结构的调整共同优化培养目标，把目标具体细化到具体岗位。

8.5.7 小结

立足学科要点，确立“以工学思维培养金融科技人才”的教育理念。作为一门交叉型学科，金融科技不仅强调利用工程化手段解决金融问题的技术问题，而且强调通过调查研究，了解社会对专业人才的需求，紧跟学科前沿，结合学生需求，帮助学生掌握扎实的金融理论基础，熟悉金融业务的应用场景，培养工程思维。

8.6 金融科技人才培养方案的建议

8.6.1 课程设置示例

课程设置如表 8.7 所示。

表 8.7 金融科技本科专业理论课程设置

课程性质	学分要求	知识领域	指定课程	建议选开课程
思想政治理论课程	24 学分左右	思想政治、品德修养、身心素质	马克思主义基本原理概论	根据实际情况在此基础上另行安排伦理学、拓展训练等其他课程
			思想道德修养与法律基础	
			中国近现代史纲要	
			毛泽东思想和中国特色社会主义理论体系概论	
			形势与政策	
			心理健康	
			体育	
			国防教育（军事训练）	
通识课程	30 学分左右，其中：外语类 10 学分左右；数学类 15 学分左右	人文社会科学、自然科学	大学语文（或应用文写作）	根据实际情况在此基础上另行安排哲学、艺术、心理学等其他课程
			大学外语	
			高等数学（理工类）	
			线性代数（理工类）	
			概率论与数理统计（理工类）	
专业基础课程	24 学分左右	经济学、管理学、计算机基础课程	会计学	数量经济学、信息经济学、投资学、国际经济学、产业经济学、制度经济学、发展经济学、金融工程、金融经济学
			微观经济学	
			宏观经济学	
			统计学	
			金融学	
			计量经济学	
			高级语言程序设计	
			数据结构与算法	

续表

课程性质	学分要求		知识领域	指定课程	建议选开课程
专业课程	专业必修	20学分左右	核心技术课程	金融科技概论	数据科学基础与Python语言、互联网金融运营管理、数据仓库与数据挖掘、现代支付体系导论、程序化交易
				区块链技术及应用	
				数据库管理系统	
				金融大数据	
				互联网金融风险管理	
				机器学习基础	
	专业选修	12学分左右	根据特色培养目标自行安排备选课程，统计类、数据分析方面课程10学分左右		
行业实践平台课程	15学分左右		根据特色培养目标自行安排备选课程，鼓励和金融科技行业、企业进行联合培养		

8.6.2 小结

总体来看，需要构建“应用型、复合型、创新型、国际化”的人才培养体系，让学生能适应现代金融科技服务业的发展，并胜任“互联网+”环境下金融科技行业相关岗位的就业要求。整体专业设置目标为：通过金融学科与现代信息技术手段深度融合，提高金融服务效率；专业人才培养方案中配套实操环节，用以指导和培养学生在“数据挖掘与分析运用”“宏观经济和金融基础”“金融业务逻辑理解”“前沿技术支撑”等方面的实战能力。

主要参考文献

[1]巴曙松.2017.中国金融科技发展的现状与趋势[N].21世纪经济报道,2017-01-20(4).

[2]柏木亮二.2019.金融科技指引未来[M].姚待艳译.北京:人民邮电出版社.

[3]宝乐日.2011.日本高等院校财经人才培养管窥:以日本早稻田大学和北海道大学为例[J].民族教育研究,22(6):71-74.

[4]伯纳多·尼克莱蒂.2018.金融科技的未来:金融服务与技术的融合[M].程华译.北京:人民邮电出版社.

[5]陈德良.2017.建设一流本科教育的基础与途径[J].高等理科教育学报,(6):20-24.

[6]崔艳明.2018.应用型高校校企合作研究[J].经营与管理,(1):157-160.

[7]董文良.2019.地方高校教学团队建设探析[J].中国电力教育,(11):26-27.

[8]董泽芳,王晓辉.2014.国外一流大学人才培养模式的共同特点及启示:基于对国外八所一流大学培养杰出人才的经验分析[J].国家教育行政学院学报,(4):83-89.

[9]都光珍.2019.加强教学团队建设的思考[J].国家教育行政学院学报,(1):27-29.

[10]方桐清.2019.准确把握新时代"双师型"教师新要求[N].中国教育报,2019-03-26(09).

[11]冯树清,彭思量,王熙艳.2013.重庆市应用型本科院校开展校企联合

办学的困境与出路[J]. 教育与职业,(33):30 - 32.

[12]付悦涵,夏丽萍. 2018. 近年来我国中外合作办学研究综述[J]. 科教文汇,(8):1 - 4.

[13]高红,马洪勃,郑国俊. 2011. 校企合作中的团队建设[J]. 科技创新导报,2011 - 7 - 23.

[14]葛和平、朱卉雯. 2018. 江苏省互联网金融人才发展状况与竞争趋势[J]. 阅江学刊,(3):60 - 70.

[15]龚金金,方小林. 2018. 独立学院金融人才培养的供给侧改革探析:基于广州地区的调研[J]. 景德镇学院学报,33(1):86 - 91.

[16]海新权,韩晓婧. 2019. 金融科技和"双一流"建设驱动下的地方高校金融学 专业人才培养模式研究[J]. 长春大学学报,(4):85 - 89.

[17]何琳玲. 2011. 科技金融服务体系的人才培养策略研究[J]. 上海经济研究,(2):98 - 104.

[18]胡伟. 2018. 我国教师专业标准研究:聚焦、反思与展望[J]. 当代教育科学,(2):44 - 47.

[19]胡霞娥. 2018. 金融科技人才培养状况的研究:基于肇庆现状分析[D]. 成都:西南交通大学.

[20]黄丽娟,李达浩,等. 2019. "三轮"联动提升电子商务 人才培养质量的模式及评价体系[J]. 广西师范学院学报:哲学社会科学版,40(3):121 - 126.

[21]江爱华. 2018. 新工科视角下一流本科专业建设实践与探索[M]. 北京:工业和信息化教育出版社.

[22]蒋鹏,李伟,张璐莹. 2019. 基于产学研合作教育的人才基地建设及质量保障评价体系研究[J]. 科教导刊,17:20 - 21.

[23]靳双燕,张防震. 2019. 浅析校企合作培养应用型本科院校双师型教师的途径:以郑州工商学院为例[J]. 河南财政税务高等专科学校学报,33(1):77 - 78.

[24]李斌. 2018. 金融科技的内涵与格局[J]. 金融电子化期刊,(4):44 - 45.

[25]李东平. 2008. 近年中国贸易顺差虚假程度及其对货币政策的影响简

析[J]. 国际经济评论,(3):23-28.

[26]李琳琳. 2018. 高校教学团队建设的研究与思考[J]. 商情(财经研究),(2):205.

[27]李露,王月. 2008. 国外高校本科会计教育及对我国会计教育的启示[J]. 科技创新导报(4):214-216.

[28]李明慧, 曾绍玮. 2018. 德国职业教育双师型教师队伍的培养渠道、经验与启示[J]. 教育与职业, 22:45-51.

[29]李思. 2017. 金融科技人才薪酬水涨船高[N]. 上海金融报,2017-03-07(A14).

[30]李万龙. 2017. 双一流背景下一流本科建设的重要性[J]. 教育纵横,(2):221.

[31]李喜梅, 邹克. 2018. 科技金融内涵探讨及政策建议[J]. 金融理论与实践,(3):1-8.

[32]李小霞,贺培凤,李芳芳. 2015. 医学信息管理专业人才评价体系构建初探[J]. 医学信息学杂志,36(4):89-92.

[33]李新平. 2018. 地方本科院校产教融合的问题与改革研究:以经管类专业为例[J]. 中国高等教育评估,(3):25-29.

[34]李玉保,谢丽惠. 2013. 中外合作办学模式:实践反思与路径选择[J]. 江西社会科学,(10):244-248.

[35]廖菁菁. 2017. 高等教育中外合作办学项目治理水平提升的路径分析[J]. 中国高教研究,(12):38-43.

[36]刘宝存. 2017. 建设高水平教学团队 促进本科教学质量提高[J]. 中国高等教育学报,(5):29-31.

[37]刘昌安,温勤能. 2019. 高校教学团队建设策略探析[J]. 中国成人教育,(4):31-33.

[38]刘德强. 2016. 校企合作共建双师结构教学团队的难点与对策[J]. 当代职业教育,(7):73-76.

[39]刘光仿. 2018. 破旧立新:重构金融科技人才体系[J]. 观点,(6):46-47.

[40]刘洪文.2008.高校教学团队建设初探[J].科技信息学报,36:690,693.

[41]刘培欣,唐五湘.2014.科技金融人才队伍建设机制研究[J].科技管理研究,(9):106－109.

[42]刘书瀚,白玲.2014.校企合作应用型人才培养模式理论与实践[M].天津:南开大学出版社.

[43]陆劲松,丁云伟.2002.关于中外合作办学体制问题的思考[J].江苏高教,(1):80－82.

[44]罗先锋,潘懋元.2018.高校混合所有制办学形式研究[J].高等教育研究,(5):46－51.

[45]吕海萍,龚建立,王飞绒,等.2004.产学研相结合的动力:障碍机制实证分析[J].研究与发展管理,(2):58－62.

[46]马永斌,刘帆,王孙禺.2010.从“生态网”视角看大学、政府和企业之合作[J].高等工程教育研究,(6):63－66.

[47]马子悦,张力玮.2017.卓越之路:教师、学生与学科文化——访巴黎高等商学院金融硕士专业常务主任奥利维尔博飒德[J].世界教育信息,(12):3－7.

[48]孟凡丽.2007.日本促进大学教师专业发展的FD制度及其启示[J].高等教育研究,(3):58－62.

[49]潘婧.2018.2018金融科技热点展望——AI大数据:布局落子下好棋[J].金融电子化期刊,(2):22－26.

[50]潘懋元.2011.应用型人才培养的理论与实践[M].厦门:厦门大学出版社.

[51]潘小明,屈军.2018.商业银行与金融科技融合:现状、趋势与对策[J].海南金融,(5):31－38.

[52]邱均平,沙勇忠.2002.论信息管理人才的培养与人才评价[J].社科信息教育,(6):66－69.

[53]阙明坤,潘奇.2015.发展混合所有制职业院校初探[J].职业技术教育,(4):40－44.

［54］沈双生，赵丽娜.2015.复合型金融人才培养模式探讨［J］．合作经济与科技，（21）:114－115.

［55］宋彤，严嘉琪.2015.新常态应用型金融专业人才培养机制建设探析：基于北京城市学院金融专业个案分析［J］．北京城市学院学报，（6）:33－39.

［56］孙超，刘雪梅，臧英杰.2018.基于普通高等学校本科专业类教学质量国家标准构建高校教学质量保障体系的思考［J］.经济师，（4）:159－160.

［57］孙方娇.2013.科技与金融结合背景下金融教学改革与人才培养［J］.上海金融，（8）:113－114，119.

［58］孙中东.2018.2018年银行业金融科技应用展望［J］．中国金融电脑，（1）:28－31.

［59］唐恩林，华小全.2016.科技金融背景下应用型高校金融教学改革［J］.安庆师范学院学报：社会科学版，35（3）:154－157.

［60］田恩舜.2007.高校教学团队建设初探［J］.理工高教研究，26（4）:14－15，23.

［61］王娟，李莹莹，康晓飞.2019.基于产教融合的地方高校应用型本科专业人才培养体系的研究［J］．教育教学论坛，34:127－128.

［62］王军，梁莉.2009.高等学校教学团队的理论探究［J］.管理观察，（17）:184－184.

［63］王新奎.2013.上海自贸区先行先试的国家战略［J］．中国社会科学报，2013－11－18（B02）.

［64］王阳雯.2018.FinTech＋：金融科技的创新、创业与案例［M］.北京：经济管理出版社.

［65］王竹，陈鹏军.2018.金融科技时代我国金融服务人才培养问题的思考［J］.商业经济，（10）:80－82.

［66］魏胜强.2012.中外合作办学模式研究［J］.扬州大学学报：高教研究版，（1）:37－46.

［67］吴建新，欧阳河.2016.校企双主体办学的治理理论与模式初探［J］.中国职业技术教育，（6）:5－11.

［68］徐洁.2003.我国中外合作办学的现状及其存在的问题［J］.中国高教

研究,(10):60 - 62.

[69]严圣阳. 2016. 我国金融科技发展状况浅析[J]. 金融经济,(22):156 - 158.

[70]杨涛. 2018. 中国金融科技运行报告(2018)[M]. 北京:社会科学文献出版社.

[71]杨晓楠. 2015. 国际合作办学模式梳理与探索:以"卓越法律人才培养"为视角[J]. 现代教育管理,(1):83 - 87.

[72]杨毅,党兴华,成泷. 2018. 金融有效结合模式及机制研究[J]. 科技进步与对策期刊,35(6):50 - 57.

[73]姚望. 2017. 关于本科教学专业质量标准的若干思考[J]. 现代职业教育期刊,(24):158 - 159.

[74]尹娟,郭进. 2019. 新常态下应用型本科人才培养质量评价体系研究[J]. 教育教学论坛,(34):252 - 254.

[75]张慧霞,王东. 2011. 美、英、澳职业教育校企合作制度化的经验及启示[J]. 职业技术教育,(19):81 - 85.

[76]张如. 2018. 金融科技在中国演进路线与前景展望[J]. 金融经济(上半月),(1):37 - 39.

[77]张文颖. 2006. 国外金融学教育的特点与国内金融学教育的改革[J]. 当代经济,(6X):109 - 110.

[78]张意忠. 2009. 建设高校教学团队提高教师教学水平[J]. 扬州大学学报(高教研究班),(2):40 - 43.

[79]赵昌文, 陈春发, 唐英凯. 2009. 科技金融 : Sci - tech finance[M]. 北京: 科学出版社.

[80]赵楠,吴磊. 2009. 浅谈高校教学团队的建设[J]. 科技经济市场,(2):72 - 73.

[81]赵鹞. 2016. Fintech 的特征、兴起、功能及风险研究[J]. 金融监管研究,(9):57 - 70.

[82]赵宇. 2008. 高校教学质量工程中的高效教学团队建设[J]. 经济师,(6):99 - 100.

[83]赵宇. 2018. 基于就业导向的应用型本科高校金融学专业实践课程体系的构建[J]. 黑龙江生态工程职业学院学报,31(2):114 - 116.

[84]中国人民银行广州分行课题组. 2017. 中美金融科技发展的比较与启示[J]. 南方金融,(5):3 - 9.

[85]中国人民银行金融科技(FinTech)委员会. 2019. 金融科技研究成果报告 - 2018[M]. 北京:中国金融出版社.

[86]钟秉林,方芳. 2016. 一流本科教育是双一流建设的重要内涵[J]. 中国大学教学,(4):4 - 8.

[87]周玲,周斌,卢思桥. 2015. 基于校企合作的产学研高校教学团队建设研究[J]. 商情,(13):186.

[88]周睿敏,张文秀. 2017. 金融科技创新风险及控制探析:基于大数据、人工智能、区块链的研究[J]. 中国管理信息化,20(19):33 - 36.

[89]周心莲. 2017. 应用型本科院校产教融合培养模式的探讨[J]. 高教学刊,(8):23 - 24.

[90]邹小芳,徐辉. 2016. 高校金融专业实践教学质量评价指标体系的构建及应用[J]. 才智,(13):20 - 21.

[91]Blumenfeld P C. Soloway E, Marx R W, et al. 1991. Motivating project - based learning: Sustaining the doing, supporting the learning[J]. Educational Psychologist, 26(3 - 4): 369 - 398.

[92]Bryk A S, Gomez L M, Grunow A S , et al. 2015. Learning to improve: How america's schools can get better at getting better[M]. Cambridge, MA: Harvard Education Press.

[93]Condliffe B, Visher M G, Bangser M R, et al. 2016. project - based Learning: A Literature Review[M]. New York, NY: MDRC.

[94]Gurley J G, Shaw E S. 1960. Money in a theory of finance[M]. Washington DC: Brookings Institution.

[95]Hayen R. 2016. The impact and influence of financial technology on banking and finance industry[J]. Review (1):7 - 14.

[96]Hicks J. 2017. The Theory of Wages[M]. Basingstroke Palgrave Macmil-

lan UK.

[97]Larmer J, Mergendoller J R. 2015. Setting the standard for project based learning: A proven approach to rigorous classroom instruction[M]. Alexandria: ASCD.

[98]Nicoletti B. 2017. The future of FinTech[J]. Palgrave Studies in financial Services Technology (1):7 – 14.

[99] Perez C. 2018. Technological Revolutions and Financial Capital[R]. World Fintech Report 2018.

[100]Schueffel P. 2017. Taming the beast: A scientific definition of FinTech [J]. Journal of Innovation Management,4(4):32 – 54.